我悟周易

我悟周易

陈树文 著

大连理工大学出版社

图书在版编目(CIP)数据

我悟周易/陈树文著.—大连:大连理工大学出版社,
2009.6(2010.5 重印)
ISBN 978-7-5611-4864-8

Ⅰ.我… Ⅱ.陈… Ⅲ.周易－研究 Ⅳ.B221.5

中国版本图书馆 CIP 数据核字(2009)第 075695 号

大连理工大学出版社出版
地址:大连市软件园路 80 号 邮政编码:116023
发行:0411-84708842 邮购:0411-84703636 传真:0411-84701466
E-mail:dutp@dutp.cn URL:http://www.dutp.cn
大连金华光彩色印刷有限公司印刷 大连理工大学出版社发行

幅面尺寸:170mm×240mm	印张:21.25	字数:300 千字
2009 年 6 月第 1 版	2010 年 5 月第 2 次印刷	

责任编辑:汪会武 邵 婉 责任校对:娜 婉
封面设计:波 朗

ISBN 978-7-5611-4864-8 定 价:45.00 元

前 言

我受家庭环境的熏陶,在上小学的时候就开始学习《周易》,我所掌握的一些成语,比如"物极必反"、"否极泰来"、"居安思危"、"韬光养晦"、"穷变通久"、"自强不息"、"厚德载物"、"求同存异"、"革故鼎新"、"义结金兰"、"殊途同归"、"洗心革面"等等就是超越当时的小学课本的范围,而来自于我对周易的学习。但是,由于没有丰富的生活阅历,对《周易》的感悟很浅,因而学习起来也只是雾里看花,呈现朦胧之象。我在吉林大学读书和教书期间,特别有幸的是在1985年到1986年近一年的时间聆听了著名易学专家、国学大师金景芳教授在易学研讨班上的"易学讲座",领略了大师的魅力,眼界大开,对《周易》的深层结构有了新的认知,并顿悟出了很多智慧,从此开始酷嗜《周易》。

前些年,我对周易的研究,主要着眼于《周易》中所蕴含的领导智慧,曾经写作和出版了《周易中的领导智慧》一书,该书被多所大学选为 EMBA 和 MBA 的专业教材,我也多次受邀为国内和国外一些大学的 EMBA 和 MBA 学员讲授《周易》和《周易中的领导智慧》。我近几年先后出版了《领导智慧》、《卓越领导者的智慧》、《三国中的领导智慧》等著作,其思想底蕴都沁润着《周易》的人文精神。

《我悟周易》基本上是我多年来讲学《周易》的教案,经过加工整理后汇集而成。关于本书的特点,可以概括为以下几个方面:

1. 对难字注音、注解。 研究《周易》,自古称难。对于今人来说,更难。其中一个重要原因是,《易经》卦爻辞的文字据传是周文王所作,也有的学者说是周文王的儿子周公所作,即使在春秋战国时人们也很难理解,所以,孔子作了《易传》来帮助人们解读。周文王、周公也好,孔子也罢,都是已经远离了今人的先哲,《易传》也是古文,其中有很多艰涩生辟文字。本书对《周易》书中难字全部进行了汉语注音和在文中的意思注解,以方便研易者阅读和理解。

2. 全文白话翻译。《周易》难懂的另一个重要原因就是六十四卦的卦爻辞,都是文言,而且都不是完整的意思表达,有很多省略,有很多卦爻辞的真正含义难以索解,历代注家虽多,但是存在着很多分歧和争论。本书通过白话翻译,改古语为今言,以帮助研易者解决阅读上的障碍。在做白话翻译时尽量采用直译的手法,不做引申和发挥,以避免误导研易者。

3. 体例新颖。本书按照相互的解释关系进行体例排列,其结构是卦辞、彖辞、大象的文言及卦辞、彖辞、大象的白话翻译及爻辞、小象的文言以及爻辞、小象的白话翻译。此外,还将注析乾坤两卦的《文言》分别附在乾坤有关章节之后,参考起来十分方便。《易传》的其余五章,是综释《易经》全文的,因此,仍然附在全文之后。

4. 每卦后边都有悟语。本书最新颖之处是每一卦后边都有悟语。悟语分为两个层面:一个是技术层面,一个是人道层面。技术层面的悟语,主要是从每一卦中精心挑选出比较经典的卦辞、彖辞或爻辞,并以爻辞为主脉,从卦的总体结构和爻在一卦中的位置以及与该卦中其他爻的相互关系来揭示该卦、象或爻的易理。虽然每卦只选择3～4个爻辞、卦辞或象辞来做感悟,而不是对每卦的全部卦、爻辞做感悟,但是只要读者能够从技术层面了解解易的方法,自己就能举一反三了。人道层面的悟语,主要是沟通天道与人事联系,结合历史与现实对经义的深层内涵与广义外延充分加以开掘拓展,以凸显《周易》中深藏于内的为人处世的精髓,智慧生活的法则。无论是技术层面的感悟,还是人道层面的感悟,我都尊崇前贤,又不拘一格,也不循一家之谈,因此,不少地方与传统的理解也有不一致之处,也算做是智者见智,仁者见仁吧。

5. 附录附有占筮的方法和六十四卦图表。 这样安排附录，是为了学易者能够通过"玩读"来掌握《周易》。孔子讲："大易者不占"。什么叫大易者，就是真正理解到《周易》的本义和内涵的人。真正吃透了易理的人，就会明白怎么做事"吉"，怎么做事"凶"，以及如何趋吉避凶，当然用不着占卜了。问题是通过什么途径来成为"大易者"呢？这方面的研究就极为鲜见了。关于占卜，这里有个盲拒的问题。其实孔子也占卦，但是孔子说："我占卦与史巫是同途殊归"，这句话的意思是，史巫占卦是为了得出命运，孔子占卦是为了得出哲理，一个是宿命论，一个是认识论。我学易的体验，每天占一卦，然后查其吉凶，一天也只需要二三十分钟时间，显示吉的事情我就极力促使其实现，显示凶的事情我就极力避免其发生。这样不但不觉《周易》深涩，而且会备感实用，坚持一年，《周易》的卦、爻辞也就会烂熟于心，也就容易深入易理。当你达到这种境界后，你的潜意识里就会按照《周易》的智慧来思维和行为，结果就会"吉祥"，自然就不用去占卦了。这就是《系辞》所说的："所乐而玩者，爻之辞也。是故君子居则观其象而玩其辞，动则观其变而玩其占，是以自天祐之，吉无不利。"初学易者，可以按照附录介绍的占筮方法，每天占一卦，然后对照附录4中的六十四卦图表，查出卦名，再到书中找出此卦详细研究，坚持数年，必有收获。

"人生不学易，百岁也枉然。"《周易》是现实人生的指南和趋吉避凶的宝典。为了人生的价值和生命的意义达到一个更高的层次，让我们一起来饮中华文化的源头活水，在最近的距离上接触千古不易的智慧吧。

陈树文

2009 年 5 月于大连理工大学挂书亭

CONTENTS 目录

导　论

　　《周易》凝聚了伏羲、周文王、孔子三位圣人以及历代先贤大圣们对宇宙、自然的认识,包含了他们对社会历史变化的理解,是集体智慧的结晶,位居"群经之首"。《周易》是中国传统文化的源头活水,在中国数千年的文明史中,它以博大精深的思想对我国的哲学、文学、史学、自然科学以及社会科学都产生了巨大的影响。如《四库全书总目录提要》说"易道广大,无所不包。旁及天文、地理、乐律、兵法、韵学、算术、以逮方外之炉火,皆可援《易》以为说。"《周易》在世界上也享有"宇宙代数学"、"科学皇冠上的明珠"等美称。《周易》不仅是中国的,更是世界的;不仅是古代的,更是现代和未来的。

　　《周易》最初是用作卜筮的书,朱熹说:"《易》本为卜筮之而作"、"《易》本卜筮之书"。其内容包括卦画、卦名、卦辞与爻辞等,又加之《周易》成书于数千年以前,如果不了解关于《周易》所特有的一些基本知识,根本就不可能读懂《周易》。因此,为了帮助读者系统地学习和研究《周易》,有必要对《周易》作个导读。

一、《周易》的内涵

　　《周易》的内涵,体现在"三易"上。《乾凿度》云:"《易》一名而含三义:所谓简易也,变易也,不易也。"又云:"易者其德也,变易者其气也,不易者其位也。"郑玄深谙此义说:"《易》一名而含三义:简易一也,变易二也,不易三也。"可以说,"三易"包括《周易》的一切,当然,也就包括宇宙的一切了。

(一)变易

　　宇宙间任何事物都包含着阴阳两个既矛盾又统一的方面,阴阳二性不停地切摩,阳极则生阴,阴极则生阳,这种消长盈虚的相互转化之机使天地间万事万物随时随刻都处在变化之中,而且这种变化是一而二、二而四、四而八,以至无穷。这就是宇宙万象之本,万化之根源。《周易》谈论天地人之道,是以天道之变易,而定人道之变易;以人道之变易,合天道之变易。所以《系辞》说:"天地变化,圣人效之。"又说:"知变化之道者,知神之所为也。"

六十四卦本身就是从自然现象的变化中演绎出来的,六十四卦显示了六十四种自然静态现象,三百八十四爻演化了三百八十四种动态的变化。自然万物的千变万化是遵循一定规则的,如每卦有六爻,初爻表象事物的初始变化,二爻表象事物的变化初显成效,三爻表象事物发展到一定阶段,四爻表象变革,五爻表象兴盛,上爻表象变化发展到终极,开始走向衰微。《周易》正是通过六十四卦的结构及其卦爻辞,来帮助人们知晓宇宙在变,世界在变,万事万物都在变的自然之趋势和其中的变道,从而蓄积能变之力量,修养主变之德行,做一个"趋时者",变其所当变,变则必求其通。

(二)不易

不易的内涵有三层意思:一是《周易》所阐释的哲理,是宇宙、天地、人生、事物的真理,它是永恒不变的。因为宇宙生化,虽然是错综复杂,瞬息万变,但在变易之中,也含藏不变之理,如日月往来,寒暑相推这样的万古之常道是"不易"的。正如董仲舒所谓:"道之大原出于天,天不变道亦不变。"二是自然万物的变化是不依人的意志为转移的。大道本自然。以天地自然现象来讲,如白昼与黑夜、阴晴与圆缺、春生秋实、沧海桑田等的变化都是本乎自然,人只能效法和适应这种自然而不能随心所欲地改变自然,老子也提示人们:"人法地、地法天、天法道、道法自然。"三是世界上的一切事物都在发展变化的这一永恒法则是永远不变的。变易是现象,不易是法则。研究《周易》的目的就是要认知变易的现象,探求不易的法则,以确定人合理存在的方针和指导应变的方法。

(三)简易

简易的内涵也有两个层面:一是天地自然的法则,本来就是简朴而平易的,正如孔子所讲:"乾以'易'知;坤以'简'能。"二是简的根源就是心诚。所以,简易就是效法天道,保持人性的纯正。中孚卦《象》云:"中孚以利贞,乃应乎天也",这句话讲的就是,诚信能保持人性的纯真,是合乎天之简朴而平易大道的。世界上一切人世间化简为繁的事物,其本源都可归于心不诚,或者为了规制不诚心的行为而制定的各种规章制度、条例、守则。心不诚就必然要伪饰一些表面的东西以掩盖其本质,这种矫揉造作就把本来简单的问题搞得复杂化了。

大道至简,这是宇宙的普遍法则,也是《周易》的精髓。这一点,从《周易》易数上看得更清楚,《周易》中只讲一位数"一",其余的数都是来自于"一"的递增。计算的方法也更简单,即加法和减法,万物的变化正是如此,非加即减。八卦和六十四卦仅仅就是用了两个最简单的符号"——"、"———",由阴阳而成乾坤,乾坤生六子为八卦,由八卦重之而成六十四卦、三百八十四爻。一卦而备众象,一爻而明众事,六十四卦、三百八十四爻就演绎出了宇宙、社会和人的无穷变化。《周易》散之三百八十四爻,聚之六十四卦,约之仅八卦,再简之仅两卦,再简之仅两爻,故《系辞》云:"一阴一阳之谓道",道者简易也。德国的莱布尼茨看到了由传教士翻译成拉丁文的《周易》,为之着迷,领悟了二元对数,即阴为"0",阳为"1",演变出了无穷的信息数据,进而奠定了计算机运作的原理。

《周易》内涵中"三易"的关系,可以具体理解为:由其生之原而论,是简易;由其生生不已而论,是变易;由其生之有秩序而论,是不易。简易者其德,不易者其体,变易者其用。所以变易为《周易》中最重要者,也是《周易》最繁赜者。因此,我将在《导论》的《周易》思维方式部分中详加论述。

二、《周易》的表达形式

在哲学上的认识是,内容决定形式,形式表达内容。好的形式不仅能够完美地表达内容,还能够增大原有内容的含量。《周易》有一套系统而精美的表达形式,它不仅完美地表达了《周易》的独特内容,还增大了《周易》的内容含量。理解《周易》的表达形式,对于真正全面地理解《周易》这部中华永恒的圣典,具有特殊的意义。

(一)《周易》的结构

1. 伏羲氏的八卦

八卦是伏羲氏所画,伏羲氏又称包羲氏,生在距今六千四百多年以前,据传是:"则河图而作八卦",所谓伏羲氏"一画开天",两仪始立,有两仪而四象。四象虽然比两仪为显著,但是只是阴阳两种气化。伏羲氏在四象的基础上,进一步复合,遂创立了能够状类宇宙间生化万有的八卦。这是一个以几何级数裂变的过程,就是"系辞"所说的:"易有太极,是生两仪,两仪生四象,四象生八卦"。详见图1:

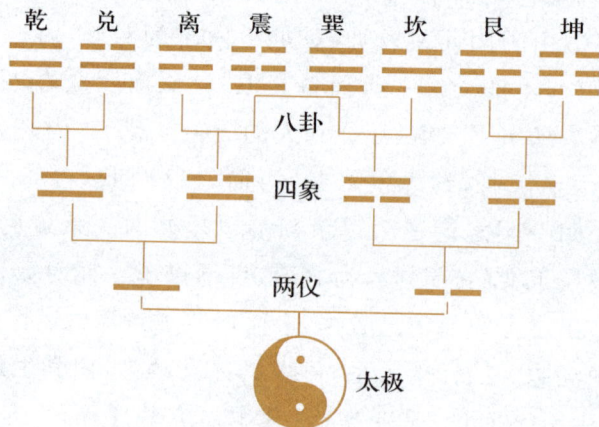

图1 八卦生成图

2. 周文王的六十四卦

八卦奠定了"易"的结构系统的基础,但是周文王发现八卦的内容并不能很好地解释人们生产和生活中遇到的一切问题,于是将三画卦的八卦中的每两卦进行重叠,变成六画卦,形成上卦(外卦)和下卦(内卦)重合的卦体,如图2所示:

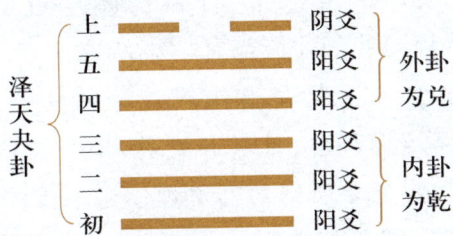

图 2　卦的结构图

八卦经过这样两卦两卦的排列组合,最后就形成了《易经》中的六十四卦(见附录 4)。

《周易》六十四卦中每卦从形式上规定为六爻,自下而上,以"— —"表示阴性,称为"六";以"——"表示阳性,称为"九"。以"初"、"二"、"三"、"四"、"五"、"上"六个字,标明六爻各自的位序。阴爻称"初六"、"六二"、"六三"、"六四"、"六五"、"上六";阳爻称"初九"、"九二"、"九三"、"九四"、"九五"、"上九"。每卦有六爻,另加乾卦"用九"爻和坤卦"用六"爻,是为三百八十六爻。每卦列有卦形、卦名、卦辞。每爻列有爻题、爻辞。所谓卦形,就是卦的形象,它"类万物之情,通神明之德"。卦名是对卦形的概括。卦辞,是一卦的纲领,它从总体上解释一卦的卦义,有助于人们领悟易理。爻题是表明爻的位次和性质。爻辞是对此爻在该卦中的位置以及与他爻之间的关系来阐明吉凶的断语。如"乾卦"(见表 1):

表 1

卦形	卦名	卦辞	爻题	爻辞
上乾 下乾 ☰	乾	元亨 利贞	初九	潜龙勿用。
			九二	见龙在田,利见大人。
			九三	君子终日乾乾,夕惕若,厉无咎。
			九四	或跃在渊,无咎。
			九五	飞龙在天,利见大人。
			上九	亢龙有悔。
			用九	见群龙无首,吉。

3.《易传》

《周易》有经文和传文两个部分。卦辞和爻辞为经,解释经的是传。

《易传》就是对"经"的说明，故《易传》十篇被称为《十翼》，翼就是辅助经的意思，正是有了《易传》我们才能徜徉《易经》之中。汉人将十篇传文称为"十翼"（《易乾凿度》），意思是这十篇是经的羽翼。这十篇传文是：《彖》（上下），只解《易经》卦象、卦名和卦辞，不解爻辞，乃断卦义之文；《象》（上下），是对卦象、爻象所蕴含的道理作进一步的阐释之文，《象》又分为《小象》及《大象》，解卦辞的为《大象》，释爻辞的为《小象》；《文言》，是专门为解释乾、坤两卦深奥意义之文；《系辞》（上下），为释卦、爻辞之文，为"七翼"（《易传》中之重要部分，提出了许多具有宝贵的哲理的重要命题，如"一阴一阳之谓道"、"生生之谓易"、"易则变，变则通，通则久"等精辟论断都是《周易》的精髓）；《说卦》，为解说卦象及卦文之文，是揭开《周易》天人易理的一把钥匙；《序卦》，对六十四卦排列顺序作解释之辞；《杂卦》，是把六十四卦中意义相关或相反的两卦放在一起作阐释之文。金景芳老师说："《易传》是理解《易经》的一把钥匙，没有《易传》的话，我们今日便不可能看懂《易经》。"

把《易传》中的《彖》、《象》放入相应的每一卦中，我们还以乾卦为例，表一的结构就可以丰富为表2：

表2

卦形	卦名	卦辞	彖辞	大象辞	爻题	爻辞	小象辞
上乾下乾	乾	元亨利贞	大哉乾元，万物资始，乃统天。云行雨施，品物流形。大明终始，六位时成，时乘六龙以御天。乾道变化，各正性命，保合太和，乃利贞。首出庶物，万国咸宁。	天行健，君子以自强不息	初九	潜龙勿用。	"潜龙勿用"，阳在下也。
					九二	见龙在田，利见大人。	"见龙在田"，施德普也。
					九三	君子终日乾乾，夕惕若，厉无咎。	"终日乾乾"，反复道也。
					九四	或跃在渊，无咎。	"或跃在渊"，进无咎也。
					九五	飞龙在天，利见大人。	"飞龙在天"，大人造也。
					上九	亢龙有悔。	"亢龙有悔"，盈不可久也。
					用九	见群龙无首，吉。	用九，天德不可为首也。

(二)变卦的各种情况

1. 错卦

错卦也叫对卦和旁通卦，就是把一个卦的各个爻求反（阳变成阴，阴变成阳）就得到了该卦的错卦。六十四卦每卦都有对错的卦（如图3恒卦与益卦），有正就有反，这是宇宙的大法则。以错卦的道理去看人生，有赞成就有反对，有得意就有失意。

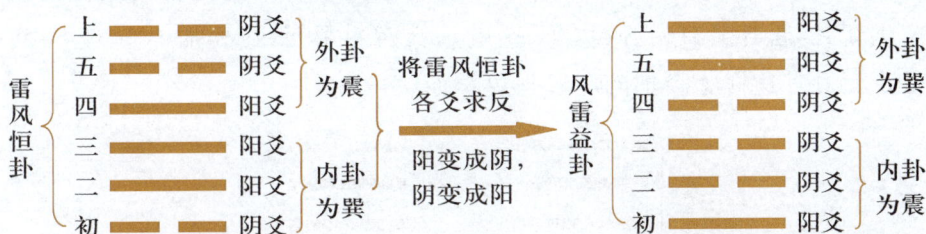

雷风恒卦是第一爻、第五爻、第六爻是阴爻，第二爻、第三爻、第四爻是阳爻。

阴阳交错之后，雷风恒卦变成了风雷益卦，第一爻、第五爻、第六爻变成了阳爻，第二爻、第三爻、第四爻变成了阴爻。

图 3　错卦图

2. 综卦

综卦又称反卦和覆卦，就是将一卦反复（颠倒）过来所得的卦（如图4，恒卦颠倒180度变成咸卦）。以综卦的道理去看人生，就是要设身处地地为相对人思考，将心比心，切忌凡事都只站在自己的立场上来思考和作为。

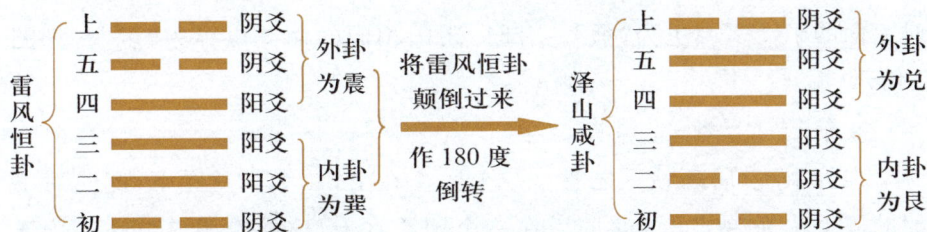

图 4　综卦图

3. 交互卦

交互卦是指在一个六爻卦中,除了上卦与下卦两个经卦外,有由二爻、三爻与四爻,三爻、四爻与五爻构成两个新的经卦(如图5所示),下连为交(如图5中第五爻下连到第三爻),上连为互(如图中第二爻上连到第四爻),故称为交互卦。以交互卦的道理看事物,就不要孤立地、片面地看问题,一件事情看了正面看反面,再把旁边看清楚,旁边也要正反两面都看。这样虽然四面都注意到了,但还不够完备,每卦的纵深变化,又会产生新卦,新卦又有错卦、综卦,这就是八面看东西,还要加上上下,一共是十面看。这样才会把问题看得更全面、更透彻。

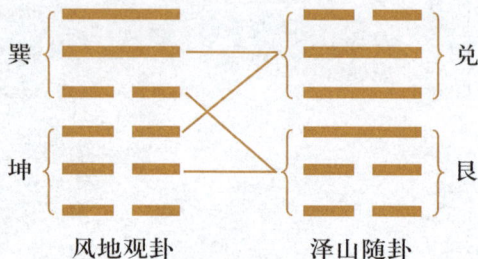

图 5　交互卦图

(三)卦象内部相关两爻之间的关系

一卦六爻彼此之间在结构上也有同性相斥、异性相吸的关联性,具体表现在以下几个方面:

1. 承

承为承上,烘托之意。一卦当中如果一个阳爻在上,一个阴爻在下,此阴爻对上面的爻为"承"。一个阳爻在上,数个阴爻在下,下边的阴爻对上面的阳爻来说也为"承"。有时,阴阳相同的两爻也称为"承"。如图6所示。

2. 乘

乘为乘凌,居高临下之意。一个阴爻在上,一个阳爻在下,此爻对下面的阳爻称为"乘"。几个阴爻在一个阳爻之上,这几个阴爻对这一阳爻称为"乘"。如图7所示。

承

上九 阳爻	
六五 阴爻	

九三 阳爻
六二 阴爻
初六 阴爻

六四
六三
九二
初九

离卦　**艮卦**　**损卦**

上九阳爻在上，六五阴爻在下，此阴爻对上面的爻为"承"。

九三阳爻在上，初六、六二阴爻在下，此二阴爻对上面的阳爻为"承"。

初九与九二，六三与六四阴阳相同，也称为"承"。

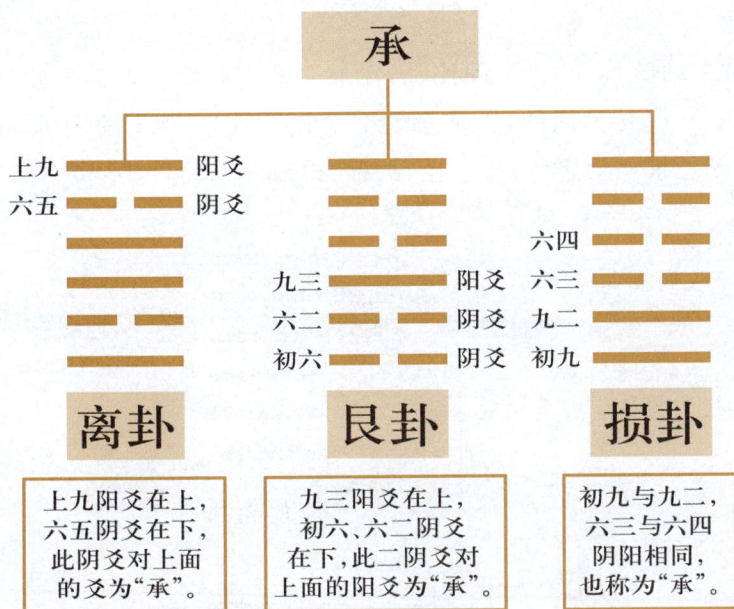

图 6　承的示意图

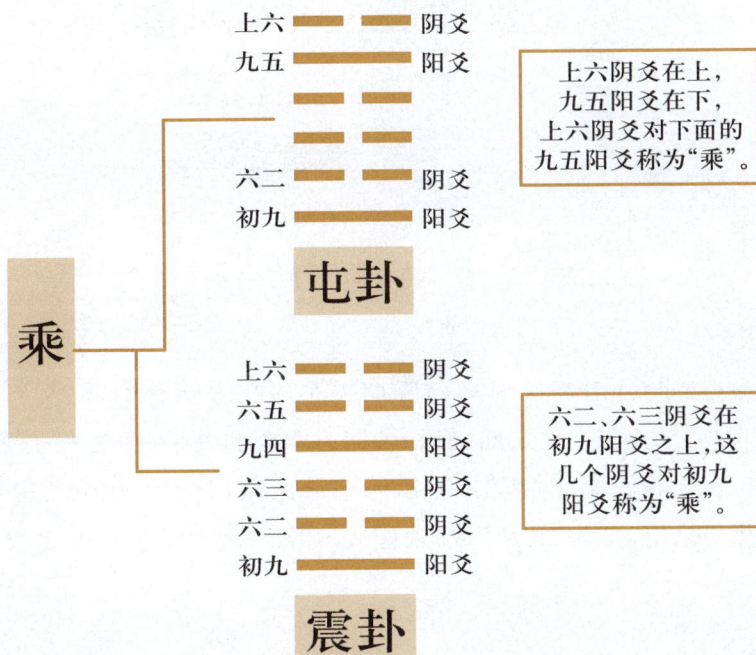

上六 阴爻
九五 阳爻

六二 阴爻
初九 阳爻

屯卦

上六阴爻在上，九五阳爻在下，上六阴爻对下面的九五阳爻称为"乘"。

乘

上六 阴爻
六五 阴爻
九四 阳爻
六三 阴爻
六二 阴爻
初九 阳爻

震卦

六二、六三阴爻在初九阳爻之上，这几个阴爻对初九阳爻称为"乘"。

图 7　乘的示意图

3. 比

相邻的两爻称为"比",即比临,比肩之意。在卦的六爻中相邻两爻,一爻为阴爻,一爻为阳爻,则成为"比"。以阳比阳,或以阴比阴,因同性相斥,则无相求相得之情,是逆比,故称"得敌"。如图8所示。

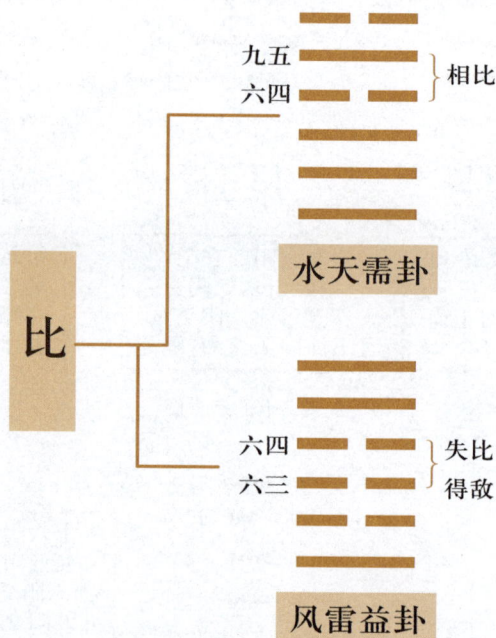

图 8　比的示意图

4. 应

应为内卦与外卦相互对应的呼应关系。在六爻卦中,初爻与四爻,二爻与五爻,三爻与上爻之间,有一种同志联盟的关系,称之为"应"。

"应"也强调阴阳相"应"。若以阴应阴或以阳应阳,因同性相斥,也无相求相得之情,是为"无应"或"敌应"。如图9所示。

上九 ⚊ 相应
六五 ⚋ 相应
九四 ⚊
六三 ⚋
九二 ⚊ 相应
初六 ⚋

未济卦

应

上九 ⚊ 无应
九五 ⚊ 无应
六四 ⚋
九三 ⚊
九二 ⚊ 无应
初六 ⚋

巽卦

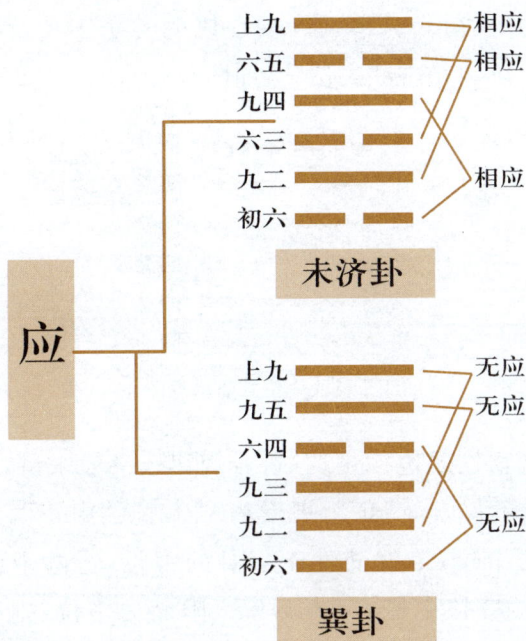

图 9　应的示意图

(四)正中当位

在《周易》的象数体例系统中,"当位"、"得中"的观念尤为重要。《周易》卦中,奇数为阳位,偶数为阴位。阴爻居阴位,阳爻居阳位,叫"正",也叫"当位"或"得位",反之,则称为"失正"或"不当位"。如既济卦,初九、九三、九五均为阳爻得阳位;六二、六四、上六均为阴爻得阴位,六爻皆当位。如图 10 所示。

水火既济卦

上 ⚋ 阴爻 ⎫
五 ⚊ 阳爻 ⎬ 外卦
四 ⚋ 阴爻 ⎭ 为坎

三 ⚊ 阳爻 ⎫
二 ⚋ 阴爻 ⎬ 内卦
初 ⚊ 阳爻 ⎭ 为离

图 10　当位卦的示意图

相反,未济卦其初六、六三、六五均以阴爻居阳位,而九二、九四、上九又为阳爻居阴位,六爻皆"失位"。如图 11 所示。

图 11　失位卦的示意图

"正"象征事物发展遵循正道,符合规律。一般来讲,当位则吉,不当位则凶。《周易》不仅崇尚"正",更崇尚"居中"、"中正"。每卦六爻的第二爻处于下卦的中位,第五爻处于上卦的中位,这两个位置优越,称为"居中",象征事物守持中道,行为不偏。阳爻居中位,则有"刚中之德";阴爻居中位,则有"柔中之德"。如果刚好阴爻处于第二位(六二),阳爻处于第五位(九五),那就更好了,是既"中"且"正",称为"中正",在爻位中是最为美善的象征。如图 12 所示。

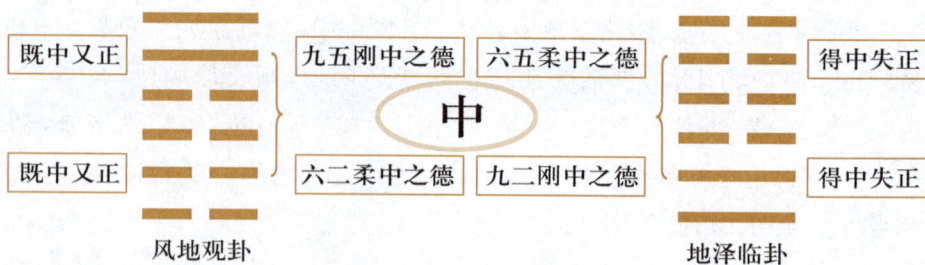

图 12　得中卦的示意图

"中"就是事物的存在的合理性。据有的专家学者研究,《周易》中二、五两爻吉辞最多,占吉辞总数的 47.06%;凶辞最少,仅占 13.94%。说明"中"带来的结果就是吉利。虽然《周易》一般讲,当位则吉,不当位则凶,但《周易》中"中德"优于"正德",即使不当位,如若居二、五之爻位,也为吉。例如,九二虽不当位,但是因为处内卦的中位,所以多得吉。多得吉而不是全得吉，是因为有个"取时说"，即使居中位，适时则吉，失时则凶。如节卦九二爻辞是："不出门庭，凶。"小象解释说："不出门庭，凶。失时吉也。"

三、《周易》中的占断辞

《周易》中的卦爻辞，有对事理的阐述，有对环境的描述，有对故事的叙述，中间或最后总要系上一些占断辞，作为一种提示或警示，如"吉、凶、悔、吝"等，来警示人们如何趋吉避凶。孔子讲："五十学易无大过矣。"靠什么无大过呢？就靠卦爻辞里占断辞的提示。占断辞是《周易》智慧的集中体现，理解卦爻辞中的占断辞是把握《周易》智慧的重要路径。常用占断术语见表3。

表3

分类		常用占断术语
利方	大	"元亨""元吉""无不利"
	中	"利建侯""利涉大川""贞吉""吉""亨""往吉"
	小	"利见大人""利有攸往""利某事""利居贞""有孚""有喜""终吉"
中	平	"初吉""中吉""无悔""悔亡""无咎""小利有攸往""无眚""勿恤""无攸利""无禽""中行""勿忧"
不利方	小	"不利有攸往""不利涉大川""小吝""吝""悔""有言""无誉""往塞""艰"
	中	"厉""贞厉""贞吝""贞悔""勿用""有悔""有厉""征凶""有它咎""往咎"
	大	"凶""贞凶""眚""有眚""终凶""灾""死如"

现择其看似反面的占断辞，按照坏的等级依序加以阐述：

（一）悔

在《周易》的占断辞中，"悔"共出现33次，为悔而改之的意思。南宋哲学家朱熹说过："悔自凶而趋吉"。人有了错，最怕不知悔，不悔的前边就是凶灾；人有了过错，及时悔改，前边就是吉。如家人卦初九爻辞是："闲有家，悔之。""闲"就是防止，治理家事，防止不轨，可免于悔恨。虽然

"悔"在《周易》中出现了 33 次,但是"悔"的结果,都是无咎、无大咎、吉、元吉。可见,和悔改联系在一起的都是好的,所以孔子说:"过而不改,是谓过矣;过而改之,是不过也。"

(二)吝

在《周易》的占断辞中,"吝"共出现 20 次,为艰难、遗憾之意。如,同人卦六二爻辞是:"同人于宗,吝。"意思是六二只与九五这样的亲枝近派相处,就会有艰难,有遗憾。透过这个"吝"字,我们可以得到这样的启示:待人处事不可褊狭,不能任人唯亲,要敞开胸怀,宽以待人,广结人脉。

(三)厉

在《周易》的占断辞中,"厉"共出现 27 次,为危险的意思。《周易》讲到"厉",总是换一个角度,就是避免"厉"去做事情,这样的结果则会"无咎"。如,睽卦九四爻辞是:"睽孤,遇元夫,交孚,厉,无咎。"孤身一人在外,遇见一位阳刚大丈夫,彼此以诚相待,这样即使有危险,最终也"无咎"。可见,就是处于乖背睽违之时,只要与人同德相亲,至诚相和,像"厉"这样的危险,依然可以避免。

(四)咎

在《周易》的占断辞中,"咎"共出现 98 次,为灾害之意,比悔重,比凶轻,是介于悔和凶的性质之间的一种灾害。《周易》中尽管出现 98 次"咎"字,但几乎所有都是"无咎",没有灾害。为什么没有"咎害"呢?就是因为人们因咎而悔,善补其过,以至无咎。所以,《系辞》上讲:"无咎者,善补过也。"如,大有卦初九爻辞是:"无交害,匪咎;艰则无咎。"不互相侵害,没有"咎害",即使面临艰难的处境,也不会有灾殃。这就提示人们免于"咎害"之道是:见善则迁,有过则改。

(五)凶

在《周易》的占断辞中,"凶"共出现 56 次,其意为凶险。《系辞》上讲:"吉凶者,失得之象也。"但是,《周易》中的"凶"是个条件关系,有所偏离才会导致"凶险",如节卦上六爻辞是:"苦节,贞凶",就是过分的节制就会导致凶险,这就是在警示人们做任何事情都要掌握一个"度","过"则为"凶"。《周易》就是通过占断辞的提示帮助人们认知"凶",寻求防范和规避凶险的途径。

　　总之,《周易》的占断辞沁透着古人生活的体验,揭示出了宇宙的基本之理和生命运动的规律,正是透过《周易》这些占断辞的研究,我们才会感悟出《周易》大有深意的智慧。

四、《周易》的思维方式

　　思维方式,就是人类按照自己的特殊需要和功利目标,运用一定的思维工具,去接受、反映或改造客体的一种思维活动方式。《周易》能够成为经典中的经典,哲学中的哲学,谋略中的谋略,从根本上来说就得益于它特有的思维方式。《周易》的思维方式,是古而未老,它不仅奠定了中华民族的思维基础,也是今天中国人体验世界、解释世界的重要思想方式和方法,研易者更应该将其渗入到自己的心中。

(一)取象思维

　　所谓取象思维,就是以客观世界的特定实物的物象为工具,以认识、模拟客体的方式,使人由具体的事物领悟到抽象的事理的思维方式。取象思维是《周易》的主要思维方式之一,《系辞》上说:"圣人立象以尽意",清朝的著名易学专家王夫之也说:"汇象以成易,举易而皆象。""象"的功用就是为了"尽意",即通过一定的"象",想象、推论出深刻的义理。

　　《周易》的一切思想和内容均寓于"象"之中。《周易》把自然界、社会和人的各种现象及其相互关系,都借六十四卦予以包容和表现。自然界的日、月、星辰、风、雨、雷、电、山、河、草、木、飞鸟、走兽等;社会的农耕、狩猎、商贸、战争、祭祀等;人的男人、女人及其生、老、病、死、婚、丧、嫁、娶等现象,身体上各部位的组织,喜、怒、哀、乐的情感等,可以说都能在六十四卦中找到。如乾卦取"龙"为象,乾卦的六条爻辞是:初九潜龙勿用。九二见龙在田,利见大人。九三君子终日乾乾,夕惕若,厉,无咎。

九四或跃在渊,无咎。九五飞龙在天,利见大人。上九亢龙有悔。这里,记述"龙"的具体事物,不是单纯地写龙隐龙现,而是为了阐释与之相关的抽象事理,即通过记述"龙"的不同处境,启发人们去联想、去感悟事物发生、发展和衰亡的过程及其规律。

《周易》还选取了一些历史故事和历史人物为"象"来说理,如归妹卦的六五爻辞:"帝乙归妹",既济卦九三爻辞:"高宗伐鬼方",还有旅卦上九就用了殷先人王亥丧牛于易的故事,如此等等。《周易》通过把古代故事和人物作为爻辞的具体内容,构造出了赖以达意说理的丰富的"象",启发人想象,以领悟抽象的道理。

卦象更直接地体现了《周易》取象思维的方式。卦象分为两类:一类是八卦之象;一类是六画之象。八卦来源于对事物的观察,《系辞》上讲:"近取诸身,远取诸物","圣人有以见天下之赜,而拟诸其形容,象其物宜。"卦象就是通过"——"、"——"的表义性符号三次不同排列组成了八卦,八卦卦象是:乾(天),坤(地),震(雷),巽(风),坎(水),离(火),艮(山),兑(泽)。"八卦相荡"而生成六十四卦,即成"六画之象",包含内外两个经卦,六爻画象天、地、人三材,初爻、二爻象地,三爻、四爻象人,五爻、上爻象天。有了"八卦之象"和"六画之象",解释《周易》就有了可资遵循的思维方法,如"咸"卦卦辞:"咸,亨。利贞。娶女吉。"咸,是交感的意思,就像男子以礼下求女子成婚,所以说"娶女吉"。再如"乾"卦初九爻辞:"潜龙勿用",就可以作出这样的解释:初九在内卦乾体的最下边,而初、二两爻象地,所以说龙潜藏在地下,暂时不宜作为,等等。这样的据象释意,就是因象而出的取象思维方式。

《周易》的取象思维还体现在其《象》辞上,《象》辞的核心就是"立象以尽意",就是以"立象"为门径,把极为抽象的卦的真实意蕴,用一具体的形象表达出来,让人们更好地把握《周易》的思想内涵。如蒙卦本身很抽象,也很难理解,但是在《大象传》中,则明确地告诉人们:"山下出泉,蒙。"即蒙卦的抽象含义可以通过"山下出泉"这一具体形象表达出来,流水刚从山上下来,不知将流向何方,有蒙昧待启之象,所以"蒙"就表示启蒙教育。再如,晋卦其《大象传》云:"明出地上,晋。"通过"太阳从大地上升起"这一具体形象,表示出"晋"是上升的意义。

可以肯定地说,中国人的聪明才智,包括历史上文学和哲学的斐然成就,也包括以四大发明为主的众多科技的发明与发展都是受惠于以《周易》为源头的取象思维方式的。今人按照取象思维的方式研究《周易》和从《周易》中提炼和升华取象思维水平,也一定会有益于人类今天和未来文明的进展。

(二)整体思维

整体思维,就是运用整体概念,从事物的相互联系和相互影响的角度去认识和把握事物的思维方式。《周易》的整体思维方式不仅具有这一定义的特点,还有两个显著的特征:一是系统性。《周易》整体思维是一种象、数、理多维编码的系统思维;二是全息性。《周易》的整体思维是知其一,就能由此而致全体。从以下几个方面,可以窥见《周易》整体思维方式的一斑:

在《周易》的整体思维框架中,宇宙是一个整体,是一个大系统,是一个包括天、地、人"三材"乃至万物的大系统,据此提出了"天人合一"的整体思维方式,把人和自然界看做是一个互相联系的有机整体,把人和自然放在统一的整体结构之中来理解人事的吉凶,来寻求人的合理存在和人存在的合理性。《周易》把人看成是自然界的一部分,是产生于自然的,正如《序卦》中所说:"有天地,然后有万物,有万物,然后有男女。"天生人,人就理应顺应于自然,顺应于天地,所以《文言》中说:"夫大人者,与天地合其德",《系辞》也讲要"崇效天,卑法地",这说明人类只有效法自然,遵循自然规律才可能达到"天人合一"的境界。同时,《周易》又强调人在自然面前也不是消极被动的,应该发挥主观能动性,了解和掌握自然规律,《系辞》说:"仰以观于天文,俯以察于地理,是故知幽明之故。"探明了自然规律的奥秘,是为了运用规律,利用自然,发奋进取,如乾卦《大象》所云:"天行健,君子以自强不息。"从天地到人,又从人到天地,强化了"天人合一"整体思维模式的功效。

在《周易》这个大系统中,有两个爻象,阴爻和阳爻排列而成八卦,八卦代表构成天地万物的八种元素,从而形成宇宙初始的有序的整体,这是《易经》包含的一个重要的整体自然观,它是《周易》整体思维最本原的体现。八卦有先天八卦和后天八卦之分,先天八卦是伏羲氏所画,伏羲氏仰观天象,俯察地理,又详细考察了包括人类在内的众多的事物,制作了八卦,主旨在于显示宇宙之本体及其功能。如图 13 所示。

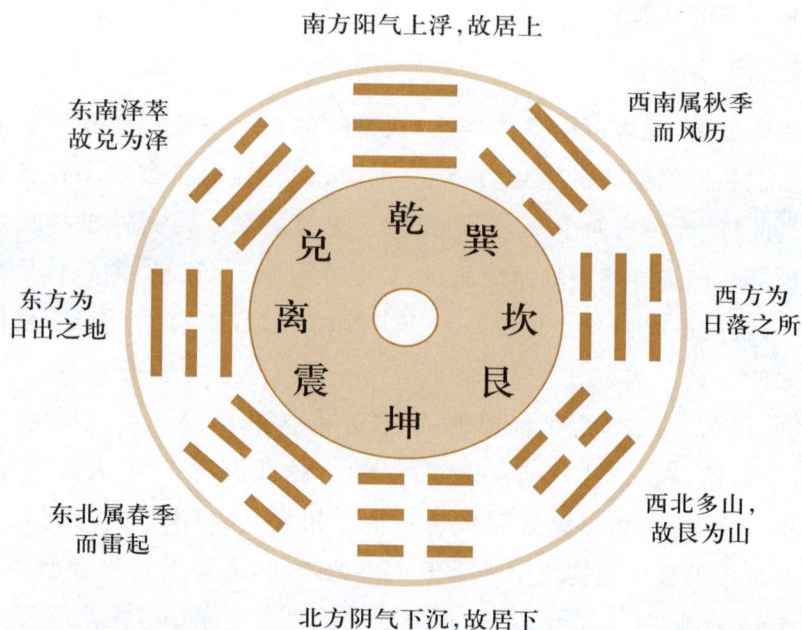

南方阳气上浮,故居上

东南泽萃
故兑为泽

西南属秋季
而风历

东方为
日出之地

西方为
日落之所

兑
离
震

乾
巽
坎
艮
坤

东北属春季
而雷起

西北多山,
故艮为山

北方阴气下沉,故居下

图 13　先天八卦图

周文王在伏羲氏先天八卦的基础上,又继续详细考察,认识了宇宙间的众多事物,另行组合而成后天八卦,主旨在于说明宇宙万物的运行及作用。如图 14 所示。

先天八卦和后天八卦的相互为用,才推演出了宇宙万有的体用合一的整体性功能。美国的数学家斯蒂思说:"如果一个特定的问题,可以被转化为一个图形,那么,思想就整体地把握了问题,并且能创造性地思索问题的解法。"伏羲氏和周文王把对自然和社会的认识,作为问题,以先天八卦和后天八卦为其"转化了的图形","思想上整体地把握了问题",这种创造性的"解法",体现了整体思维方式的特点。

南方属火,火旺于夏

巽为风为木,
排在东南,
万物旺于春夏之交

坤为地,为柔,为阴土,
排在西南,夏末秋初草
木归根,致养于地

震为动,
排在东方,
东方属木,
木旺于春

兑为悦,
人悦秋实,
西方属秋,
金旺于秋

艮在东北,
为止,为终,
冬春之交,
万物已终

乾为刚健,于物为全,
排在西北,秋末冬初,
阴阳相薄,草木损折之时

北方属水,草木万物退藏

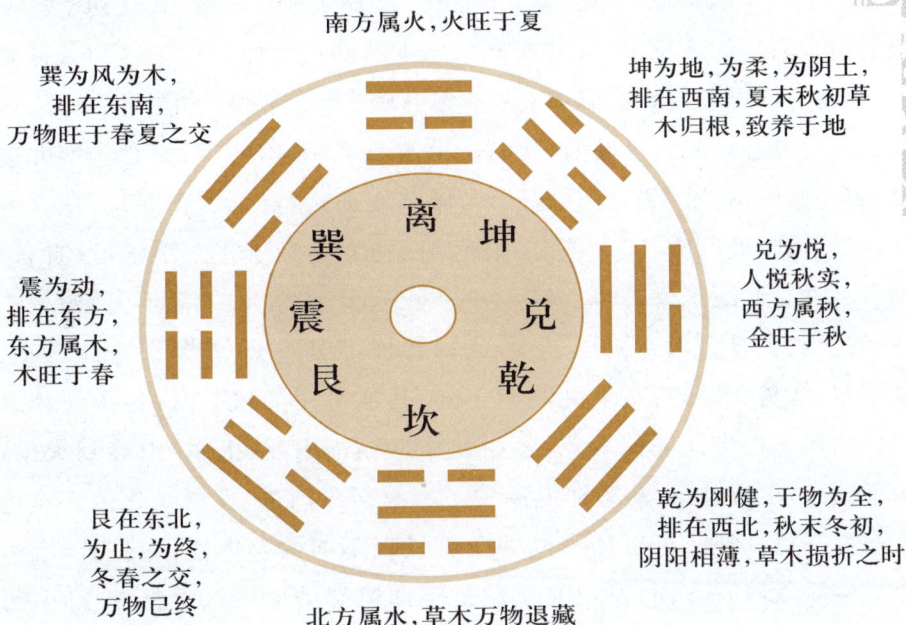

图 14　后天八卦图

　　八卦再两两重叠而成六十四卦。六十四卦构成了一个包罗天、地、人、事、物等的完整的宇宙世界,《易传》讲:"范围天地而不过,曲成万物而不遗。"整体思维贯穿于六十四卦的始终。

　　六十四卦的卦序排列,呈现鲜明的有序性,从乾卦到未济卦,以有序的运动为其内在机制,排列成一个首尾相连的大圆圈,体现了大自然的运行由潜藏酝酿生机,萌芽生长,奋发茁壮,欣欣向荣,经过各种艰难考验,到达开花结果的极盛时期,然后又盈而亏,返回原始,重新开始,循环往复,以至无穷,反映出《周易》思维的整体性。

　　六十四卦两两成对,六十四卦就是 32 对,从正反两个方面,表达一个完整的内容。如,"泰"、"否"两卦卦形是(䷊)、(䷋),两卦爻画上下颠倒,意思也相反,但两者结合起来看,却是完整而具体地阐述了对立的事物相反相成、相互转化的关系,即泰极否来,否极泰来,显露出了整体性的思维方式。

六十四卦的单卦,也各成一个整体,每卦体现一个中心,从初爻到上爻是一个渐进的系统过程,具有整体思维的特点。如,"艮"卦:初六艮其趾,无咎。利永贞。六二艮其腓,不拯其随,其心不快。九三艮其限,列其夤,厉,薰心。六四艮其身,无咎。六五艮其辅,言有序,悔亡。上九敦艮,吉。此卦由"趾"到"腓"(腿肚),"限"(腰部),"身"(胸腹部),"辅"(脸部),最后到"敦"(头部)。再如,"渐"卦:初六鸿渐于干。小子厉,有言,无咎。六二鸿渐于磐,饮食衎衎,吉。九三鸿渐于陆。夫征不复,妇孕不育,凶。利御寇。六四鸿渐于木,或得其桷,无咎。九五鸿渐于陵,妇三岁不孕,终莫之胜,吉。上九鸿渐于陆,其羽可用为仪,吉。各条爻辞之间以鸿鸟飞行为共同的取象,经由河岸、磐石、山丘、上木、山岭到大山,由低到高,由近及远,从整体上阐发了事物循序渐进,发展变化的完整过程。而且每一卦又可以从不同的角度发现不同的整体性,如乾卦,既可以从生活境遇的方面,发现君子包括不同遭遇的生活过程整体性,又可以从伦理道德的方面发现君子修养身性过程的整体性,还可以从星象演变的方面,发现季节变化的整体性。

由上述可见,在《周易》的整体系统中,其部分、子系统,甚至最小的单位都包含或潜在地包含整体。《周易》的这种整体思维方式,对儒家、道家乃至整个中国传统哲学的思维方式,产生了决定性的深远影响,传统哲学中的"仁"、"道"、"气"、"知"、"行"、"理"诸范畴,都有整体性思维的根基,中国人之所以善于采用整体的、全息的、系统的方法来思考和解决问题,概出于此。

(三)模糊思维

所谓模糊思维,是指思维主体在思维的过程中,以反映思维对象的模糊性为特征,通过使用模糊概念、模糊判断和模糊推理等非精确性的认识方法所进行的思维。模糊思维内涵没有明确的界定,给人以很大解释空间或联想余地,模糊思维里有分析,却不以分析为主,它讲究"悟"。从以下几个方面,可以看出《周易》的模糊思维方式。

1.《周易》取象含义缺乏清晰性。《周易》取象庞杂,又一卦多象,爻又重复,很不清晰。如乾卦,就代表天、君、父、男、刚健、动等;震卦代表雷,雷在天上一打也代表"动";巽卦代表风,风吹过来草也在"动"。乾卦取象公马,坤卦取象母马,这又出现雌雄的问题。乾卦还取象良马,巽卦还取象瘦马,这又出现优劣的问题……取象越多,它的模糊性就越大,这就给解释卦、爻辞带来很大的随意性,即使是同一卦,不同的人,解释也不同甚至可能完全相反。

2.《周易》的占断辞具有不确定性。《周易》中的占断辞,如"吉、凶、悔、吝、咎、利、不利"等,与卦、爻辞之间缺乏详细的论证,而是靠人的主观想象来臆断,这样也具有了很大的不确定性。如"泰"卦卦辞:"小往大来,吉,亨。""小"和"大"并没有明确的具体指代内容,为什么"吉",也没有进行论证。还有,《周易》一卦六爻位又分为天、地、人。初、二为"地位",三、四为"人位",五、上为"天位"。二与五居中位,故"二多誉"而"五多功"。三与四为人位,与天位、地位相比,处人位要艰难许多,故"三多凶"而"四多惧"。为什么"多誉"、"多功"、"多凶"、"多惧",没有定性的研究;"多"到什么程度,也没有进行定量研究,具有很大的不确定性。

3.《周易》卦、爻辞带有模糊性。《周易》的卦、爻辞文字简短,缺少必要的叙述,又加之年代久远,在解释上往往见仁见智,模糊性很大,如乾卦卦辞:"元亨利贞"四个字,就有"万事亨通,有利于占问"和"元始,亨通,和谐有利,正固持久"的不同解释。又如,坤卦六二爻辞:"履霜,坚冰至。"人踩在霜上,想到坚冰就要到来了。反映的并不是确定的逻辑推理关系,而是一种经验性的认知,你可以作这样的解释,也可以作那样的解释。再如,"大过"卦九二爻辞是"枯杨生稊,老夫得其女妻,无不利。"九五爻辞是:"枯杨生华,老妇得其士夫,无咎无誉。""枯杨生稊"、"枯杨生华"这种自然界反枯为荣的现象似乎和社会生活中的"老夫得其女妻"之间有某种联系,和"利"、"无咎"、"无誉"之间也有某种联系,但是这种联系不是建立在严密逻辑论证的基础上,而是靠想象推论的,因而带有很大的模糊性。

模糊思维以定性分析见长,可以用定性分析的语言,简明、规范、扼要地表达客观事物的规律。模糊思维不是"非此即彼"的求证,而是善于多角度考虑问题,善于在事物之间建立联系,特别注重对事物的整体特征进行概括,估测事件的进程,作出近似的、灵活的结论。爱因斯坦对中国古代人做出了和西方科学一样的成果感到惊讶,他说:"西方科学的发展是以两个伟大成就为基础,那就是希腊哲学家发明形式逻辑体系(在欧几里得几何学中),以及通过系统的实验发现有可能找出因果关系(在文艺复兴时期)。在我看来,中国贤哲没有走上这两步,那是用不着惊奇的。令人惊奇的倒是这些发现(在中国)全部做出来了。"这"全部做出来了",就是模糊思维魔力作用的结果。世界本身是模糊的,人脑的思维机制本身也是模糊的,思维的极致不是精确而是模糊,不精确处蕴含着极大的活力和创造性。电脑之所以没有创造性,就在于电脑只能按照人编好的程序进行确定性的理性思维。《周易》所创立的古老的模糊思维,尽管需要经过理性思维的洗礼,但在今天,这种模糊思维方式不仅有独到的应用价值,而且人类思维的现代发展,不是走向精确,恰恰是向模糊挺进。

(四)权变思维

所谓权变思维,就是指思维主体根据面临的不同情况和境遇,审时度势,权衡得失,随机应变的思维方式。《周易》的核心思想就是"变易",《周易》以"易"名书,就含有了变化之义。司马迁说:"《易》著天地阴阳四时五行,故长于变。"孔子说:"夫易者,变化之总名,改换之殊称。"《周易》中的变通观是古圣先贤们对宇宙、自然、社会、人生深刻体悟后得到的具有深远意义的观念。

《周易》认为:世界处于不断变化之中,无物不在变,无时不在变。《周易》丰卦《象》云:"日中则昃,月盈则食,天地盈虚,与时消息,而况于人乎?"事物内部存在着阴阳两种对立的势力,两者的相感、相摩、相济就是事物变化的原因。阴阳两种力量又可以用刚柔来表现,所以《说卦传》说:《易》作者是"观变于阴阳而立卦。"就是设阴阳两个爻画"— —"、"——"为变化之母,画八卦以代表万事万物的变化,推六十四卦和三百八十四爻以囊括纷繁复杂的关系及其变化过程。

《周易》的变易思维方式源自于宇宙的阴阳变化,六十四卦就是由"— —"、"——"两块基石构成的排列组合图式而涵盖变化万千的思维模式,对此《系辞》说得很通透:"圣人立象以尽意,设卦以尽情伪,系辞焉以尽其言,变而通之以尽利,鼓之舞之以尽神。"《周易》变通的思维方式是贯穿于六十四卦始终的,六十四卦每一卦都含有变通的思想,乾坤两卦是宇宙,是社会变化的总概括,其余六十二卦则是具体的展开,屯卦象征"物之始生",既济卦象征事物发展圆满、成功,未济卦象征结束和新的变化的开始。一切事物都是处在永不停息的运动变化之中,《系辞》对此进行了高度的概括:"《易》之为书也不可远,为道也屡迁,变动不居,周流六虚,上下无常,刚柔相易,不可为典要,唯变所适。"

《周易》不仅讲事物都是变化的,而且特别强调事物的变化具有日日更新、永无止境的特点,《系辞》说:"富有之谓大业,日新之为盛德,生生之为易"。《周易》中的权变思维方式,体现了阴阳变易的普遍法则:"穷则变,变则通,通则久。"事物发展到极端,就应当发生变化;经过变化,事物才不会僵滞;只有不僵滞,它才能永葆生命力。所以《系辞》又讲:"通其变,使民不倦;神而化之使民宜之。""一阖一辟谓之变,往来不穷谓之通"。

《周易》作者用变通的观点谈自然、谈人事,这样的思维方式对于中华民族心理素质与文化传统的形成和发展的影响是深远的,孟子"男女授受不亲,礼也;嫂溺援之以手,权也"的执经达变思想和孙子提出的"途有所不由,军有所不击,城有所不攻,地有所不争,君命有所不受"等因时因地制宜的兵家权变思维,不敢断言都是来自于《周易》,但是可以肯定地说,是与《周易》的权变思维方式一脉相通的。今天,研究《周易》的权变思维方式并运用和指导社会实践仍具有极大的现实意义。

掌握了上述《周易》的基本内涵、表达方式、占断辞的意义、思维方式等就找到了进入《周易》殿堂的门径和整个殿堂的框架,就能帮助人们很好地解读《周易》古奥的经文,破解这部"天书",汲取永不枯竭的智慧之泉。

乾第一

【卦辞】

　　乾：元亨利贞。

【白话】

　　乾卦象征天：乾具有纯阳至健的性质，其特点是万物创始，亨通顺利，祥和有益，贞正坚固。

【彖传】

　　《彖》(tuàn，解释卦名卦辞的一种)曰：大哉乾元，万物资始，乃统天。云行雨施，品物流形。大明终始，六位时成，时乘六龙以御天。乾道变化，各正性命，保合大和，乃利贞。首出庶物，万国咸宁。

【白话】

　　《彖传》说：天的原始之气真是浩大啊，万物都靠它而产生，大自然都由它主宰。云在天空中漂移，雨水从天上降下，万物繁殖，形态处于不断变化之中。太阳西降东升，使上、下、东、南、西、北六个方位得以确定，乾卦六爻按照不同的时机形成，就像驾着六条飞龙在天空中有规律地运行。在天道的运行变化过程中，赋予了万物各自的本性和生命，一切都是那么和谐、融洽，各有其利，万物都能正固持久地成长。天的功德超出万种物类，使万国都得到安宁昌顺。

【大象传】

　　《大象》曰：天行健，君子以自强不息。

【白话】

　　《大象传》说：天道刚强劲健，运行周而复始，永不停息，君子应效法

天的这一特性,自强不息,奋发向上。

【爻辞】

初九 潜龙勿用。

九二 见(xiàn,出现)龙在田,利见大人。

九三 君子终日乾乾,夕惕若,厉,无咎。

九四 或跃在渊,无咎。

九五 飞龙在天,利见大人。

上九 亢龙有悔。

用九 见群龙无首,吉。

【白话】

初九 龙潜藏于水底,养精蓄锐,暂时不宜有所作为。

九二 龙出现在大地上,有利于会见德高望重的大人物。

九三 君子整天勤勤恳恳,毫不懈怠,到晚上也警惕着,有危险,但不会造成灾殃。

九四 龙或跃离深渊,或退居深渊,均没有灾殃。

九五 龙高飞于天空,有利于会见德高望重的大人物一起来治世。

上九 龙腾飞过高,超过极限,将会发生令人悔恨的灾祸。

用九 群龙出现在天空,谁也不愿意以首领自居,则无过亢之灾,吉祥。

【小象传】

[初九]"潜龙勿用",阳在下也。

[九二]"见龙在田",德施普也。

[九三]"终日乾乾",反复道也。

[九四]"或跃在渊",进无咎也。

[九五]"飞龙在天",大人造也。

[上九]"亢龙有悔",盈不可久也。

[用九]用九天德,不可为首也。

【白话】

[初九]"龙潜藏于水底,养精蓄锐,暂时不宜有所作为",因为此爻处于最下的位置,阳气还是刚刚萌生的缘故。

[九二]"龙出现在大地上",这表明大德之人经潜藏修养,开始将大德广泛地惠及天下之人。

[九三]"君子整天勤勤恳恳,毫不懈怠",说明君子反复行道而不舍。

[九四]"龙或跃离深渊,或退居深渊",这表明龙处于进取而无咎还得时机。

[九五]"龙飞上了高空",说明君子正可以一举创就大业。

[上九]"龙腾飞过高,超过极限,将会发生令人悔恨的灾祸",说明物极必反,盈满的状态是不可能长久的。

[用九]六爻皆属阳,各禀天的纯阳至刚的德性,至高无上,哪里还能有谁来做它们的首领。

【文言传】

《文言》曰:元者,善之长也;亨者,嘉之会也;利者,义之和也;贞者,事之干也。君子体仁足以长(zhǎng)人,嘉会足以合礼,利物足以和义,贞固足以干事。君子行此四德者,故曰:"乾:元亨利贞。"

【白话】

《文言传》说:元,是众善事物的开始;亨,是一切美好的事物的聚合;利,是万物和谐,各得其宜;贞,是处身做事的根本。君子履行至善的仁德,就能成为众人的尊长;会聚美好的事物,就能够合乎礼义;能够施利万物,足以使道义达到和谐;能够坚守正道,就能主持成就事业。君子若是履行上述四种美德,就达到了乾卦所说的:"万物创始,亨通顺利,祥和有益,贞正坚固"。

【文言传】

初九曰"潜龙勿用",何谓也? 子曰:"龙德而隐者也。不易乎世,不

成乎名。遁世无闷，不见是而无闷。乐则行之，忧则违之。确乎其不可拔，潜龙也。"

九二曰"见龙在田，利见大人"，何谓也？子曰："龙德而正中者也。庸言之信，庸行之谨。闲邪存其诚，善世而不伐，德博而化。《易》曰'见龙在田，利见大人'，君德也。"

九三曰"君子终日乾乾，夕惕若，厉，无咎"，何谓也？子曰："君子进德修业。忠信，所以进德也；修辞立其诚，所以居业也。知至至之，可与言几也；知终终之，可与存义也。是故居上位而不骄，在下位而不忧。故乾乾因其时而惕，虽危无咎矣。"

九四曰"或跃在渊，无咎"，何谓也？子曰："上下无常，非为邪也；进退无恒，非离群也。君子进德修业，欲及时也，故无咎。"

九五曰"飞龙在天，利见大人"，何谓也？子曰："同声相应，同气相求。水流湿，火就燥；云从龙，风从虎，圣人作而万物睹。本乎天者亲上，本乎地者亲下，则各从其类也。"

上九曰"亢龙有悔。"何谓也？子曰："贵而无位，高而无民，贤人在下位而无辅，是以动而有悔也。"

【白话】

初九爻辞说"龙潜藏于水底，养精蓄锐，暂时不宜有所作为"，这是什么意思呢？孔子说："这是指具有龙一样的有德有才却隐居起来的人。他不因世俗观念而改变节操，也不去追逐虚名。独自隐退而不感到烦闷不乐，言行不被世人认同也不感到愁闷。自己乐意做的事，就积极入世行道；不乐意做的事，就回避隐遁。意志坚定，从不动摇，这就是潜藏于深渊的龙的德性。"

九二爻辞说"龙出现在大地上，有利于会见德高望重的大人物"，这是什么意思呢？孔子说："这是指具有龙一样的品德而立身中正、没有偏颇的人。他平日说话言而有信，平日做事小心谨慎。防止邪念的侵袭，保持内心的诚实。为世人做了卓著的善行而不自我夸耀，恩德广博而感化世间一切。"《周易》上说："龙出现在大地上，有利于会见德高望重的大人物"，这是指出现了具备担任君主品德的贤人。

　　九三爻辞说"君子整天勤勤恳恳,毫不懈怠,到晚上也警惕着,有危险,但不会造成灾殃",这是什么意思呢?孔子说:"指的是君子增进道德修养,发展自己的事业。忠诚守信,是增进道德的主要基础;说话反映内心的真实想法,可以积累壮大自己的事业。知道事业发展的目标,并为之全力进取的人,就可以与他共同探讨如何识别、把握事物细微的征兆;预知事情的结局,并以行动适应这种结局的人,可以与他共同保存正义。所以居于尊贵的地位而不骄傲,处于卑微的地位而不忧愁。能够自强不息并保持警惕,如此,即使面临危险,也不会有什么灾殃了。"

　　九四爻辞说"龙或跃离深渊,或退居深渊,均没有灾殃",这是什么意思呢?孔子说:"指的是贤人或上或下,变化不定,并不是出于某种邪恶的目的;或进或退,变动无常,这种进退也不是要脱离众人。君子增进自己的道德,发展自己的事业,必须随着时势的变化而行动,这样就一定不会有灾殃。"

　　九五爻辞说"龙高飞于天空,有利于会见德高望重的大人物一起来治世",这是什么意思呢?孔子说:"这是同类的声音互相应和,同样的气息互相吸引而求合。水向低湿的地方流动,火向干燥的地方燃烧;云彩环绕着龙而聚散,大风伴随着虎跃而产生,圣人兴起而世间万物各显灵性。根源在天的就向上发展,根源在地的就向下发展,万物都归属于不同的类别而互相聚合。"

　　上九爻辞说"龙腾飞过高,超过极限,将会发生令人悔恨的灾祸",这是什么意思呢?孔子说:"这是指处于尊贵的地位而没有权力,高高在上而没有拥戴的民众,贤明的人屈居下位而无法辅佐他,所以稍有行动就会出现令人悔恨的事。"

【文言传】

　　"潜龙勿用",下也。"见龙在田",时舍也。"终日乾乾",行事也。"或跃在渊",自试也。"飞龙在天",上治也。"亢龙有悔",穷之灾也。乾元用九,天下治也。

【白话】

"龙潜藏于水底，养精蓄锐，暂时不宜有所作为"，因为此时所处的地位还很低下。"龙出现在大地上"，说明此时时势已经开始变好。"君子整天勤勤恳恳，毫不懈怠"，说明君子正是本着这种精神来做事情。"龙或跃离深渊，或退居深渊"，说明正处在自我考验时期。"龙高飞于天空"，是说已经获得高位，可以来治理民众。"龙腾飞过高，超过极限，将会发生令人悔恨的灾祸"，说明事物走向极端，必然造成灾殃。乾的六爻都属阳，象征群龙出现在天空，都不以首领自居，天下大治。

【文言传】

"潜龙勿用"，阳气潜藏。"见龙在田"，天下文明。"终日乾乾"，与时偕行。"或跃在渊"，乾道乃革。"飞龙在天"，乃位乎天德。"亢龙有悔"，与时偕极。乾元用九，乃见天则。

【白话】

"龙潜藏于水底，养精蓄锐，暂时不宜有所作为"，说明此时阳气处于潜伏隐藏的状态。"龙出现在大地上"，说明此时万物始生，天下出现了文明景象。"君子整天勤勤恳恳，毫不懈怠"，说明君子能够与时俱进。"龙或跃离深渊，或退居深渊"，说明天道此时开始变革。"龙高飞于天空"，说明此时具有与天齐的高位，具有与天创生万物一样的功德。"龙腾飞过高，超过极限，将会发生令人悔恨的灾祸"，说明随着时间的推移事物已经发展到了极点，即将向相反的方面转化。乾的六爻都属阳，象征群龙出现在天空，体现了天道运行的规律。

【文言传】

乾元者，始而亨者也；利贞者，性情也。乾始能以美利利天下，不言所利，大矣哉！大哉乾乎！刚健中正，纯粹精也。六爻发挥，旁通情也。时乘六龙，以御天也。云行雨施，天下平也。

【白话】

乾卦象征天,辞中的元和亨,是指天创造万物并使它们亨通发展;利和贞,是天具有的本性和真情。天创造了万物并使天下得到利益,却不夸耀自己的利物之功,这种精神真是伟大啊!伟大的天道啊,刚强有力,守中公正,这一切都纯粹至极。乾卦六爻的发展演变,沟通了万物的情理。太阳驾着六条飞龙在天空中有规律地运行。云在天空中漂移,雨水从天上降下,使天下万物均衡和谐地发展。

【文言传】

君子以成德为行,日可见之行也。"潜"之为言也,隐而未见,行而未成,是以君子弗"用"也。

君子学以聚之,问以辩之,宽以居之,仁以行之。《易》曰"见龙在田,利见大人",君德也。

九三重刚而不中,上不在天,下不在田,故"乾乾"因其时而"惕",虽危"无咎"矣。

九四重刚而不中,上不在天,下不在田,中不在人,故"或"之。"或"之者,疑之也,故"无咎"。

夫"大人"者,与天地合其德,与日月合其明,与四时合其序,与鬼神合其吉凶。先天而天弗违,后天而奉天时。天且弗违,而况于人乎?况于鬼神乎?

"亢"之为言也,知进而不知退,指存而不知亡,知得而不知丧。其唯圣人乎,知进退存亡,而不失其正者,其唯圣人乎!

【白话】

君子以成就德行为自己的行动准则,这一点在日常言行中都可以表现出来。初九爻辞中的"潜"的意义在于隐藏着而不显露,因为此时自身的道德修养还没有完成,所以君子暂时还不能采取行动。

君子通过不断学习来积累知识,通过询问来解决疑难,以宽厚的态度处事,以仁爱之心行事。《周易》上说"龙出现在大地上,有利于会见德高望重的大人物"，说明德高望重的大人物具备了担任君王的品德。

九三处在重叠的阳爻之上，其位置又不居中，上不达天，下不着地，所以要自强不息，顺应时势，随时保持警惕，如此，即使面临危险，也不会有什么咎害。

九四爻阳刚过重又位不居中，因此，上不着天，下不着地，加上中间又非人所宜处，所以爻辞中才会用"或"字。"或"表示有疑虑，多方审度，不妄断，才会没有灾殃。

九五爻辞中所说的德高望重的人，他具有与生长养育万物的天地一样的品德，具有与日月一样明亮的光辉，他的进退像四季更替一样井然有序，他的吉凶像鬼神安排吉凶之事一样契合。他先于天时的变化而行动，却不违反天道；他若后于天时的变化而行动，仍能遵循天道运行的规律。天尚且不违背他，更何况人呢？更何况鬼神呢？

上九爻辞中"亢"的意思是：一些人已经高到极点了还是只知道进取而不知道退让，只知道事物的存在而不知道它终究会衰亡，只知道不断地获取而不知道应该放弃。大概只有圣人才是明智的吧！那些知道进退存亡的道理并能不偏失正道的人，难道不是我们所称赞的圣人吗？

【悟语】

《周易》六十四卦的第一卦是乾卦，乾卦是《周易》全书的挈领卦之一。乾卦是上乾下乾，乾象征天，其性刚强，其行劲健，展示了阳刚之气的萌生、进长、盛壮乃至穷衰消亡的规律。这一卦勉励人们效法"天"道，奋发向上，又告诫人们懂得进、退、存、亡、得、失的事物发展规律。乾卦所提倡的崇刚尚阳的精神和视事物发展的不同阶段而行之主旨是指导人生践行的大智慧。我悟乾卦，得到了以下四个基本思想：

1. "潜龙勿用"的厚积薄发。 初九爻辞是"潜龙勿用"。初九是乾卦第一根阳爻，象征一条潜伏的龙。"潜龙勿用"，不是不能用，是因为时机和条件不成熟，暂时不能用。就如同水不够深，大船就不能行一样。任何伟大的事业，都不是一蹴而就的，是随着主客观条件的积累，慢慢成就的，其中最重要的条件就是自己不断地努力自修，不断地充实自己的能量,最终实现由量变到质变的飞跃。人生最不"当位"的时候,不能轻举妄动,妄动不仅不能发挥有利条件,甚至连那些有利条件也只能发挥相反的作用,所以妄动必遭不测之灾。"潜"是"用"的基础,"用"是"潜"的完成。两者的和谐统一,就是厚积薄发。时机未到之时,要静止下来,养精蓄锐,休养生息,进行厚积,"时至"的情况下,顺时而动,奋发有为。

2. "夕惕若"的忧患意识。九三爻辞是:"君子终日乾乾,夕惕若,厉,无咎。"九三由"潜龙"、"现龙"进到下卦乾体的上极,上不在天,下不在地,半空之悬,是个多凶的危厉之地。以龙为象的君子身临这种险境,只有白天勤奋地工作,并且小心谨慎,即使是到了晚上也要戒惧警惕,这样才能面临危险而免犯过错。九三这种忧患意识体现了古人的无穷智慧,中华民族在忧患中诞生,又始终挺拔于忧患之中。《周易》在忧患中成书,所谓"文王拘而演《周易》"。《易传》开宗明义地指出:"作《易》者其有忧患乎?"《周易》是中华民族忧患意识之源。忧患意识是治国安民、建功立业的前提条件。《周易》的忧患意识表现在:忧国,当国家承平之际,《系辞》云:"安而不忘危,存而不忘亡,治而不忘乱";忧民,把人民的忧患放在心头,将个人安危置之度外,《系辞》强调:"吉凶与民同患";忧己,就是常以困难自警,忧"德之不修,业之不广",或如《系辞》所云:忧"德薄而位尊,知小而谋大,力小而任重。"这样就会"厉,无咎",即使遭遇危险也能逢凶化吉。21世纪是一个伟大的世纪,向人们展示了光辉的前景,也凸显了前所未有的诸多问题,盛衰起伏,变化难测。我们更需要"终日乾乾,夕惕若"的忧患意识,这样才能正确认识形势,在强力的危机感中,开拓新的未来,把握新的机遇,迎接新的挑战。

3. "飞龙在天"的自强不息。九五爻辞是:"飞龙在天,利见大人。"在一卦六爻中,二为臣位,五为君位。阳爻居于五位就是居于九五之尊的君位,掌握了领导的权力,这是发挥领导作用,施展自己的才德,造福于民的大好时机。古人以天作为根据,解释乾卦刚健之性的来源。"崇效天,卑法地"是八卦的起源,观乎天文以察时变,观乎人文以化成天下是《易传》的精华。乾卦《大象传》说:"天行健,君子以自强不息。"天的春夏秋冬一年四季不停地交替变化,日月每天的东升西落的不息转动,从来没有停止过。君子应该效法天道，弘扬自强不息的精神，自强精神包括志存高远和乐观向上的态度，顽强进取的坚强意志力。老子讲："自胜者强"，《商君书·国策》也讲："自恃者，得天下。"《周易》解卦有一条规律：阳爻居阳位，阴爻居阴位，是"当位"，一般是吉兆。二爻处于下卦的中间位，五爻处于上卦的中间位，"居中"也是吉兆。《周易》"尚中"，即使是阴阳爻"不当位"，只要"居中"也是吉兆。如果既"当位"又"居中"，就是"中"又"正"，大吉大利。"飞龙在天"是乾卦九五爻的爻辞，爻位既"中"又"正"，天时地利已经达到了最好的时机，君子就应该运用积累起来的经验和智慧，以天的刚健精神，去成就人生内心深处的愿景。好多人总是抱怨美好的梦想不能实现，其实任何梦想的实现都需要自强不息的奋发向上的精神。不管你事业的起点在哪里，只要你能自强不息，就会一步一步攀上成功的顶峰。今天，我们处在知识经济和市场经济时代，这个时代既提供了前所未有的发展机遇，也存在着前所未有的挑战，你想从平凡上升到卓越，就必须付出更多的自强不息，否则，你将由平凡变成平庸。

4."亢龙有悔"的物极必反。 上九爻辞是："亢龙有悔。"上九爻是乾卦的最高一爻，阳居阴位，不当位不得中。这条巨龙向上腾飞，已经到了极点，再也没有升高的空间了，将会引来灾祸，悔恨不已。《周易》不仅认为阴阳矛盾可以相互转化，而且还认为矛盾的相互转化是一个由渐而著、物极必反的渐变消长的发展过程。《吕氏春秋·博志》说："全则必缺，极则必反。"孔子也说："过犹不及"。这些话都表达了凡事有度，过则为害的哲学法则。人生或者事业处在这种地位，如果不知收敛，必将乐极生悲。人生变故如同流水，势盛则衰，物极必反。人在失势时，不隐藏才智，很容易引来小人的攻击；人在得势时，若太露锋芒，就会脱离大众，成为孤家寡人。谁都不希望别人太夺目了。中国古人就有"圣人韬光，贤人遁世"的智慧点拨，当世之人应当铭记。

坤第二

【卦辞】

坤:元亨,利牝马之贞。君子有攸往。先迷后得主,利。西南得朋,东北丧朋。安贞吉。

【白话】

坤卦象征地:具有伟大的、元始亨通的德性,像雌马一样以柔顺坚持正道。君子有所往求,若事事争先居首,则会迷失方向。如果跟随人后,就会找到主人而受款待,吉利。往西南方向去将会得到朋友,往东北方向去将会失去朋友。卜问是否平安,吉祥。

【彖传】

《彖》曰:至哉坤元,万物资生,乃顺承天。坤厚载物,德合无疆。含弘光大,品物咸亨。牝马地类,行地无疆,柔顺利贞。君子攸行,先迷失道,后顺得常。西南得朋,乃与类行;东北丧朋,乃终有庆。安贞之吉,应地无疆。

【白话】

《彖传》说:广阔大地的化育之功真是达到了极致,万物都依靠它而生长,它顺从、禀承着天的意志。大地厚重,承载万物,它的功德广阔无垠。它含藏了弘博、光明、远大的功能,使万物无不亨通顺畅。牝马属于阴性,与地同类,可以在大地上自由驰骋,它性情柔和温顺,有利于行正道。君子应当效法这种品德而行动,如果遇事抢先而行,会迷失方向;如果跟在后面顺随大势,则会走上正道。往西南方向去将会得到朋友,于是与自己的同类共同行动;往东北方向则会失去朋友,但最终的结果仍然有吉庆。安顺和守持正固所带来的吉祥,正如广袤的大地一样无边无际。

【大象传】

《大象》曰:地势坤,君子以厚德载物。

【白话】

《大象传》说:坤卦象征大地顺承特性,君子应当效法大地的这一特性,以宽厚、和顺的品德来包容天下的人与物。

【爻辞】

初六 履霜,坚冰至。

六二 直方大,不习,无不利。

六三 含章可贞。或从王事,无成有终。

六四 括囊,无咎无誉。

六五 黄裳,元吉。

上六 龙战于野,其血玄黄。

用六 利永贞。

【白话】

初六 脚踩到地面的薄霜,便知道冻积着坚冰的寒冬就要来临。

六二 大地是正直、端方、广大,人若具备了大地这种德性,即使不学习也没有任何不利。

六三 蕴含着美丽的文采,可以守持正固。若能参与辅佐君王的事业,即使没有成绩也将取得好的结果。

六四 扎紧袋子,虽然没有美誉,但也没有灾殃。

六五 黄色的衣裳,会有吉祥。

上六 龙在原野上搏斗,流出黑黄色的血。

用六 用"六"数,有利于永远守持正道。

【小象传】

[初六]"履霜""坚冰",阴始凝也。驯致其道,至坚冰也。

[六二] 六二之动,"直"以"方"也。"不习无不利",地道光也。

[六三]"含章可贞",以时发也。"或从王事",知光大也。

[六四]"括囊,无咎",慎不害也。

[六五]"黄裳,元吉",文在中也。

[上六]"龙战于野",其道穷也。

[用六]用六"咏贞",以大终也。

【白话】

[初六]"脚踩到地面的薄霜,便知道冻积着坚冰的寒冬就要来临",说明阴气开始凝结。顺着自然规律发展,阴气必然会最终凝结成坚厚的冰。

[六二]六二爻的变动,"大地是正直、端方、广大,人若具备了大地这种德性,即使不学习也没有任何不利",说明大地之道的光明伟大。

[六三]"蕴含着美丽的文采,可以守持正固",目的是把握时机发挥作用。"若能参与辅佐君王的事业,即使没有成绩也将取得好的结果",是因为六三的智慧丰富,并知道自己如何发挥才能。

[六四]"扎紧袋子,虽然没有美誉,但也没有灾殃",说明应当收敛,小心谨慎才不会有祸害。

[六五]"黄色的衣裳,会有吉祥",因为六五内中具备温文谦下的美德。

[上六]"龙在原野上搏斗",说明坤阴之道发展到上六,已经穷途末路。

[用六]"用'六'数,有利于永远守持正道",说明《坤》的诸阴爻发展到极端后都变为阳爻,最后以尽归于阳而终结。

【文言传】

《文言》曰:坤至柔而动也刚,至静而德方,后得主而有常,含万物而化光。坤道其顺乎,承天而时行。

积善之家,必有余庆;积不善之家,必有余殃。臣弑其君,子弑其父,非一朝一夕之故,其所由来者渐矣,由辩之不早辩也。《易》曰"履霜,坚冰至",盖言顺也。

"直"其正也;"方"其义也。君子敬以直内,义以方外,敬以立而德不孤。"直方大,不习无不利",则不疑其所行也。

阴虽有美,含之以从王事,弗敢成也。地道也,妻道也,臣道也。地道无成,而代有终也。

天地变化,草木蕃;天地闭,贤人隐。《易》曰"括囊,无咎无誉"盖言谨也。

君子黄中通理,正位居体,美在其中,而畅于四支,发于事业,美之至也。

阴疑于阳必战,为其嫌于无阳也,故称龙焉。犹未离其类也,故称血焉。夫玄黄者,天地之杂也,天玄而地黄。

【白话】

《文言传》说:大地的德性极其柔顺,但是它的运动却是刚健的;大地虽然极为宁静,但它的谦顺品德却传布四方。地道后于天道而动,并且有固定的规律。地包含并化生万物,作用极其广大。大地之道多么柔顺啊!它禀承天的意志,顺时运行。

积德行善的人家,必定有很多吉庆之事;累积恶行的人家,必然滋生很多灾殃。臣子犯上杀害国君,儿子犯上杀害父亲,这种情况不是一朝一夕偶然发生的,而是一个渐变的累积过程,只是人们没有早日洞察和防范罢了。《周易》说"脚踩到地面的薄霜,便知道冻积着坚冰的寒冬就要来临",说的是事物发展有其自然的规律。

"直",是指为人品行纯正;"方",是指行事合乎礼义。君子以诚敬的态度使自己的内心正直,对外实行礼义而使自己的行为方正。只要做到对内诚敬,对外实行礼义,君子就能广布美德,得到众人的信任和支持。"大地是正直、端方、广大,人若具备了大地这种德性,即使不学习也没有任何不利",这样他就不会对自己的立身行事疑惑不定了。

处于阴柔地位的人,即使有美德美才,也要含蓄隐藏,默默地辅佐君王的事业,不可以把功劳据为己有。这就是大地顺从天之道,妻子顺从夫之道,臣子顺从君之道。大地顺天道的法则就是有成就而不居功,它只是代替天完成功业,达到预期的效果。

天地阴阳的相互沟通,使草木茂盛繁衍;天地阴阳闭塞昏暗,连贤人也会隐退避世。《周易》说"扎紧袋子,虽然没有美誉,但也没有灾殃",就是说处事要小心谨慎。

君子内蕴黄色中和的品德,通达事理,居于自己所应居的位置。将这种内存于心的美德,表现在行动上,在事业中得到发挥,便达到了极致的美德啊!

阴气发展到极盛并与阳气势均力敌时,必然会产生争斗。因为阴气发展到极盛似乎没有阳气了,所以上六爻辞称龙。阴气虽然到了极盛的地步,但它仍属于阴,并不曾离开同类,所以用"血"来称呼它。所谓天地玄黄,说明天地征战中颜色混杂在一起:天是青色的,地是黄色的。

【悟语】

《周易》六十四卦的第二卦是坤卦,坤卦和乾卦一样也是《周易》全书的挈领卦之一。坤卦坤上坤下,坤以地为象,以顺为义,以守柔为基本方针,表现了《周易》指导人生的又一基本原则。卦辞是一卦的总纲,坤卦卦辞以牝马为柔象,"利牝马之贞"开宗明义,说明了坤像雌马一样守持正固,顺应"天",负载万物并使之元始、亨通。我悟《周易》,得到了以下四个基本思想:

1. "厚德载物"的博大胸襟。 坤卦的《大象》曰:"地势坤,君子以厚德载物。"《象》是对卦象和爻象的解释,解释卦之象的叫《大象》,解释爻之象的叫《小象》。大地有两个特性,一是顺承着天,二是厚实能载。《周易》主张君子应效法地,使自己的品德宽厚,具有包容万物的"器量"。中国自古以来就推崇包容的美德,认为"天下万物,有容乃大。"凡人包容,凡事包容,以德报怨,化敌为友,就能获得人心和人才,就能得到天下。相反,器量小,不能容人并以敌对的眼光看待别人,对周围的人戒备森严,就会众叛亲离,最终必然导致事业的失败。因此,我们必须奉行"厚德载物"的精神,把"器量弘深"作为人生的哲学,像大地一样宽广、厚实、宽容待人、海涵万物,有了这样的器量,不仅会受人尊重,还会从周围的人那里得到机会和帮助。有位哲人就曾经说过:"谁想在厄运时得到援助,就应该在平时宽以待人。"诚能如此,事业的成功就会成为一种必然。

2."履霜,坚冰至"的见微知著。初六爻辞是"履霜,坚冰至。"初六是坤卦的第一根阴爻,是阴性事物的初起阶段,事物的总体特征微而未显,隐而不彰,但是事物的因果关系已经建立起来了,"履霜"是因,"坚冰至"是结果。所以,当人在履霜之时,即可预见坚冰将至。因此,有智者可以根据它的苗头先兆预见到它的实质和发展趋势,如果是好的事物,就创造条件,扶持它快速成长,如果是坏的事物,就及时采取措施,不让它形成气候,把问题解决在萌芽状态。这就是察苗头,辨吉凶的见微知著的能力。《系辞传》说:"夫《易》,圣人之所以极深而研几也。唯深也,故能通天下之志;唯几也,故能成天下之务;唯神也,故不疾而速,不行而至。"《周易》就是一部"研几"之书,"知几"之书。这里的"几"就是"微",就是事物方萌而未萌,有象而无形的苗头状态,由"唯几"到"唯深"再到"唯神",就是通过探研事物征象,穷究幽深事理,达到通天下之心志,成就天下之大业的目的。鬼谷子对此也有独到的见地:"经起秋毫之末,挥之于泰山之本",意思是,经纬之线起始于像秋天动物细毛末端一样短的长度,发挥它的作用却可以测量泰山的高大。也就是见到事物的苗头,就能知道它的本质和发展趋势。今天的社会异常复杂,新现象层出不穷,更需要我们以小见大,见微知著,迅速认清它们的本质和发展趋势,在主动的层面上趋利避害。

3."不习无不利"的不假营修。六二爻辞是"直方大,不习,无不利。"从爻位的结构上看,六二阴居阴位,得中得正,符合为臣的本分,自然而然地具有直、方、大三种与地道相通的品德,顺着"直方大"这种本性,自然而动,就会取得成功,所以说"不习,无不利"。易学家王弼在其《周易注·坤》中,对"不习,无不利"的注释是:"不假营修而功自成,故不习焉而无不利。"这句话的旨意就是告诉人们,做事情不能妄为,只有顺事物之本性,体自然之道而动,才能事无不利,无为而无不为。"不习,无不利"揭示的是事物的稳定性对事物发展的重要性。

4."含章可贞"的柔顺之道。六三爻辞是"含章可贞。或从王事,无成有终。"坤卦总体上讲是以柔顺为本性。抱柔守弱是《周易》指导人生的另一大智慧。柔是阴的根本属性,顺承是其中最基本的元素,具有理顺主体与客体,上体与下体之间的关系的功能。坤卦的六三这句"含章可贞,或从王事,无成有终"的爻辞,把柔顺的智慧体现得非常充分:即使有内在的美也不要外在地表现出来,比如替国家君王办事,既要"有终"、有成效、有结果,又要做到"无成",不能贪天之功为己有。在领导体系中处于下位的副职领导或下级的正职领导者,有了卓越的才能,取得了骄人的业绩,必须注意含蓄,将其归功于你的领导者,要遵从惟命的从臣之道,不能势压其主,更不能功高盖主,自矜其功。做忠顺的副职领导或下级的正职领导,对己对上都有益处。这是从下者处上者的一种智慧,就像大地那样,虽然孕育了万物而归功于天一样。

屯第三

【卦辞】

屯（zhūn，草芽破土而出尚未伸展的形状）：元亨利贞。勿用有攸往，利建侯。

【白话】

屯卦象征始生：事物的开始就亨通，利于坚守正道。不宜于有所前往，有利于建国封侯。

【彖传】

《彖》曰：屯，刚柔始交而难生。动乎险中，大亨贞。雷雨之动满盈，天造草昧。宜建侯而不宁。

【白话】

《彖传》说：屯，阴阳二气刚开始相遇，艰难也随之产生。屯卦下震上坎，象征在危险中运动，有着广大、亨通、正固的品德。雷雨大作，充满天地之间，使万物滋生。适宜于建国封侯，从而获得安宁。

【大象传】

《大象传》曰：云雷，屯。君子以经纶。

【白话】

《大象传》说：屯卦下震上坎，坎为云，震为雷，象征云行于上，雷动于下，这就是屯的卦象。在这种时世下，君子应以天下为重，从而施行恩泽和刑罚来治理天下。

【爻辞】

初九 磐桓。利居贞,利建侯。

六二 屯如,邅(zhān,犹豫)如,乘马班如。匪寇婚媾。女子贞不字,十年乃字。

六三 即鹿无虞,惟入于林中。君子几,不如舍。往吝。

六四 乘马班如。求婚媾(gòu,结为婚姻),往吉,无不利。

九五 屯其膏。小贞吉,大贞凶。

上六 乘马班如,泣血涟如。

【白话】

初九 徘徊流连难进,利于坚守正道,有利于建立诸侯国。

六二 许多人聚集在一起,徘徊不进,骑着马来回盘旋,他们不是来抢劫的盗寇,而是求婚者。但女子守持贞洁不急于出嫁,久久等了十年之后才缔结姻缘。

六三 在没有虞人协助的情况下追逐野鹿,野鹿进入树林中。君子认为继续追赶不如放弃猎物。因为若继续追逐,就会发生灾祸。

六四 骑着马来回盘旋,为的是求婚之事,前往必获吉祥,没有什么不利。

九五 积聚肥肉为祭祀作准备,占问小事遇此爻则吉利,占问大事遇此爻则有凶险。

上六 骑着马在路上转来转去,悲痛得眼中的泪和血不断往下流。

【小象传】

[初九] 虽磐桓,志行正也。以贵下贱,大得民也。

[六二] 六二之难,乘刚也。"十年乃字",反常也。

[六三] "即鹿无虞",义从禽也。君子舍之,"往吝",穷也。

[六四] "求"而"往",明也。

[九五] "屯其膏",施未光也。

[上六] "泣血涟如",何可长也。

【白话】

[初九]虽然徘徊不前,但是志向和行为端正。地位尊贵的人以谦虚的态度对待地位低下的人,可以大得民心。

[六二]六二这一爻之所以预示艰难,是因为阴爻居于阳爻之上。"女子十年后才出嫁",这是反常之事。

[六三]"在没有虞人协助的情况下追逐鹿",是因为迫切地想得到鹿。君子停止追逐鹿,"若继续追逐,就会发生灾祸",是指会陷于绝境。

[六四]"求婚之事,前往必获吉祥",因为这种行为是明智之举。

[九五]"囤积了大量肥肉",说明未能真正广泛地施恩泽于民众。

[上六]"眼中的泪和血不断往下流"这种局面怎么能够长久呢!

【悟语】

屯卦是坎上震下,坎为云,震为雷,有云有雷而未成雨,坎的卦德为险,震的卦德为动,这两卦的组合意味着在危险的环境中行动,象征着阴阳始交,物之初生,充满艰难,故谓之"屯"。我观此卦,感悟到的妙理是:

1. **"君子以经纶"的作为追求。**屯卦的《大象》曰:"云雷,屯。君子以经纶。"屯卦是云雷之象,正像一团乱丝,紊乱无序。君子观此卦象,应该推天道以明人事,发扬刚健有为的精神,像治理乱丝一样,把自己所从事的社会的、政治的、经济的、文化的管理工作理出头绪,使之由紊乱无序状态变为井井有条的有序状态。这一象辞的隐含意思是"有志图王,经纶天下",为辅佐王侯成就基业而作为。用今天通俗的话来说,就是要求有抱负的人要把自己的才智全部投入到国家建设事业上,只有这样的作为追求,人生才能辉煌。

2. **"利建侯"的建功志向。**初九爻辞是"磐桓,利居贞,利建侯。""初"就是第一爻,《周易》用九代表阳爻,用六代表阴爻,初九就是第一爻,是阳爻。本卦的初九是阳爻,又是震卦的初爻,震为动,其本性就是勇猛精进。但是这句爻辞还有"磐桓"两字,意思是动而后退的样子,即徘徊不前,这就是讲创业之初艰难多。面对艰难,没有建功志向的人就会落荒而逃,把自己的人生写照成两个字:平庸。有建功志向的人,把困境当成是成功的机会和切入点,不怨天、不忧人,咬紧牙关,知难而进,把自己的人生写照成两个字:卓越。

3."君子几,不如舍"的放弃智慧。屯卦六三爻辞是:"即鹿无虞,惟入于林中。君子几,不如舍。往吝。"在屯卦六爻结构中,六爻以阴柔之质而居阳位,其性躁动,但又不能与初九、九五结成阴阳相应的关系,行动起来不能得到阳的引导和帮助,如同"即鹿无虞",将会迷失道路,将会徒劳无益。居于这个爻位上,就应该懂得"君子几,不如舍"的道理,知难而退,舍鹿不追。如果执迷不悟,将会自取羞辱。人生真正的智慧是,不仅要知道什么事情可为,还要知道什么事情不可为。面对人生的不可为,一定要明智地选择放弃。所以,该放弃的东西,一定不要吝啬,即使是忍痛割爱。放弃不是心血来潮时的随意之举,更不是无可奈何的选择,是为了放弃无望的守候,获得新的拥有。放弃也是一门有关心灵的艺术,放弃人生的附庸和累赘,挣脱名利的缠绕,才能使自己的心境如晴空朗月,似行云流水,享受到生活的真味,升华生命的境界。

蒙第四

【卦辞】

　　蒙：亨。匪我求童蒙，童蒙求我。初筮（shì，用筮草占问）告，再三渎，渎则不告。利贞。

【白话】

　　蒙卦象征蒙昧：亨通。不是我去求愚昧无知的人，而是愚昧无知的人来求我。初次占问则告诉对方吉凶，若一而再再而三地反复占问，那是对替人占筮的人的不恭敬，所以就不再告诉他吉凶。但还是得到吉祥的卜问。

【彖传】

　　《彖》曰：蒙，山下有险，险而止，蒙。"蒙，亨"以亨行时中也。"匪我求童蒙，童蒙求我"，志应也。"初筮告"，以刚中也。"再三渎，渎则不告"，渎蒙也。蒙以养正，圣功也。

【白话】

　　《彖传》说：蒙卦下坎上艮，象征山下有危险，遇险而止，停止的原因是对所遭遇的情况不清楚。"蒙，亨通"，是因为启蒙的时机把握得恰当。"不是我去求愚昧无知的人，而是愚昧无知的人来求我"，说明双方的想法是吻合的。"初次占问则告诉对方吉凶"，因为这符合刚健适中的原则。"一而再再而三地反复占问，那是对替人占筮的人的不恭敬，所以就不告诉他吉凶"，因为这种做法既不恭敬，又显得很愚昧。用公正之道把愚昧无知的人培养教育成品质纯正的人，这就是圣人的功业。

【大象传】

《大象传》曰：山下出泉，蒙。君子以果行育德。

【白话】

《大象传》说：蒙卦下坎上艮，山下流出泉水，这就是《蒙》卦的卦象。君子观此卦象，从而采取果断的行动，才能培养出良好的品德。

【爻辞】

初六 发蒙，利用刑人，用说（tuō，即脱）桎梏（zhìgù，木制刑具），以往，吝。

九二 包蒙，吉；纳妇，吉。子克家。

六三 勿用取女，见金夫，不有躬，无攸利。

六四 困蒙，吝（lìn，过错，后悔）。

六五 童蒙，吉。

上九 击蒙，不利为寇，利御寇。

【白话】

初六 启发蒙昧的人，利于受刑的人解除刑具。对于那些不遵守原则的人，施予一定的刑罚，使他们有所警觉。若有所前往，则会发生令人遗憾之事。

九二 包容蒙昧的人，吉祥；为儿子娶妻，吉祥。儿子能够成家立业。

六三 不要娶这个女子，她见到有钱的男子就会委身相从，娶这种女子没有什么好处。

六四 人为蒙昧无知而困扰，将会发生令人遗憾之事。

六五 幼稚蒙昧的人，吉祥。

上九 用小惩大戒的手段施教蒙昧无知的人，有利于求教者不去做贼寇干坏事，而利于他们抵御邪恶的思想侵蚀，回归到正道上来。

【小象传】

［初六］"利用刑人"，以正法也。

[九二]"子克家",刚柔接也。

[六三]"勿用取女",行不顺也。

[六四]"困蒙"之"吝",独远实也。

[六五]"童蒙"之"吉",顺以巽(xùn,柔顺、服从)也。

[上九]"利"用"御寇",上下顺也。

【白话】

[初六]"利于受刑的人解除刑具",这是按照法规来办事。

[九二]"儿子能够成家立业",是因为阴阳之间能互相感应、刚柔相济的缘故。

[六三]"不要娶这个女子",因为这个女子行为不合乎礼仪。

[六四]"因蒙昧无知而困扰,将会发生令人遗憾之事",这是因为离群索居,脱离了社会实际。

[六五]"幼稚蒙昧的人,吉祥",是因为他柔顺而服从。

[上九]"利于防御对方的进攻",是因为这样做上下和顺,支持者众多。

【悟语】

蒙卦艮上坎下,艮取象山,坎取象泉,山下涌出泉水,虽是涓涓细流,则必将渐汇成江河,正如人之初生,虽然蒙昧无知,但此时若发展启蒙教育,合理开发其内在的明德,使蒙稚渐起,就如同涓涓细流的泉水,终将汇流成长江大河。我观此卦,得到的感悟是:

1."包蒙"的宽仁厚德。九二爻辞是"包蒙,吉;纳妇,吉。子克家。"蒙卦的初六、六三、六四、六五都是阴爻,代表被教育的童蒙,九二、上九是阳爻,为卦中的治蒙之主,代表承担教育的启蒙者。九二刚而得中,又柔和谦下,清朝的李光地在其《周易折中》书中说:九二"其于蒙也能包之,治之以宽者也"。九二以包容宽厚之心来对待蒙童,自然会赢得蒙童的亲附,主动向启蒙者诚心求教,这种教与学的双向互动,就如同男子娶妻一样,正当合理,大吉大利。九二与六五两爻正相应,一师一生,一君一臣,九二既要处理好教育领域的师生关系,又要处理好政治领域的君臣关系。九二奉行时中之道，刚柔相接、协调并济，结果把这种双重关系处理得无过无不及，恰到好处。这种结果的取得，从根本上说，就是九二贯彻了时中之道这一《周易》管理哲学的核心思想和基本原则。宽厚的包容美德正是时中之道的具体体现，也是我们今天必须发扬光大的传统思想精髓。

2."童蒙"的巽顺之德。 六五爻辞是"童蒙，吉。"六五以童蒙之质而居于至尊的君位，与九二刚明之贤臣结成了阴阳相应的关系。《周易》中把阴顺阳叫柔中，把阳顺阴叫刚中，如果能够达到阴必顺阳，阳必顺阴，就是达到了中和的最高境界。六五阴顺阳，出于至诚把居于臣位的九二当作老师来尊重，虚心求教，摆脱了蒙昧状态，提升了智力品德，把最高权力行使得正当合理，没有偏差，很吉祥。为什么总体形势是"山下有险"并不顺利的蒙卦却能达到亨通的局面呢？诚如此爻《小象》所云："童蒙之吉，顺以巽也"。九二阳顺阴，六五阴顺阳，正是这种阴阳双方都能自觉地以巽顺之德来规范和调整自己的行为使然。巽顺的中和之德，在今天构建和谐社会中仍然有它特殊的意义和价值。

3."击蒙"的小惩大戒。 上九爻辞是"击蒙，不利为寇，利御寇。"上九以阳爻位于全卦之终，居高临下，上卦为艮为手，显示出治蒙过刚，以手击打之象。所以"击蒙"可以理解为教育上使用的惩戒手段，是辅助"包蒙"教育的一种手段。惩戒的目的是消除蒙童的悖道之心，力度应该是"小惩大戒"，如果是太过，就失去了教育意义，启蒙者的行为就不是"御寇"，而是"为寇"了。"小惩而大戒"的"击蒙"目的才符合《周易》贵"中"的思想，才体现了对人的终极关怀。因此，运用"击蒙"不失偏颇，才能帮助蒙童"御寇"，抗御外恶的诱惑，保持其天性之美好。

需第五

【卦辞】

　　需：有孚，光亨，贞吉，利涉大川。

【白话】

　　需卦象征着等待：真诚地信守此道，光明亨通，坚持正道，利于涉越
大河。

【彖传】

　　《彖》曰：需，须也。险在前也。刚健而不陷，其义不困穷矣。"需，有
孚，光亨，贞吉"，位乎天位，以正中也。"利涉大川"，往有功也。

【白话】

　　《彖传》说：需，是等待的意思。前面有危险，但是因为刚健之德，能
耐心等待，不去冒险，所以不会困穷。"需卦象征着等待，真诚地信守此
道，光明亨通，坚持正道"，这是因为九五阳爻处于天位，又处在正中的位
置。"利于渡大河"，说明前往一定可获得成功。

【大象传】

　　《大象》曰：云上于天，需。君子以饮食宴乐。

【白话】

　　《大象》说：需卦下乾上坎，云气升上天空，象征等待，君子因此而每
天安于饮食之乐。

【爻辞】

　　初九　需于郊，利用恒，无咎。

九二　需于沙,小有言,终吉。

九三　需于泥,致寇至。

六四　需于血,出自穴。

九五　需于酒食,贞吉。

上六　入于穴,有不速之客三人来,敬之,终吉。

【白话】

初九　在郊外中等待,利在有恒心,没有什么灾殃。

九二　在沙滩中等待,有小小的口舌是非,但最终获得吉祥。

九三　在淤泥中等待,招致贼寇到来。

六四　在血泊中等待,能从陷穴中逃出来。

九五　在有酒和食品的地方等待,守持正道可获得吉祥。

上六　落进陷穴,来了三位不速之客,恭敬地接待他们,最终获得
吉祥。

【小象】

[初九]"需于郊",不犯难行也;"利用恒,无咎",未失常也。

[九二]"需于沙",衍在中也。虽"小有言",以"终吉"也。

[九三]"需于泥",灾在外也。自我"致寇",敬慎不败也。

[六四]"需于血",顺以听也。

[九五]"酒食,贞吉",以中正也。

[上六]"不速之客""来","敬之,终吉"。虽不当位,未大失也。

【白话】

[初九]"在郊外中等待"意思是不要冒险行动。"利在有恒心,没有
什么灾殃",是因为没有违背常理。

[九二]"在沙滩中等待",这本身就意味着过失。虽然"有小小的口
舌是非",但坚持等待最终,将获得吉祥。

[九三]"在淤泥中等待",灾难将从外面来。虽然盗寇是自己招来
的,但是只要恭敬审慎,就会避免失败。

〔六四〕"在血泊中等待",说明六四能够顺应形势并听从变化。

〔九五〕"在有酒和食品的地方等待,坚守正道可获得吉祥",这是因为九五阳爻居于上卦中间的位置,象征人守中而行正道。

〔上六〕"来了不速之客","恭敬地接待他们,最终获得吉祥"。说明虽然其所处的位置不恰当,但没有遭受大的损失。

【悟语】

需卦坎上乾下,坎为水,乾为天,云气上集于天,降雨的条件尚未成熟,要顺其自然,耐心等待,故谓之"需"。天下之事,如能心怀诚信,款曲停待,必能克服艰难险阻而光明亨通。我观此卦,得到了以下的感悟:

1."饮食宴乐"的等待时机。需卦的《大象》辞是"云上于天,需。君子以饮食宴乐。"需卦是由上坎下乾构成的,上坎为水,下乾为天,所以称之为"云上于天"。云在天上聚结,尽管已是密云满天,但是还没有下雨,因为形成雨水的条件和时机还不成熟。此时不可勉强,也勉强不了,只能顺其自然,耐心等待,这就是需卦的象。耐心等待的时日可能很长,人们可能会因此烦躁不安。一个有作为的君子为了保持一个平常的心态,安然自处,宁静致远,采取最佳的策略就是"饮食宴乐",就是用饮食来保养自己的身体,用娱乐来陶冶自己的性情,轻松自如地养精蓄锐,以等待时机成熟后再大显身手。《周易》讲给人的"饮食宴乐"绝不是简单的吃喝玩乐、消磨意志、碌碌无为,而是一种大智慧,没有洞明事理,没有大胸襟,没有大气魄的人是体会不出其中的奥妙,也达不到这种令人敬仰的大境界。现实生活中存在着一种法则:你不能耐心地等待成功的机会,你一生中就只能耐心地面对失败。

2."小有言"的忍辱负重。九二爻辞是"需于沙,小有言,终吉。"九二与初九相比,险情加重,已经由郊外进到沙滩,尽管九二也不去冒险犯难,但是仍然遭到一些闲言碎语的伤害。九二忍辱负重,为了将来的大任,将这些外来的无端伤害置之度外,这种宽裕平和的心态,有助于九二平息冲突,摆脱困境。所以此爻《小象》云:"虽'小有言',以'终吉'也"。这一爻提醒人们,等待是为了担当,要有忍辱负重的精神,有等待的耐力。忍辱负重才能带来无可估量的内心平静,不会为闲言碎语和一点屈辱的行为而心躁气动,最终就一定能获得吉祥。其实,古人早就有"小不忍则乱大谋"的遗训,也有韩信能忍胯下之辱,张良能为黄石公拾履的榜样。可见,能忍辱负重,方可受天之大任。

3."出自穴"的化险为夷。六四爻辞是"需于血,出自穴。"六四居于上体坎卦的初爻,《说卦传》说,坎为血卦,象征环境的险恶所导致的流血冲突。六四在血泊中等待,从洞穴中逃出,避免了流血冲突,化险为夷。《周易》有个基本原理,阴阳两大势力是个对立统一体,如果阴阳双方都抱以和顺之德,彼此顺应,就会避免因相互对立而发生的流血冲突,所以此爻《小象》云:"'需于血',顺以听也"。此爻提醒人们,在血光之地等待,不可造次,要顺应时势的变化,等待化险为夷的时机。

讼第六

【卦辞】

　　讼有孚,窒惕,中吉,终凶。利见大人,不利涉大川。

【白话】

　　讼卦象征争讼:内心诚实,心中戒惧警惕,事情进行到中间阶段时吉利,争讼到底会有凶险。有利于出现大人物,不利于渡大河。

【彖传】

　　《彖》曰:讼,上刚下险,险而健,讼。"讼:有孚,窒惕,中吉",刚来而得中也。"终凶",讼不可成也。"利见大人",尚中正也"不利涉大川",入于渊也。

【白话】

　　《彖传》说:讼卦上面是象征刚健的乾,下面是象征险的坎,险而刚健,必然发生争讼。"讼:内心诚实,心中戒惧警惕,事情进行到中间阶段时吉利",是因为九二、九五阳爻居于中正的位置,象征刚健之人守中正之道。"争讼到底会有凶险",说明争讼不可能获得成功。"有利于出现有道德的大人物",是因为崇尚守中公正。"不利于涉越大河",因为这样做将会坠入深渊。

【大象传】

　　《大象》曰:天与水违行,讼。君子以做事谋始。

【白话】

　　《大象传》说:天向西转,水向东流,天和水的运动方向正好相反,象征争讼的产生。君子因此在刚开始做事时就妥善地谋划。

【爻辞】

初六　不永所事，小有言，终吉。

九二　不克讼，归而逋(bū，逃亡)，其邑人三百户，无眚(shěng，灾祸)。

六三　食旧德，贞厉，终吉。或从王事，无成。

九四　不克讼，复即命，渝。安贞吉。

九五　讼，元吉。

上九　或锡之鞶(pán，大臣命服上的佩带)带，终朝三褫(chǐ，剥夺)之。

【白话】

初六　不长久纠缠于争执之事，有小小的口舌是非，但最终获得吉祥。

九二　在争讼中失败，像犯人逃跑一样赶快回家。他的封邑中有三百户奴隶可免灾祸。

六三　享用往日所积之德，守持正道以防危险，终获吉祥。或者可以辅助王者的事业，有成绩却不归于自己。

九四　在争讼中失败，回来后听从命令，改变自己的态度而守正道，必无损失。

九五　能够决断争讼，大吉。

上九　偶尔被赐予象征地位尊贵的腰带，但是一天之内多次被剥夺。

【小象传】

[初六]　"不永所事"，讼不可长也。虽"小有言"，其辩明也。

[九二]　"不克讼"，归逋，窜也。自下讼上，患至掇(duō，拾取)也。

[六三]　"食旧德"，从上"吉"也。

[九四]　"复即命"，"渝安贞"，不失也。

[九五]　"讼元吉"，以中正也。

[上九]　以讼受服，亦不足敬也。

【白话】

[初六]"不长久纠缠于争执之事",说明争讼之事不能长期持续进行。"有小小的口舌是非",但是非曲直最终会得到辨明。

[九二]"在争讼中失败",回来后逃跑躲避。处在下位的人与居于上位的人争讼,招祸患就像俯身取物一样容易。

[六三]"享用往日所积之德",是说六三顺从居于上位的阳刚,所以获得吉祥。

[九四]"在争讼中失败,回来后听从命令,改变自己的态度而守正道",必无损失。

[九五]"能够决断争讼,大吉",因为九五阳爻居于上卦之中位,象征人守中正之道。

[上九]通过争讼获得象征地位的尊贵服饰,这并不值得人们敬重。

【悟语】

讼卦上乾下坎,乾为天,坎为水,天西转与水东流背道而驰,象征在事业的进展过程中,难免发生争辩,在不易和解时,便会导致诉讼,故谓之"讼"。我观讼卦,感悟到其中蕴含的人文启示是:

1."君子以做事谋始"的周密谋划。讼卦的《大象》是"天与水违行,讼。君子以做事谋始。"从讼卦的结构上看是乾上坎下,乾的卦象为天,坎的卦象为水。天往上行,水往下流,二者背道而驰,产生矛盾和对抗。自然界的这种"天与水违行"的矛盾,是由不以人的意志为转移的客观因素决定的。人类社会中各种各样的矛盾和对抗,是由人主观上决策失误、谋划不周、管理失当等因素造成的。君子观此卦象,就会领悟到"做事谋始"的道理,站在全局的战略高度,全盘考虑问题,制定必要的准则和规章制度,以规范人们的行为,从事情的开始就要想到尽可能消除和预防可能引起争讼的因素,消除对抗。此爻提醒人们,在做事前一定要周密谋划,对事物进行全方位的思考,打破思维的定式,跳出常规思维的框框,想了正面想侧面,想了侧面想反面,想了近处想远处,再作出有力的决断。鬼谷子就曾经说过:"于是度之往事,验之来事,参之平素,可则决之。"此话大意是，推测以往的事，验证未来的事，再参考日常的事，如果可以，再作出决断。

2. "不永所事"的相互谅解。 初六爻辞是"不永所事，小有言，终吉。"初六阴居阳位，不当位，在讼卦之始首先提起诉讼。初六诉讼的对象是九四，按照常理，初六与九四是正相应的关系，不应该有矛盾和对抗，但是在讼卦总体形势下，初六与九四相应中间受到九二的阻隔，九四与初六相应，又怀疑初六意图与九二亲比而不来亲附自己。于是，在这种误解的基础上，初六首先提出了对九四的诉讼。由于误解不是根本利益的冲突，虽小有言语上的冲突，经过一段理性的全面衡量，很快消除了误解，达到了相互谅解，因此，初六"不永所事"，没有把诉讼进行到底，终获吉利。此爻告诉人们，相互谅解，息讼免争，"不永所事"，是人生的珍贵哲理，是一个人减少烦忧，取得成功的心理基础。"饶人不是痴，过后得便宜"，拥抱一次自己的对手，就会给自己多了一条后路。动不动就要和人对簿公堂，这种毛病比瘟疫还厉害。《菜根谭》也指出了同样的事理："天地之气，暖则生，寒则杀。故性情清冷者，受享亦凉薄。唯和气热心之人，其福必厚，其泽亦长。"

3. "终朝三褫之"的得赏而不光彩。 上九爻辞是"或锡之鞶带，终朝三褫之。"上九处于讼卦之上极，刚而好讼，又是自上讼下，诉讼的对象是六三，而六三以下顺上，以阴从阳，并不打算与上九争讼。上九此时本应该"不永所事"，与六三结成阴阳相应的关系，但是上九没有中正之德，刚愎自用，强讼不止。尽管强讼暂时获胜并得到了大夫以上方能系之的鞶带的赏赐，这种不正当的获利引来了各方的种种非议，所得的赏赐一日之内被剥夺三次。《小象》对上九的强讼行为嗤之以鼻："以讼受服，亦不足敬也"。此爻告诉人们，凡事应坚守中正之道，以平和的心境，与人和睦以待，能让则让，能避则避，能止则止。如果恃强而争，得到好处也极不光彩，很难维持长久。

师第七

【卦辞】

　　师：贞丈人吉，无咎。

【白话】

　　师卦象征军队：守持正道以贤明长者为统帅，吉利，没有什么灾殃。

【彖传】

　　《彖》曰：师，众也。贞，正也。能以众正，可以王矣。刚中而应，行险而顺，以此毒天下，而民从之，"吉"，又何"咎"矣。

【白话】

　　《彖传》说：师，是兵众的意思。贞，是指正义的意思。能让众人都来维护正义，就可以成就王业。九二阳爻居于下卦之中位，与六五阴爻相应，象征统帅得到君主的信任；进行危险的战争，而能得到兵众的依顺。凭这些来治理天下，老百姓自然会服从，这是吉祥的征兆，又怎么会有灾殃呢！

【大象传】

　　《大象》曰：地中有水，师。君子以容民畜众。

【白话】

　　《大象传》说：师卦下坎上坤，象征大地中汇聚着水，这就是师卦的卦象。君子因此而注意容纳并蓄养民众。

【爻辞】

　　初六　师出以律，否臧，凶。

九二 在师中,吉,无咎。王三锡命。

六三 师或舆(yú,车子)尸,凶。

六四 师左次,无咎。

六五 田有禽,利执言,无咎。长子帅师,弟子舆尸,贞凶。

上六 大君有命,开国承家。小人勿用。

【白话】

初六 军队行动时一定要纪律严明,丧失纪律就会有凶险。

九二 统帅军队,守持中道,吉祥,没有什么灾殃。君王多次颁发赏赐诰命。

六三 军队或许会用车装载尸体而归,有凶险。

六四 军队撤退驻守,没有灾殃。

六五 田中有禽兽,宜于把它们逮住,没有什么灾殃。刚正长者可以率军队出征,平庸小子必将用车装载尸体而归,占问时遇到此爻,预示有凶险。

上六 大君颁发诏令,有功人员或封为诸侯,或受邑为卿大夫,小人则不得任用。

【小象传】

[初六]"师出以律",失律凶也。

[九二]"在师中,吉",承天宠也;"王三锡命",怀万邦也。

[六三]"师或舆尸",大无功也。

[六四]"左次,无咎",未失常也。

[六五]"长子帅师",以中行也。"弟子舆尸",使不当也。

[上六]"大君有命",以正功也。"小人勿用",必乱邦也。

【白话】

[初六]"军队行动时一定要纪律严明",因为失去纪律的约束就会有凶险。

[九二]"统帅军队,守持中道,吉祥",是因为受到上天的恩宠。"君

王多次颁令嘉奖"，是因为能让万国来归附。

[六三]"军队或许会用车装载尸体而归"，说明军队在作战时大大地失利。

[六四]"军队撤退驻守，没有灾殃"，是因为没有违背作战规律。

[六五]"刚正长者可以率军队出征"，说明行动符合中道；"平庸小子必将用车装载尸体而归"，说明用人不当会造成灾祸。

[上六]"大君颁发诏令"，是指使有功人员得到应有的封赏。"小人不得任用"，因为任用小人必然会危害国家。

【悟语】

师卦坤上坎下，坤为地，坎为水，地中有水，广阔的大地聚集着众多的水源。师者，兵众也，所以，地中有水是师卦的象征，谓之"师"。我观此卦，感悟出的兵道和人道是：

1."师出以律"的严明纪律。"师出以律"出自于师卦初六爻的爻辞，初六是师卦的第一爻，表示开始出兵作战时必须严明纪律，令行禁止，统一行动。否则，"否臧"，即不遵守纪律，就是一群不堪一击的乌合之众，就会有凶险的后果。战争是极其残酷的，要想取得胜利不仅依靠强大的武器装备、军人的素质，还要有严明的纪律，号令三军如一人。如果军纪不良，号令没人遵守，指挥就失灵，再强大的武器装备和人员也必然会发生凶险。对此，孟子有一段精辟的论述："离娄之明，公输子之巧，不以规矩，不能成方圆。"离娄之明是指其目力好，一百步以外能看清楚一根毫毛的末端；公输子就是鲁班；"规"就是圆规，"矩"就是折成直角的曲尺。孟子这段话的意思是，即使目力如离娄，技巧如鲁班，如果没有圆规和曲尺，就不能正确地画出圆形或方形。这里的"规"和"矩"就是指标准和法则，也包括纪律。

2."师左次，无咎"的以退为进。"师左次，无咎"来自于六四爻辞，古人以右为上，以左为下，"次"就是止，"师左次"就是退避驻守。六四以阴柔之质而居阴位，当位得正，根据敌我双方力量的对比，率领军队撤退驻守，以避精锐，虽未克敌制胜，但保全了实力，免得遭受损失，也使敌人无法发挥它的战斗力。《孙子兵法》中说："昔之善战者,先为不可胜,以待敌之可胜。"意思是,善于指挥作战的将领,先要做到不会被敌人战胜,然后等待有利时机的出现,一举破敌。中国明代的兵书《投笔肤谈》也发展了《周易》"师左次"的兵法精髓,指出:"凡欲胜人,必先以敌不可胜我之事为之于己,而后乘隙以攻之。"孙膑的"围魏救赵"就是把"师左次"的智慧发挥到了淋漓尽致的程度。军事上"师左次",以退为进,是大智慧。人事上能够做到退即是进,也是高明的智慧。真正能够于"退"中体悟到"进"的人,才是有贤明大智的人。

3.**"长子帅师"的选贤任能**。"长子帅师"来自于六五爻辞,下句是"弟子舆尸"。六五之君不仅要兴师有道,还要用将有法,特别是在委派统帅的问题上,用人不当,将满盘皆输。"长子"指九二,"弟子"指六三。如果委派具有刚中之德的九二担任统帅,可以"无咎",可是要委派六三去统兵打仗,结果就会"舆尸"而归,导致凶险。诸葛亮错用马谡为统帅守街亭的惨败,就是对"弟子舆尸"的最好例证。治理国家或者管理企业和用兵打仗的道理一样,最重要的就在于选贤任能。成事在人,败事也在人。一个领导者自己可以不擅长做某件事,但是只要你擅长用居中得正,行为有法度的人去组织人来做,一样能将这件事做得很好、很成功。如果你委任一个无才无德的小人来组织做这件事,只能招来"弟子舆尸"的结局。先秦的管子就说过:"人不可不务也。"在管子的眼里,古代的圣王之所以赢得了很高的声誉,建立了伟大的功业,为天下人广为传颂,为后代人不断地记起,莫不是因为得人心,用贤人;昏暴的君主之所以失去国家,颠覆了社稷,灭亡在天下人面前,莫不是因为失去了人心,任用了奸邪之徒。所以他认为,要成就霸业,离开了贤人能人,再雄厚的兵备也是枉然。

比第八

【卦辞】

比:吉。原筮,元。永贞,无咎。不宁方来,后夫凶。

【白话】

比卦象征亲附:吉祥。考察该筮,发现它预示万事亨通。占问长期之事的吉凶,没有灾殃。不安顺的诸邦国也纷纷来朝,后来的将有危险。

【彖传】

《彖》曰:比,吉也。比,辅也。下顺从也。"原筮,元。永贞,无咎",以刚中也。"不宁方来",上下应也。"后夫凶",其道穷也。

【白话】

《彖传》说:亲附,意味着吉祥。"比"是辅佐的意思,指九五以下的阴爻顺从上面的阳刚之君。"考察该筮,发现它预示万事亨通。占问长期之事的吉凶,没有灾殃",是因为九五阳爻居于上卦之中位,象征阳刚者守中道。"不安顺的邦国纷纷来朝",是因为居于上位的人与处于下位的人互相应和。"后来的将有危险",因为后来的已陷入窘境。

【大象传】

《大象》曰:地上有水,比。先王以建万国,亲诸侯。

【白话】

《大象传》说:比卦下坤上坎,大地上有水,象征亲附。先王观此卦象,从而建立众多国家,亲近各地诸侯。

【爻辞】

初六　有孚,比之,无咎。有孚,盈缶(fǒu,盛酒的瓦制器具),终来有它,吉。

六二　比之自内,贞吉。

六三　比之匪人。

六四　外比之,贞吉。

九五　显比。王用三驱,失前禽,邑人不诚,吉。

上六　比之无首,凶。

【白话】

初六　心怀诚信,与人亲近,没有灾殃。有诚信,就像美酒盈缸一样,终究会有他人来亲近自己,吉祥。

六二　发自内心地与人亲附,必获吉祥。

六三　与不正派的人亲近。

六四　有外人来亲近,坚持正道可获吉祥。

九五　公开、广泛地与人亲近。君王狩猎时三面驱围,一面放开,听任跑在前面的禽兽从无网的一面跑掉,当地的百姓并不惊骇,吉祥。

上六　相互亲附而没有首领,所以凶。

【小象传】

[初六]比之初六,"有它",吉也。

[六二]"比之自内",不自失也。

[六三]"比之匪人",不亦伤乎?

[六四]外比于贤,以从上也。

[九五]"显比"之"吉",位正中也;舍逆取顺,"失前禽"也。"邑人不诚",上使中也。

[上六]"比之无首",无所终也。

【白话】

[初六]比卦的初六爻,因为"终究会有他人来亲近自己",所以吉祥。

[六二]"发自内心地与人亲附",说明自己没有失去为人处事的原则。

[六三]"与不正派的人亲近",这样做岂不是可悲的吗?

[六四]有外人来亲近,预示吉祥,因为这是顺从居于上位的人。

[九五]"公开、广泛地与人亲近",而"预示吉祥",是因为九五居正而处中,象征人居中守正。舍弃迎面奔来的兽,捉取背对着狩猎者奔跑的兽,这就是"听任跑在前面的兽从无网的一面跑掉"。"当地的百姓并不惊骇",说明君王实行中道。

[上六]"相互亲附而没有首领",说明不会有好的结果。

【悟语】

比卦与师卦互为踪卦,坎上坤下,地上有水,水得地而流而蓄,地因水而柔而润,水与地相互亲密无间,故谓之"比"。我观此卦,得到了一种豁然的感悟:

1."比之自内"的独立人格。六二爻辞是"比之自内,贞吉。"六二阴柔居阴位又得中,与九五结成正相应的关系,这种关系是中正之道结成的相应关系,六二为臣位,九五为君位,所以这种相应关系也是君臣相应。在亲比之时,阴阳相求相应,君臣相求相应,外在的形势很好,但这并不能保证获得吉祥。六二前去与九五亲比,不是为外在的追逐名利依附于九五的权威地位而求比,这种守持正道的求比,就是本于自己内在的本性,尊重自己独立的人格,坚守自重之道的求比,如六二《小象》云:"'比之自内',不自失也"。这一爻告诉人们,对人对事要坚守自己的人格操守,人格就是力量,拥有人格就拥有了一切力量。因此,领导者一定要使自己在品德上能够为人表率,这样既可被人敬重,让别人心悦诚服,又可自得其乐。

2."比之匪人"的交友不慎。六三以阴爻而居阳位,失正不中,与上六又不能接成正应的关系,其左右之邻居谁也不是六三的亲比,可是六三不辨善恶,亲近了不应当亲近的恶人,当然会给自己带来祸患,这是很悲伤的事情。所以此爻《小象》云:"'比之匪人',不亦伤乎?"此爻是讲

"交友"的智慧,告诉人们选择朋友一定要慎重,要交有血性、有骨气、有仁德的朋友,切不可"比之匪人"。"近朱者赤,近墨者黑",若选择了"匪人"为友,那你就一定会被恶人拖累。古人特别强调:"居必择邻,交必良友。结有德之朋,绝无义之友"。荀子也曾经说过:"匹夫不可以不慎取友"。在今天人际关系多元化的情况下,审慎择友交友,远离"匪人",对保障人生如意,事业青云直上更具有特殊的意义。

3."王用三驱"的网开一面。九五爻辞是"显比。王用三驱,失前禽,邑人不诫,吉。"九五是比卦中的唯一阳爻,又阳居阳位,当位得中,吸引着四阴前来亲比。唯有上六居九五之上,背离亲比之道,但是九五谨守正中之德,以德服人,而不是以力服人,开诚相见,耐心等待。这正像古代天子狩猎那样,不采用四面合围,一网打尽的办法,而是网开一面,只在左面、右面和后面形成一个包围圈,给前面的禽兽留下一个逃跑的出路,凡是顺向进入包围圈的禽兽可以取之,逆向而从前面逃跑的舍弃不去追赶,这种"王用三驱"失去了"前禽",居住在庄园的邑人也被君王的贤德感化,对于逃走的禽兽不加戒备,这是吉祥之象。这一爻告诉人们,以"不诫"的智慧对人网开一面,给对手留下退路,这是对别人的释怀,更是对自己的善待。人只有胸怀广博,任恩怨沉浮,才能成为真正的大丈夫,才能在世事中筑成自己的成功。

小畜第九

【卦辞】

小畜:亨。密云不雨,自我西郊。

【白话】

小畜卦象征微小的蓄聚:亨通。天空中浓云密布,却没有下雨,云来自西郊。

【彖传】

《彖》曰:小畜,柔得位而上下应之,曰小畜。健而巽,刚中而志行,乃"亨"。"密云不雨",尚往也,"自我西郊",施未行也。

【白话】

《彖传》说:小畜,六四阴爻得位,上下五个阳爻与它相应和,象征阴柔之人得到众多君子的辅佐,故能小有蓄聚。小畜卦下乾上巽;九二阳爻、九五阳爻居下、上卦之中位,象征阳刚者行中道,志向能得到实行,因此是亨通的。"天空中浓云密布,但是没有下雨",说明云正在上行发展。"云来自西郊",说明云只是在天空中分布,阴阳之事已经实施,尚未畅行。

【大象传】

《大象》曰:风行天上,小畜。君子以懿文德。

【白话】

《大象传》说:小畜卦下乾上巽,风流行于天空,象征微小的蓄聚。君子因此而努力使自己的文章、道德更加完美。

【爻辞】

初九 复自道,何其咎,吉。

九二 牵复,吉。

九三 舆说(tuō,即脱)辐,夫妻反目。

六四 有孚,血去,惕出,无咎。

九五 有孚挛(luán,1 维系,牵系;2 收缴蜷曲不能伸开;3 紧握)如,富以其邻。

上九 既雨既处;尚德载,妇贞厉。月几望,君子征,凶。

【白话】

初九 从路上返回,会有什么灾殃呢?吉祥。

九二 被牵连而返回,吉祥。

九三 车轮的辐条散脱,夫妻间反目成仇。

六四 心怀诚信,忧患将过去,脱出惕惧,没有灾殃。

九五 心怀诚信,紧密合作,把左右四方的邻人都带动起来,走上共同致富的道路。

上九 密云已经降雨,阳气已经蓄止,高尚的功德已经圆满。妇人应该坚守正道以防危险。要像月亮将圆而不过盈。此时君子出征会有凶险。

【小象传】

[初九]“复自道”,其义“吉”也。

[九二]“牵复”在中,亦不自失也。

[九三]“夫妻反目”,不能正室也。

[六四]“有孚”,“惕出”,上合志也。

[九五]“有孚挛如”,不独富也。

[上九]“既雨既处”,德积载也。“君子征,凶”,有所疑也。

【白话】

[初九]“从路上返回”,其中就包含着吉祥的意义。

〔九二〕"被牵连而返回",因为九二阳爻居下卦之中位,象征人能守中道,所以不会给自己带来什么损失。

〔九三〕"夫妻间反目成仇",说明不能使家庭和睦有序。

〔六四〕"心怀诚信"、"忧患将过去"、"脱出惕惧",说明大家的心意尚能一致。

〔九五〕"心怀诚信,紧密合作",说明得到的财富并不是自己独享。

〔上九〕"密云已经降雨,阳气已经蓄止",说明阳刚之德已经积聚满载。"君子出征会有凶险",是因为对如何出兵打仗心存疑虑。

【悟语】

小蓄卦巽上乾下,巽为风,乾为天,风飘行天上,微蓄而未下行,如同西郊升起的密云,所蓄的水汽还不足以成雨落地,表示事物发展还处于酝酿聚集阶段,没有壮大成熟,故谓之"小蓄"。我观此卦,感悟最深的是:

1."君子以懿文德"的修身蓄德。 小蓄卦的《大象》云:"风行天上,小蓄。君子以懿文德。"小蓄卦由上巽下乾构成,巽取象为风,乾取象为天,风在天上运行,尚未吹向地面,是小蓄的象征。观此卦象,说明道德教化只在社会上层运行,尚未普及到下层民间。君子虽然不能举一己之力而把世俗民风改造好,但也不能自暴自弃,应该从事自我内在文德的修养蓄积,力求达到"与天地合其德,与日月合其明,与四时合其序,与鬼神合其吉凶"的相对完美的境界。君子这种为人表率,会在社会上起到榜样的作用,对于促进世俗民风的转变是大有裨益的。所以,孔子曾说:"君子之德风,小人之德草,草上之风,必偃。"古人早就有"德大,福大"的说法。统治者积德,就能享受江山,同样,发达者积德,就能富贵长久。

2."有孚"的诚信感人。 六四的爻辞是:"有孚,血去,惕出,无咎。"六四是小蓄卦的主爻,支撑着一柔蓄五刚的格局,但是六四本质上是阴柔,加之五刚咄咄逼人的强劲势头,单力难支,特别是处于下位的九三,极不安分,强欲上进,随时都会发生流血冲突。在这种态势下,六四选择了以诚信感人的策略,凭借一片至诚,得到了上位九五的协助,才有效地缓解了矛盾,避免了冲突,摆脱了恐惧和咎害,所以说:"血去,惕出,无咎。"很显然,只有"有孚",才能"血去,惕出"。从历史到今天,许许多多的失败者,都是源自于"无孚"铸成的大错。奥地利著名心理学家阿尔·阿德勒说:"对别人不真诚的人,他一生中困难最多,对别人的伤害也最大。所有人类的失败,都出自这种人。"而许许多多的成功者又都是源自"有孚","有孚"的诚心感人,产生了一种归心的效应,把各种人脉连接到他们的周围,帮他们逢凶化吉,助他们事业成功。

3. "有孚挛如,富以其邻"的互利共赢。 "有孚挛如,富以其邻"是九五的爻辞,九五是处在至尊的位子,与六四同样"有孚",以诚信感人,通过"挛如",把左右四阳的邻人都团结起来,走上共同富裕的道路,实现"富以其邻"的组织目标。《周易》"有孚挛如,富以其邻"的互利共赢思想,在今天的市场竞争中也同样重要。过去的竞争观念是总想从对手身上撕下一张皮变成自己的利益,是你死我活的竞争关系。从"有孚挛如,富以其邻"中解读出来的观念是帮助你发展,建立在你发展的基础上我更好地发展,把竞争的对手当成合作的伙伴,在合作中竞争,在竞争中合作,建立一种竞合的互利共赢关系。

履第十

【卦辞】

　　履:履虎尾,不咥(dié,咬人)人,亨。

【白话】

　　履卦象征行走:行走中脚踩上老虎的尾巴,老虎不咬人,亨通。

【彖传】

　　《彖》曰:履,柔履刚也。说而应乎乾,是以"履虎尾,不咥人,亨"。刚中正,履帝位而不疚,光明也。

【白话】

　　《彖传》说:履,指六三阴爻位于九二阳爻之上,因为阴有柔的特性,阳有刚的特性,所以说柔履刚。应该和悦地与阳刚者应和,这样就能踩在老虎尾巴上,却不被老虎吃掉,是亨通的。阳刚居中而守正,能够践履帝位而避免弊病,这才称得上正大光明。

【大象传】

　　《大象》曰:上天下泽,履。君子以辨上下,定民志。

【白话】

　　《大象传》说:履卦下兑上乾,上为天,下为泽,象征循礼而行。君子因此而分明上下尊卑,统一百姓思想。

【爻辞】

　　初九　素履往,无咎。

　　九二　履道坦坦,幽人贞吉。

六三　眇(miǎo,一只盲眼)能视,跛能履。履虎尾,咥人,凶。武人为于大君。

九四　履虎尾,愬(sù,恐惧貌)愬终吉。

九五　夬(guài,决)履,贞厉。

上九　视履考祥,其旋元吉。

【白话】

初九　做事本分自然,态度质朴,没有什么灾殃。

九二　行走在旷阔而平坦的路上,安静恬淡的人坚守正道吉祥。

六三　眼睛瞎了一只却自以为能看,腿脚有毛病而强行走路,脚踩到老虎尾巴被老虎咬,极为凶险。这是一介赳赳武夫,只可以效力于大君。

九四　脚踩到老虎的尾巴,感到恐惧,最终吉祥。

九五　刚敢果决地行事,要坚守正道以防危险。

上九　回视走过的路程,考察其中的吉凶,反身自省大吉。

【小象传】

[初九]"素履"之"往",独行愿也。

[九二]"幽人贞吉",中不自乱也。

[六三]"眇能视",不足以有明也;"跛能履",不足以与行也。"咥人"之"凶",位不当也。"武人为于大君",志刚也。

[九四]"愬愬,终吉",志行也。

[九五]"夬履,贞厉",位正当也。

[上九]"元吉"在上,大有庆也。

【白话】

[初九]"做事本分自然,态度质朴",说明坚定地按自己的志向行事。

[九二]"安静恬淡的人坚守正道吉祥",是因为内心有一定之规,不紊乱。

[六三]"眼睛瞎了一只却自以为能看",根本不可能看到事物;"腿脚有毛病而强行走路",根本无法行路。"老虎咬人的凶险",是因为六三阴

爻所处的位置不当,象征一个人所居的职位高于他的能力。"赳赳武夫,只可以效力于大君之人",说明他过于刚愎自用。

[九四]"感到恐惧,最终吉祥",因为他的志向得到了实行。

[九五]"刚敢果决地行事,要坚守正道以防危险",这是因为九五阳爻居上卦之中位,所处的位置确是适当的。

[上九]践履至终极,才可能获得元吉,只有值得大加庆贺的事情。

【悟语】

履卦乾上兑下,乾为天,兑为泽,天在上,泽在下,为上下之正理。又乾为刚,兑为悦,有和悦应和刚健之象,故谓之"履"。我观此卦,感悟到了做人的智慧:

1."素履往"的淡泊明志。初九爻辞是"素履往,无咎。"初九阳居阳位,当位得正,内在具有刚明之德。但是,初九居于履卦的第一爻位,卑下低微,初九与九四又是敌应的关系,孤立无援,只能凭借自己人格魅力和不与世俗合流的素愿来"践履"。初九的这种淡泊明志的模式行为,是一种君子行为,《中庸》说:"君子素其位而行,不愿乎其外","君子无入而不自得焉"。《小象》也称赞初九的行为是"素履之往,独行愿也。"此爻告诉人们,人在参与社会有所履行的时候,即使是在卑下低微,清贫困顿的境况下,也要保持淡泊明志的人格操守。物欲上获得的东西"边际效益"递减速度最快,物质上能够保持恬淡,精神就有更大的发展空间。所以,人无论何时,都应该保持"淡泊"的执著。

2."履虎尾"的谨慎行事。九四爻辞是"履虎尾,愬愬,终吉。"老虎是一种凶猛的动物,面临着"履虎尾"的困境,无非是有两种可能:一种是被老虎吃掉,一种是平安脱险。九四所处的爻位,以阳居阴,本质刚健而能处柔顺之道,所以九四在"履虎尾"的困境中,没有一味逞强,而是保持一种临事而惧的谨慎心态,终于在险中脱困。《小象》云:"'愬愬,终吉',志行也",就是赞扬临事而惧,柔顺自处,循礼而行的谨慎行为,有利于转危为安,实现自己的意愿。这一爻告诉人们,处于险境时,只要能够保持临危不惧的谨慎,就能获得吉祥。为人处事时刻保持谨慎,做到古人说的敏于事而慎于言的境界,这样即使脚踩"虎尾"也能"终吉"。

3."视履考祥"的善始善终。上九爻辞是"视履考祥,其旋元吉。"上九处于履卦之终,能回顾履卦整个行程,考究其善恶祸福,总结成功的经验与失败的教训,周旋完备,体会深刻,把慎行的精神贯彻始终,获得最终的"元吉",圆满地实现了"履道"。此爻告诉人们,在生活当中要懂得"视履考祥",做一件事情达到终点后,要回过头来看一看所走过的历程,得失成败的情况,反省自身,总结经验,做到善始善终,如此就能像《小象》所云:"元吉在上,大有庆也"。

泰第十一

【卦辞】

　　泰:小往大来,吉,亨。

【白话】

　　泰卦象征通泰:失去小的,得到大的,吉祥,亨通。

【彖传】

　　《彖》曰:"泰:小往大来,吉,亨"。则是天地交而万物通也,上下交而其志同也。内阳而外阴,内健而外顺,内君子而外小人,君子道长,小人道消也。

【白话】

　　《彖传》说:"泰:失去小的,得到大的,吉祥,亨通。"说明天地中阴阳之气相交合而万物亨通,君臣上下相沟通,其志趣相同。泰卦下乾上坤,阳居内而阴居外,内刚健而外柔顺,君子在内而小人在外。君子之道增长,而小人之道消退。

【大象传】

　　《大象》曰:天地交,泰。后以财成天地之道,辅相天地之宜,以左右民。

【白话】

　　《大象传》说:泰卦下乾上坤,象征天地阴阳之气相交,万物通泰。君主因此而根据天地运行的规律进行裁度调解,辅助天地间的变化,使合乎时宜,以此保佑百姓。

【爻辞】

初九 拔茅茹,以其汇,征吉。

九二 包荒,用冯(píng,涉越)河,不遐遗,朋亡,得尚于中行。

九三 无平不陂(pō,斜坡),无往不复,艰贞无咎。勿恤其孚,于食有福。

六四 翩翩,不富以其邻,不戒以孚。

六五 帝乙归妹,以祉(zhǐ,幸福,求福),元吉。

上六 城复于隍,勿用师,自邑告命,贞吝。

【白话】

初九 拔除茅草及其同类植物的根,征进可获吉祥。

九二 用挖空的匏瓜来渡河,不遗弃远方的人,不结朋党,能够辅佐中道而行的君主。

九三 没有只平坦而不倾斜的东西,没有只出去而不回来的事物,不忘艰难,坚持正道,可以避免灾殃。不要为自己的诚信而担心,将会有口福。

六四 用巧言欺骗人,因为受到邻居的劫夺而变得不富有,这都是不以诚信相告诫而造成的。

六五 帝乙嫁出少女,以此得福,大吉。

上六 城墙倾塌到干涸的城壕中,不要用兵,发布自行贬抑的文告,从邑中把这件事向有关方面通报。既使坚持正道,也将发生令人遗憾之事。

【小象传】

[初九]"拔茅""征吉",志在外也。

[九二]"包荒""得尚于中行",以光大也。

[九三]"无往不复",天地际也。

[六四]"翩翩,不富",皆失实也。"不戒以孚",中心愿也。

[六五]"以祉,元吉",中以行愿也。

[上六]"城复于隍",其命乱也。

【白话】

[初九]"拔除茅草及其同类植物的根,征进可获吉祥",说明其志向是要向外发展。

[九二]"用挖空的匏瓜来渡河","在中途得到赏赐"是因为这种行为光明正大。

[九三]"没有只出去而不回来的事物",因为九三阳爻正处于向阴爻转化的边际,说明万物都处在不断的发展变化之中。

[六四]"用巧言欺骗人,因为受到邻居的劫夺而变得不富有",这都是因为不诚实造成的。"不以诚信相告诫",说明他们内心都很狡猾。

[六五]"因而得福,大吉",因为是通过行中道来实现自己的意愿。

[上六]"城墙倾塌到干涸的城壕中",说明将要发生改变。

【悟语】

泰卦坤上乾下,形颠而气交,坤为地,地气上升,乾为天,天气下降,天地阴阳相交,促使万物生长发育,安泰亨通,永葆生机,故谓之"泰"。我观此卦,有了对立的事物如何实现交合通达的感悟:

1."拔茅茹,以其汇"的志同道合。初九爻辞是"拔茅茹,以其汇,征吉。"初九是下卦乾卦之初爻,其志是想与外卦坤之六四相交和,泰卦总体上讲"天地交泰",乾阳之三爻都想与坤阴之三爻相交,当初九开始前往与六四相交,也引发和带动了九二、九三一同前往去分别与六五、上六相交,这种情形就如同拔草时,同根相连的茅草连带拔起,顺利畅通,征而得吉。这一爻告诉人们,要想求得事业的顺畅发展,就要精诚团结周围的志同道合者一同"出征",这样才能无往而不利。

2."无平不陂,无往不复"的吉凶转化。九三爻辞是"无平不陂,无往不复,坚贞无咎。勿恤其孚,于食有福。"九三处于天地阴阳的交接之地,事物发展总是呈现"无平不陂,无往不复"的泰极必否,否极必泰的规律性。九三处于由泰而否的转折关头,吉和凶在这里会互相转化。如果九三能够坚守正道,就没有危险,不用担心不能取信于人,于食禄之道自有福庆。这一爻指出了万事万物都是对立并可以转化的,盛极必衰,衰极必盛，没有永远的吉庆，也没有永远的灾凶。吉的背后是凶，凶险的背后是吉，只要坚守正道，凶险终会过去，吉祥终会到来，这就如同黑暗之后必定是光明，失败之后必定是成功一样。关于吉凶转化的道理，老子领悟得很深，他说："祸兮福之所倚，福兮祸之所伏"，这句话与《周易》此爻揭示出的寓意，具有异曲同工之妙。

3. "不戒以孚"的守信为本。六四爻辞是"翩翩，不富以其邻，不戒以孚。"《周易》中阳爻也代表富，阴爻代表不富，因而居于泰卦上卦的坤三爻皆为"不富"。阳气是由下往上升，阴气是由上往下降，当居于下卦的乾之三阳爻由下往上，去与坤之三阴爻相交时，上卦坤之三阴爻也由上往下去与坤之三阳爻相交，这都是出于内在的本性。所以当六四翩翩起舞去与初九相交，也就带动了六五、上六两个邻居，自觉自愿地跟从。这种跟从完全是以守信为本，用不着反复劝诫，所以称"不戒以孚"。此爻所讲的"不戒以孚"的守信为本的与人相处的方法，一直为智者所用。古语就讲"与人为善，诚实为本"。韩非子也讲："巧诈不如拙诚"，"巧诈"能蒙骗一时，不能蒙骗一世，假象一旦被戳穿，就会被世人永远抛弃；"拙诚"表面上看起来愚直拙笨，其实是一种诚实守信，是人与人，人与社会保持良好的相互关系的基础道德，能为人的成功打下最坚实的人脉基础。美国的财富巨人汤姆森在谈到自己的成功时，不无感慨地说："做守信的人，会赢得别人永久的信任。"

否第十二

【卦辞】

否（pǐ，闭塞。）：否之匪人，不利君子贞，大往小来。

【白话】

否卦象征闭塞：闭塞不是人间正道，不利于君子坚守正义，失去大的，得到小的。

【彖传】

《彖》曰："否之匪人，不利君子贞，大往小来。"则是天地不交而万物不通也，上下不交而天下无邦也。内阴而外阳，内柔而外刚，内小人而外君子，小人道长，君子道消也。

【白话】

《彖传》说："否：不利君子坚守正义，失去大的，得到小的。"说明天地中阴阳之气不相交合而万物不亨通，君臣上下不相沟通，国家灭亡。否卦下坤上乾，阴居内而阳居外，内柔顺而外刚健，小人在内而君子在外。这说明小人的邪道日益增长，而君子的正道日渐消退。

【大象传】

《大象》曰：天地不交，否。君子以俭德辟难，不可荣以禄。

【白话】

《大象传》说：否卦下坤上乾，天地中的阴阳之气不相交合，象征闭塞。君子因此而遵循俭约的美德以躲避灾难，不要以追求爵禄为荣。

【爻辞】

初六 拔茅茹以其汇,贞吉,亨。

六二 包承,小人吉,大人否,亨。

六三 包羞。

九四 有命,无咎,畴(chóu,同类)离祉。

九五 休否,大人吉。其亡其亡,系于苞桑。

上九 倾否,先否后喜。

【白话】

初六 拔除茅草及其同类植物的根,君子守持正道可获吉祥、亨通。

六二 接受奉承,对小人吉利,君子则要拒绝接受,方可获得亨通顺利。

六三 包容别人对自己的羞辱。

九四 有天命安排,没有灾殃,同类相互依附,都会得福。

九五 中止闭塞的局面,大人获得吉祥,时时提醒自己:将要灭亡,将要灭亡,就会像系在长得很茂盛的桑树丛上一样牢固。

上九 倾覆闭塞的局面,有开始时的闭塞,才有后来时的喜悦。

【小象传】

[初六]"拔茅""贞吉",志在君也。

[六二]"大人否,亨",不乱群也。

[六三]"包羞",位不当也。

[九四]"有命""无咎",志行也。

[九五]"大人"之"吉",位正当也。

[上九]否终则倾,何可长也。

【白话】

[初六]"拔除茅草及其同类植物的根,君子守持正道可获吉祥",因为其志向在于辅佐国君。

[六二]"君子则要拒绝接受,方可获得亨通顺利",因为君子不与群

小混乱在一起。

[六三]"包容别人对自己的羞辱",说明六三阴爻居于阳位,象征人所处的位置不适当。

[九四]"有天命的安排,没有灾殃",因为其志向得到了实行。

[九五]"大人获得吉祥",说明九五阳爻居于阳位,象征人所处的位置十分适当。

[上九]闭塞到了极点就会倾覆,闭塞的局面怎么可能长久呢?

【悟语】

否卦乾上坤下,天气上升,地气下沉,天地阴阳二气互不交和,结果"天地不交而万物不通",整个宇宙丧失了生机,停止了大化流行,故谓之"否"。喻人事指君臣上下不和,天下离异而不成邦国。我观此卦,感悟出的旨意是:

1. "有命无咎"的同心同德。九四爻辞是"有命,无咎,畴离祉。"否卦发展到了九四,进入了阳刚的乾体,象征小人开始道消,君子开始道长,出现了否极泰来的征候。九四是接近九五之君的大臣,阳刚之质而居柔位,既能雄强健动,把三阳的势力带动起来,同心同德,连类而进,为休否准备条件,又能接受九五君子的委任,顺以听命,辅佐君主拨乱反正,实现振兴局面、增进福祉的志愿,所以《小象》云:"'有命无咎',志行也"。这一爻提示人们,在上下闭塞的危难时候,君子应当依附团结,坚守纯正。同心同德才能自保,才能实现远大志向,才能建功立业。正所谓"人道以合群义,以和群而强。"团结更多的力量,就是求取成功的法则。

2. "系于苞桑"的长治久安。九五爻辞是"休否,大人吉。其亡其亡,系于苞桑。"否卦发展到九四还只是启动了休否的过程,发展到九五才能完成。九五以阳刚中正之德居于至尊的君位,掌握最高权力,统揽全局,能对扭转局势发挥决定性的作用。九五能完成休否的使命,因为九五集德和位于一身,所以《小象》云:"大人之吉,位正当也"。可是九五阶段虽然休止了否道,但是还有很多隐患,局面也并未稳定,这时必须有忧患意识,要像系着于牢固的桑树根丛那样,念念不忘还存在着陷入危亡的危险，才能保持住长治久安的局面。这一爻告诫人们，在不利的局面结束之后，不可高枕无忧，要时刻提醒自己危险的存在，这样才能够激励自己更加努力，以求得有利局面长久巩固。

3."先否后喜"的否极泰来。上九爻辞是"倾否，先否后喜。"上九居于穷极之地，"否终则倾"，就会由否塞转而为通泰。否卦的下坤卦三阴连类而进，象征小人道长势头很旺，这是"先否"，发展到上乾，乾之三阳共同控制了小人道长的势头，转而为君子道长。上九使否道彻底倾覆，这是"后喜"，是否极泰来。这一爻告诉人们，一种局面不会长久持续地发生，否极泰来是一个不可逆转的客观规律。在艰难困苦的环境中，坚持理想，不言放弃的人是伟大的智者。墨翟曾经说过："志不强者智不达"，正是这种坚持，成就了许多智者的辉煌。

同人第十三

【卦辞】

　　同人：同人于野，亨。利涉大川，利君子贞。

【白话】

　　同人卦象征和睦相处：在远郊之野与人和睦共处，亨通。利于涉越大河，利于君子坚持正道。

【彖传】

　　《彖》曰：同人，柔得位得中，而应乎乾，曰同人。同人曰："同人于野，亨，利涉大川"，乾行也。文明以健，中正而应，"君子"正也。唯君子，为能通天下之志。

【白话】

　　《彖传》说："同人，六二阴爻居下卦之中位，与居上卦之中位的九五阳爻相应，象征赞同、应和他人。"同人卦的卦辞说："在远郊之野与人和睦共处，亨通。利于涉越大河"，是因为刚健之道得以推行。同人卦下离上乾，象征文明刚健；六二阴爻居于下卦之中位，与居上卦之中位的九五阳爻相应和，坚持正道说明君子恪守正道。只有君子才能与天下人的心志相通。

【大象传】

　　《大象》曰：天与火，同人。君子以类族辨物。

【白话】

　　《大象传》说：同人卦下离上乾，天与火相结合，象征与人和睦共处。君子因此而对万物进行归类并加以辨别。

【爻辞】

初九 同人于门,无咎。

六二 同人于宗,吝。

九三 伏戎于莽,升其高陵,三岁不兴。

九四 乘其墉,弗克攻,吉。

九五 同人先号咷而后笑,大师克相遇。

上九 同人于郊,无悔。

【白话】

初九 与门外之人和睦共处,没有灾殃。

六二 只与宗亲和睦共处,将会发生令人遗憾之事。

九三 把军队埋伏在茂密的草丛中,登上高山观察敌情,三年不敢兴兵作战。

九四 登上敌人的城墙,又自己退下不进攻,吉祥。

九五 与他人一起共处,先号咷大哭,后欢笑欣喜,大部队克服了敌人阻碍,与同盟者会师。

上九 在郊外与人和睦共处,没有悔恨。

【小象传】

[初九]"出门同人",又谁"咎"也。

[六二]"同人于宗","吝"道也。

[九三]"伏戎于莽",敌刚也。"三岁不兴",安行也。

[九四]"乘其墉",义弗克也。其"吉",则困而反则也。

[九五]"同人"之"先",以中直也。"大师""相遇",言相"克"也。

[上九]"同人于郊",志未得也。

【白话】

[初九]与门外之人和睦共处,又有谁会加害于他呢?

[六二]"只与宗亲和睦共处",因所涉及范围过窄,所以是会造成遗憾的做法。

［九三］"把军队埋伏在茂密的草丛中",是因为敌人太强大。"三年不能兴兵作战",是因为辨明了形式,所以暂时按兵不动。

［九四］"登上敌人的城墙,又自己退下不进攻",是因为从道义上不应该攻占对方的城池。之所以吉祥,是因为面临困境时能回头按正确的原则办事。

［九五］"与他人一起共处,先号啕大哭,后欢笑欣喜",是因为九五阳爻居上卦之中位,象征人行中正之道。"大部队克服了敌人阻碍,与同盟者会师",说明与敌人作战取得了胜利。

［上九］"在郊外与人和睦共处",说明志向未能实现。

【悟语】

同人卦乾上离下,乾为天,离为火,火光上升,与天相同,天火相互亲和,谓之"同人"。同人卦一阴中正,五阳相合,也有同人的含义。我观此卦,得到了这样的感悟:

1. "同人于野"的交往与合作。同人卦是由否卦发展而来,否卦上下隔绝,不相交往,最后走向了事物的反面,发展为同人,所以序卦传说:"物不可以终否,故受之以同人。"同人卦的卦辞是"同人于野,亨。利涉大川,利君子贞。"这一卦辞阐述了一个非常重要的道理:和别人亲密地走在田野上,利用合作的力量就能突破闭塞的不利局面,找到新的出路,取得新的成功。自然界的合作,万物欣欣向荣,人类的合作,历史绵延不绝。荀子早就说过:"人力不若牛,走不若马,而牛马为用,何也?人能群,彼不能群也。"人能交往与合作是役使牛和马的根本原因。今天,经济全球化趋势迅猛发展,高新技术日新月异。社会分工日益精细,个人的认识和能力都是有限的,唯有"同人于野",广泛地交往与合作,即"能群也",才能使各项事业亨通顺达。

2. "同人于门"的开放心态。初九爻辞是:"同人于门,无咎。"同人卦的六爻的总体倾向都是追求与人和同。初九刚居阳位,得位得正,虽然与九四是敌应,但初九心态开放,超越门户,毅然走出家门,追求与人和同,果然一出门,就与六二不期而遇与之和同。从天人合一的层面上讲,高山伸展开健壮的双臂,拥抱花草树木,才魅力无穷;大海容纳着万种动物和宝藏,才博大神奇;蓝天能够呼风唤雨,才奔腾飘逸;人能够心态开放,才能宾朋满堂。这一爻给人们的启示是:只要心态开放,以正道进行普遍的交往,就能建立起价值链最长的人脉,就拥有了干成大事业的"人和"基础。在今天构建和谐社会中,《周易》所揭示的这一道理,更具有现实指导意义。我们不仅要与家门外的人和同,也要与境门外的人和同,还要与国门外的人和同,这样才能家和、国和、世界和,达到《大象》所说的"通天下之志"的目的。

3."**同人于宗**"**的狭隘危害。**六二爻辞:"同人于宗,吝。""宗"是指宗族、宗派,是一种建立在血缘亲情和派系认同基础上的交往关系。从卦的结构上看,六二与九五刚柔相应,而且是"中正而应",应该是"吉"怎么反而"吝"呢?问题是同人卦的卦体是一柔应五刚,但是六二行为偏私狭隘,只与九五亲比而排斥其他四刚,引起了九三、九四的嫉妒和以武力相威胁,陷入了不能普遍交往的鄙吝困境。这带给我们的启示是,社会交往不能搞"小圈子",必须以坦然大公的心态,搞五湖四海,建立以事业之缘为纽带的交往关系,赢得各方面的亲和力,促进事业的发展。否则,若与非同宗族的同事感情上面不相容,气氛上别扭紧张,甚至暗中作梗,明处捣乱,就不能完成工作任务。

大有第十四

【爻辞】

　　大有：元亨。

【白话】

　　《大有》象征富有：大为亨通。

【彖传】

　　《彖》曰：大有，柔得尊位大中，而上下应之，曰大有。其德刚健而文明，应乎天而时行，是以"元亨"。

【白话】

　　《彖传》说：富有，六五阴爻居于上卦之中位，象征阴柔者获得高位并守中道，上下之人都响应他，所以说大有所获。《大有》卦下乾上离，象征人的品德刚正而文明，能顺应天的变化，适时而行，所以大为亨通。

【大象传】

　　《大象》曰：火在天上，大有。君子以遏恶扬善，顺天休命。

【白话】

　　《大象传》说：大有卦下乾上离，天上有火，象征富有。君子因此而制止恶行，顺从天道，使命运更加美好。

【爻辞】

　　初九　无交害，匪咎，艰则无咎。
　　九二　大车以载，有攸往，无咎。
　　九三　公用亨于天子，小人弗克。

九四 匪其彭,无咎。

六五 厥孚交加,威加,吉。

上九 自天佑之,吉,无不利。

【白话】

初九 不互相侵害,没有灾殃,即使面临艰难的处境,也不会有灾殃。

九二 用大车装载财富前去某地,积累于其中,没有灾殃。

九三 公侯参加天子举行的宴会,小人则没有资格参加。

九四 富而不过盛,没有灾殃。

六五 以诚信交接,光明正大,充满威严,吉祥。

上九 有上天保佑,吉祥,无所不利。

【小象传】

[初九] 大有初九,"无交害"也。

[九二] "大车以载",积中不败也。

[九三] "公用亨于天子","小人"害也。

[九四] "匪其彭,无咎",明辩皙也。

[六五] "厥孚交如",信以发志也。"威如"之"吉",易而无备也。

[上九] 大有上吉,"自天佑"也。

【白话】

[初九]《大有》卦的初九爻辞说明"不互相侵害"。

[九二] "用大车装载财富前去某地",把物堆积在车中,不会毁坏。

[九三] "公侯参加天子举行的宴会,小人则没有资格参加",因为若小人参加就会带来危险。

[九四] "富而不过盛,没有灾殃",说明能明智地辨别事物。

[六五] "以诚信交接,光明正大",是用诚信来表明自己的志向。"充满威严,吉祥",是因为平易近人而且不加防备。

[上九]《大有》上九爻的吉祥,是因为"有上天保佑"。

【悟语】

大有卦离上乾下，离为火，乾为天，火焰高于天上，象征太阳当空照耀，大地五谷丰登，大获所有，故谓之"大有"。此卦又一阴居尊位，获五阳之应，也有大有之意。我观此卦，得到了启迪心扉的感悟：

1."艰则无咎"的韬光养晦。 初九爻辞是"无交害，匪咎。艰则无咎。"初九阳居阳位，具有刚阳之质，由于是初爻而不是二爻，与六五之君不能结成相应的关系，此时应坚守正固，以静待时，不宜有所作为。"艰则无咎"的意蕴是，一定要处富而思艰，不生骄傲之心，低姿态做人和行事，就能免除祸害，大有所成，这就是韬光养晦的智慧。把自己的光芒隐藏起来，不张扬，就是韬光；把自己放在一个不显眼的位置，低调行事，就是养晦。韬光养晦才能承受大难，因而也才能集合力量成就大业。商朝时期，周文王被纣王囚禁时，他并没有盲目地反抗，而是隐藏了自己的明智，收敛了自己的锋芒，外表柔顺，甚至在商纣王杀了自己的儿子，用儿子的血做成血羹，来测试他时，他明知是自己儿子的血，忍着巨大的悲痛，不露声色地喝了下去，逃过一劫，最后一举灭掉商朝，建立大周。

2."匪其彭"的凡事有"度"。 九四爻辞是"匪其彭，无咎。"九四以刚居阴，质刚而用柔，能够自我克制，不以盛大骄人，所以没有咎害。这一爻告诉人们一个哲理：为人和做事都要掌握一定的"度"，不可不及，更不可过度，凡事不能做过头。《论语》中记载：一次，子贡问孔子："子张和子夏谁更好？"孔子说："子张做事情显得有些过头，子夏又有些赶不上。"子贡又问："那是不是子张要好一些呢？"孔子的回答简单明了："过犹不及。""不及"和"过"是事物的两个极端，是造成世事各种失误和祸患的重要原因。古人云："宽猛相济，政事以和"。君主为政过宽或过严，都会走向失败。秦始皇施行暴政，统一中国后，秦朝不到十四年就灭亡了。在今天纷繁复杂、物欲横流的社会，一些贪得无厌的高官，把事情做过了头，结果把自己拉下了马，甚至把自己拉进了坟墓。因此，不可不及，更不可过度，应该成为人们做人做事情的不二法门。

3."自天佑之"的和衷共济。 上九爻辞是："自天佑之，吉，无不利。"上九虽然居上卦之极，但并未终结。因为卦中六爻都能遵循天道的规律，做到刚柔相应，所以"自天佑之，吉无不利。"《系辞》说："佑者，助也。天之所助者顺也，人之所助者信也。履信思乎顺，又以尚贤也，是以自天佑之，吉无不利也。"天道的本质在一个"顺"字，就是阴阳和顺。人能顺从天道，天就会"佑"你，你就能成功。人的本质是一个"信"字，就是上能诚信接下，下能诚信事上，人能够上下交孚，和衷共济，人就会"助"你，你就可以通过集思广益，弥补自己头脑中的智慧空隙，可以凝聚众人的力量，干出非一己之力所能成就的伟业，自然就会"吉无不利"了。

谦第十五

【卦辞】

　　谦：亨。君子有终。

【白话】

　　谦卦象征谦虚：亨通。君子能够保持谦虚，故有好的结局。

【彖传】

　　《彖》曰：谦，"亨"。天道下济而光明，地道卑而上行。天道亏盈而益谦，地道变盈而流谦，鬼神害盈而福谦，人道恶盈而好谦。谦，尊而光，卑而不可逾，君子之终也。

【白话】

　　《彖传》说：谦，亨通。天之道是对下面的万物有益并带来光明，地之道是位置卑下但地气能向上蒸腾。天之道是使盈满者亏损而增益谦虚者，地之道是毁坏盈满者而使谦虚者得到补益，鬼神之道是使盈满者受害而使谦虚者得福，人之道是厌恶盈满而爱好谦虚。有谦虚美德的人，处于尊位，其道德更加光大，地位低下其品行也不可逾越，君子正是因为谦虚才有好的结局。

【大象传】

　　《大象》曰：地中有山，谦。君子以裒（póu，取）多益寡，称物平施。

【白话】

　　《大象传》说：谦卦下艮上坤，山处于地的下面，象征谦虚。君子以此而取有余以补不足，称量财物，公平地施予众人。

【爻辞】

初六 谦谦,君子用涉大川,吉。

六二 鸣谦,贞吉。

九三 劳谦,君子有终,吉。

六四 无不利,撝(huī,挥手拒绝)谦。

六五 不富以其邻,利用侵伐,无不利。

上六 鸣谦,利用行师征邑国。

【白话】

初六 十分谦虚,君子以这种态度去涉越大河,吉祥。

六二 谦虚的名声远扬,仍保持谦虚,坚持正道可获得吉祥。

九三 有功劳而又保持谦虚,君子有好的结局,吉祥。

六四 不受谦逊的虚名,没有任何不利。

六五 因为受到邻国的劫夺而不富裕,但能左右近邻,出兵前去讨伐,没有任何不利。

上六 谦虚的名声远扬,利于出兵,征讨附近的邑国。

【小象传】

[初六]"谦谦君子"。卑以自牧也。

[六二]"鸣谦,贞洁",中心得也。

[九三]"劳谦君子",万民服也。

[六四]"无不利,撝谦",不违则也。

[六五]"利用侵伐",征不服也。

[上六]"鸣谦",志未得也。可"用行师",征邑国也。

【白话】

[初六]"十分谦虚的君子",指以谦卑的态度来自我修养的人。

[六二]"谦虚的名声远扬,仍保持谦虚,坚持正道可获得吉祥",是因为内心能守中道。

[九三]"有功劳而又保持谦虚,君子有好的结局",是因为受到万民

敬服。

[六四]"不受谦逊的虚名,没有任何不利",说明这样做不违背规则。

[六五]"出兵前去讨伐,没有任何不利",因为是去征讨不服从命令的骄横者。

[上六]"谦虚的名声远扬,仍保持谦虚",是因为其志向尚未得到实行。可以"出兵",是去征讨附近的邑国。

【悟语】

《周易》中有一卦,大可以保一国,小可以保一身。这就是第十五卦的谦卦,谦卦艮下坤上,山体高大但在地下,所以呈下谦之象,故谓之"谦"。蕴其崇高,屈躬下物,诸事顺利。在《周易》整个六十四卦中,唯有谦卦卦辞和爻辞全吉。我在这一卦上得到的感悟是:

1. "鸣谦"的趋益避损。六二爻辞是"鸣谦,贞吉。"六二阴爻阴位,居下卦之中,当位得中,谦虚的美德广为人知,赢得了社会的一片由衷美誉声,这是"鸣谦"产生的效应。为什么"鸣谦"能够产生如此好的效应呢?此爻《小象》讲得好:"鸣谦君子,中心得也"。响应谦虚的君子,是从心底里发出的谦虚之声感染了民众,民众的口碑也是发自于心中,所以才有所得。此爻阐明了一个亘古永恒的道理:满招损,谦受益。中国人历来对骄傲自满十分忌讳,《汉·黄石公略》在《素书·安礼》中说:"山峭者崩,泽满者溢"。还有"不自满者受益,不自是者博闻。"弘一大师也说过:"气忌盛,心忌满,才忌露。"

2. "劳谦"的吉祥如意。九三爻辞是"劳谦,君子有终,吉。"九三是谦卦唯一阳爻,当位得正,介于上卦体和下卦体之间,承担了主持大局的重任,在处理上下级关系上谦恭守礼,谦以待下,恭以事上,取得了巨大的成就,但是不矜功自夸,是一个劳而能谦的大臣,得到君主的信赖,也得到万民信服,所以能够长期在一个高位上保持吉祥。此爻彰显的主旋律是一个人要想追求成功的人生和事业,就必须在潜意识里消除自负的本性,植入谦虚的特质。人有了谦虚的特质,一切都会变得吉祥如意,或许在不经意之间,你就会得到你想要的成功。

3.**"撝谦"的虚怀若谷**。六四爻辞是"无不利,撝谦。"从六四所处的爻位结构上看,上承九五至尊之君,下乘九三有功之臣,又是上卦的最下位。《周易》讲"二多誉,三多凶,四多惧,五多功",六四正是处在一个多惧的位次,稍一不慎,动则得咎。但是六四柔居阴位,当位得正,内柔外谦,克制自己,不行过甚之举,能以敬畏之心事奉君主,又能以虚怀若谷的态度对待有功之臣,一举一动都符合谦道,故谓之"撝谦",结果把上下关系处理得和谐融洽,无所不利了。此爻告诉人们一个恒世箴言:虚怀若谷的谦德可以获致最大的利益。如从更深层次去理解,虚怀若谷的谦德,毫无疑问也是我们中华民族的最优秀的文化精神。老子曾经说过与"撝谦"的精髓相一致的话:"不自见,故明;不自是,故彰;不自伐,故有功;不自矜,故长。"意思是,一个人不自我表现反而显得与众不同;一个人不自以为是,反而会超出众人;一个人不自夸,反而会赢得成功;一个人不自负,反而会不断前进。法国著名作家雨果也特别倡导谦逊的美德,他说:"花的事业是尊贵的,果实的事业是甜美的,让我们做叶的事业吧,因为叶的事业是平凡而谦逊的。"

豫第十六

【卦辞】

豫:利建侯,行师。

【白话】

豫卦象征欢乐:利于建立诸侯国,出兵打仗。

【彖传】

《彖》曰:豫,刚应而志行,顺以动,豫。豫,顺以动,故天地如之,而况"建侯,行师"乎。天地以顺动,故日月不过,而四时不忒(tè,差错)。圣人以顺动,则刑罚清而民服。豫之时义大矣哉。

【白话】

《彖传》说:豫,五个阴爻与九四阳爻相应,表明阳刚者前来应和,从而使志向得以推行。豫卦下坤上震,象征阴柔者随顺阳刚者而动,这就是豫卦的意义。豫卦象征阴柔者随顺阳刚者而动,天地运行也是遵循这一规律,更何况"建立诸侯国,出兵打仗"这些事情呢?天地顺从规律而运动,所以日月的交替没有过失,四时的变化不会出差错。圣人顺民情而行动,从而使刑罚清明,民众服从。豫卦得其时的意义实在是太大了。

【大象传】

《大象》曰:雷出地奋,豫。先王以作乐崇德,殷荐之上帝,以配祖考。

【白话】

《大象传》说:豫卦下坤上震,象征雷出地而震动,这是豫卦的卦象。先王观此卦象,从而制作音乐,推崇功德,并把丰盛的祭品进献给上帝和祖先。

【爻辞】

初六 鸣豫,凶。

六二 介于石,不终日,贞吉。

六三 盱(xū,张目仰视)豫,悔;迟,有悔。

九四 由豫,大有得。勿疑朋盍簪(zān,束头发的器具)。

六五 贞疾,恒不死。

上六 冥豫成,有渝,无咎。

【白话】

初六 因欢乐而自鸣得意,有凶险。

六二 耿介如石,这种状况不到一天就改变了,坚守正道可获得吉祥。

六三 谄媚讨好以求安乐,会有悔恨;迟缓不改,又会有新的悔恨。

九四 从享受安逸中大有所获。不必疑惧,朋友们会像用簪子把头发束在一起那样聚合。

六五 长期患病,病人还可以活很长时间。

上六 糊里糊涂地安享快乐,已成习性,及时改正,没有灾殃。

【小象传】

[初六] 初六"鸣豫",志穷"凶"也。

[六二] "不终日,贞吉",以中正也。

[六三] "盱豫""有悔",位不当也。

[九四] "由豫,大有得",志大行也。

[六五] "贞疾",乘刚也。"恒不死",中未亡也。

[上六] "冥豫"在上,何可长也。

【白话】

[初六]《豫卦》说:初六"欢乐而自鸣得意",这种做法因为失去了志向,多有凶险。

[六二] "耿介如石,这种状况不到一天就改变了,坚守正道可获得吉祥",因为六二阴爻居下卦之中位,能守中正之道。

　　［六三］"谄媚讨好以求安乐"，"会有悔恨"，因为六三阴爻居阳位，没有摆正位置的缘故。

　　［九四］"从享受安逸中大有所获"，说明其志向正在广泛推行。

　　［六五］《豫》卦六五爻辞说"长期患病"，是因为阴柔者凌驾于阳刚者之上，所以会产生疾患。"病人还可以活很长时间"，因为六五阴爻居上卦之中位，说明居中宁正就不会灭亡。

　　［上六］"糊里糊涂的安享快乐"又高居上位，昏昧纵乐已经到了极点了，怎么能保持长久呢？

【悟语】

　　豫卦震上坤下，震为雷，坤为地，雷生于地，万物萌动，生长化育，春意盎然，大地振奋，充满喜悦，故谓之"豫"。我观此卦，感悟到了豫卦所阐述的内涵：

　　1."鸣豫，凶"的自警。 初爻爻辞是"鸣豫，凶。"意思是，一个人自鸣得意，忘乎所以，必然要遭凶险。从卦的结构上看，初六爻，以阴柔之质居于下位，又得到九四的荫庇，应该利用有利条件，进德修业，为成就自己打好基础，可是它却耽于豫乐，不思进取，得意忘形，结果乐极生悲。古往今来，很多聪明一世的人，最后为什么性命不保，被人唾骂和耻笑，其中一个很重要的原因，就是"鸣豫"惹的祸。要想成就大事业的人，必须以"鸣豫，凶"来自警，在自己的内心深处积淀平和与朴实的元素，从而免于狂妄与骄横，即使在取得了巨大成绩和荣誉面前，也不"鸣豫"，不喜形于色。能够以"鸣豫，凶"来自警，不仅是一种美德，是一种处世为人的智慧，更是一种读懂了万物的智慧。

　　2."盱豫，悔；迟，有悔"的自省。 六三爻辞是"盱豫，悔；迟，有悔。"六三是阴居阳位，不中不正，并不具备豫乐的条件，但是它上承九四动豫之主，对九四谄媚逢迎，趋炎附势，人格低下，本该有悔，可是它却执迷不悟，一意孤行，结果就悔之莫及了。从这里人们得到的自省是：人要追求成功，可以采用某些手段，但不能采取抛弃尊严的"盱豫"这种谄媚手段。历史上的"马屁精"，最后的下场都是既可悲又可怜的。道德修养越高的人,越不会为了功名富贵、权势地位而谄媚于人。人的最成熟的自醒就是保有一颗淡泊的心,"身外物,无奢恋",宁静致远。正所谓"无欲则刚"、"人到无求品自高"。其实,能够如莲花出水,出于污泥而不染,当属人生的最大成功。

3."由豫,大有得,勿疑朋盍簪"的快乐感染精神。"由豫,大有得,勿疑朋盍簪"是九四的爻辞,九四是豫卦唯一的一个阳爻,又是上卦震体的主爻,为动豫之主,正是由于九四的快乐而感染了上下五爻,才开创了整体豫乐的大好氛围,所以称为"由豫"。用自己的欢乐去感染别人,不仅给别人一个好心情,而且给别人一个持续的好心境,毋庸置疑,朋友们必然会像头发汇聚于簪子一样,积聚在你的周围。快乐是一种身心愉快的状态,著名作家福楼拜说:"快乐好似生命上的温度计,快乐多,生命中的乐趣也更多。"苦衷吐露给别人,并不减少你的苦衷,只会增加别人的苦衷;快乐撒向别人,并不减少你的快乐,只能增加你的快乐。所以,快乐是需要分享的,只有把你的快乐分享给大家,用你的快乐去感染别人的快乐,你才能更快乐。孔子就特别重视保持快乐的心情,用快乐的心境来感染周围的人。孔子经常带着他的弟子们游山玩水,寓教于乐,在谈笑风生中传授真正的大智慧。古代的贤明君主治国,都重视"与民同乐",通过"由豫"创造了"朋盍簪"的治政局面,结果建功立业、卓有成就。相反,一些追求独自享乐的君主,其下场都不怎么样。秦始皇建阿房宫、隋炀帝修迷楼,宋徽宗筑艮岳,慈禧太后建颐和园等,都是为了自己的享乐而不顾人民的死活,最后哪一个也没有享受到真正的快乐。以自己的快乐感染别人快乐的人才是真正快乐的人。

随第十七

【卦辞】

　　随:元亨利贞,无咎。

【白话】

　　随卦象征随从:万事亨通,利于坚守正道,没有灾殃。

【彖传】

　　《彖》曰:随,刚来而下柔,动而说,随。大亨贞无咎,而天下随时,随时之义大矣哉。

【白话】

　　《彖传》说:随卦下震上兑,阳刚位于阴柔之下,有所动而使人喜悦,这就是随卦的意义。这种态度通达中正,没有灾殃,从而天下万物都根据合适的时机而动,根据合适的时机而动的意义真是大呀!

【大象传】

　　《大象》曰:泽中有雷,随。君子以向晦入宴息。

【白话】

　　《大象传》说:随卦下震上兑,雷在泽中,象征随从。君子观此因而在入夜时进屋休息。

【爻辞】

　　初九 官有渝,贞吉。出门交有功。

　　六二 系小子,失丈夫。

　　六三 系丈夫,失小子。随有求得,利居贞。

九四　随有获,贞凶。有孚在道,以明,何咎。

九五　孚于嘉,吉。

上六　拘系之,乃从维之;王用亨于西山。

【白话】

初九　官职有所变动,坚守正道可获吉祥。出门与人交往可获成功。

六二　抓住了年轻人,却会失去壮年人。

六三　抓住了壮年人,却失去了小子。随从已经失去的人并请求,必有所得。因为安守贞正是有利的。

九四　随从别人而有所获,要守持正固以防凶险。心存诚信,坚持走正道,因为能明察,没有什么灾殃。

九五　在友善的基础上施以诚信,吉祥。

上六　把他拘禁起来,又把他释放,周文王获释后在西山举行祭祀活动,兴讨伐之师。

【小象传】

[初九]"官有渝",从正"吉"也。"出门交有功",不失也。

[六二]"系小子",弗兼与也。

[六三]"系大夫",志舍下也。

[九四]"随有获",其义"凶"也。"有孚在道",明功也。

[九五]"孚于嘉,吉",位正中也。

[上六]"拘系之",上穷也。

【白话】

[初九]"官职有所变动",因为顺从正道,所以吉利。"出门与人交往可获成功",是因为不失正道。

[六二]"抓住了年轻人,却会失去壮年人",说明两者不能兼得。

[六三]"抓住了壮年人,却失去了小子",说明其动机就是要舍弃价值小的。

[九四]"随从别人而有所获",这本身就含有凶险之义。"心存诚信,

坚持走正道","没有什么灾殃",这是明察产生的功效。

[九五]"在友善的基础上施以诚信,吉祥",是因为九五阳爻居上卦之中位,说明正确立于中正之道。

[上六]"把他拘禁起来",说明处于最高位置,随从之道已经发展到尽头。

【悟语】

随卦兑上震下,兑为悦,震为动,内动之以德,外悦之以言,天下之人因喜欢而随从之。又兑为泽,震为雷,雷震于泽中,泽随震而动,也为随之象,故谓之"随"。随具有随从、随和的意思。我观此卦,悟出的随之道是:

1."官有渝"的随势变通。初九爻辞是"官有渝,贞吉。出门交有功。"初九居于随卦之始,上与九四无其应,找不到合适的伴侣,但是初九作为阳爻居于六二、六三阴爻之下,并且以震体之动上应于兑体之悦,随势变通,走出家门与人交往,以己随人,不失正道。"官"是主管,"渝"是改变。"官有渝,贞吉"是说,人的行为受思想观念主管,人的思想不可拘泥僵化,在实践活动中要依时顺势,灵活变通,但是这种变通必须遵从正道,不能随波逐流,这样才能获得吉祥。这一爻辞体现了《周易》一贯倡导的"穷则变,变则通,通则达观天下"的精髓思想。一个人如果没有冲破旧的篱笆、因势变通的勇气和胆量,死守着狭隘的经验或规则过日子是过不下去的,是注定要被社会淘汰出局的。"官有渝,贞吉"带给我们的成功之道就是:要守住正道,又不要"无意义的固执",一切都要随条件的变化而灵活变通。随势变通实质上是一种准确判断、因机而变、相机而动、积极创新的过程,因而是一种高超的智慧。庄子说:"知道者必达于理,达于理者必明于权,明于权者不以物害己。"意思是,懂得大道的人必定通达事理,通达事理的人必定明白应变,明白应变的人定然不会因为外物而损伤自己。所以,在我们面对的事情发生变化时,一定不要"守株待兔"、冥顽不化、因循守旧,而要尝试着改变方式、方法,随机应变。

2."有孚在道"的光明磊落。九四爻辞是"随有获,贞凶。有孚在道,以明,何咎。"九四以阳刚之才居大臣之位,下据二阴,六三又前来随己,威望凌驾于君主之上,这是很危险的。但是只要心存诚信,不违正道,就可以争取到君主和人民的信任,逢凶化吉,干出一番事业。从这一爻辞中我们得到的最大收获就是:做人要坦荡,做事要光明磊落,这样人生和事业都会进入一个新境界。心胸坦荡是光明磊落的根,历史上光明磊落的君子都拥有一份坦荡的情怀,正如孔子说:"君子坦荡荡"。与此相对,小人心里欲念太多,工于算计别人,又疑心他人算计自己,心绪在忧惧之中煎熬始终得不到安宁,又如孔子所说:"小人常戚戚"。所以,坦荡之心才是人的最本真、最幸福,也是最值得追求和守护的心态。

3."孚于嘉"的坚定信念。九五爻辞是"孚于嘉,吉。"对美好的事业怀着坚定信念,不懈地努力,前途一定光明。九五居于至尊之位,掌握了最高的权力,又众望所归,此时要以至诚之心和坚定的信念来领导美好的、给人带来幸福的事业,这样做就是"孚于嘉",自然能赢得天下人的喜悦随从,使事业越来越尽善尽美。坚定信念,就要有自我肯定的信心,遇到有人提出质疑,或是运行中遇到挫折和困难,都要坚信自己的观点,坚定自己的行为。

蛊第十八

【卦辞】

蛊(gǔ,毒虫;蛊乱):元亨。利涉大川,先甲三日,后甲三日。

【白话】

蛊卦象征除弊治乱:大为亨通。利于涉越大河,时间在甲日前的三天即辛日和甲日后的三天即丁日。

【彖传】

《彖》曰:蛊,刚上而柔下,巽而止,蛊。蛊,"元亨",而天下治也。"利涉大川",往有事也。"先甲三日,后甲三日",终则有始,天行也。

【白话】

《彖传》说:蛊卦下巽上艮,阳刚在上而阴柔在下,风遇山而止息,有整治弊病之义。蛊卦卦辞中的"大为亨通"指天下将得到大治,恢复正常秩序。所谓"利于涉越大河",说明是有事而前往。"时间在甲日前的三天即辛日和甲日后的三天即丁日",说明治蛊的事情应事先筹划,动手之后要及时总结,旧局面的结束又会有新局面的开始,这就是天道运行的规律。

【大象传】

《大象》曰:山下有风,"蛊";君子以振民育德。

【白话】

《大象传》说:蛊卦下巽上艮,山的下面在刮风,象征整治蛊乱。君子因此而教育民众,培养他们的道德。

【爻辞】

初六 干父之蛊,有子,考无咎。厉,终吉。

九二 干母之蛊,不可贞。

九三 干父之蛊,小有悔,无大咎。

六四 裕父之蛊,往见吝。

六五 干父之蛊,用誉。

上九 不事王侯,高尚其事。

【白话】

初六 纠正父亲的过失,有这样的儿子,父亲不会有灾殃。虽然会遭遇危险,但最终将获得吉祥。

九二 纠正母亲的过失,不可以过于固执守正。

九三 纠正父亲的过失,会有小小的悔恨,但没有大的灾殃。

六四 宽容父亲的过失,前往会遇到令人遗憾之事。

六五 纠正父亲的过失,用的是自己好的声誉。

上九 不服侍王侯,把功成身退的行为看得很高尚。

【小象传】

[初六]"干父之蛊",意承考也。

[六二]"干母之蛊",得中道也。

[九三]"干父之蛊",终"无咎"也。

[六四]"裕父之蛊",往未得也。

[六五]"干父""用誉",承以德也。

[上九]"不事王侯",志可则也。

【白话】

[初六]"纠正父亲的过失",说明志在继承父亲的事业。

[九二]"纠正母亲的过失",这样做符合中道。

[九三]"纠正父亲的过失",最终不会有什么灾殃。

[六四]"宽容父亲的过失",说明这样任其发展的做法是不恰当的。

　　[六五]"纠正父亲的过失","用的是自己好的声誉",说明是用美德来继承先辈的事业。

　　[上九]"不服侍王侯",这种志向值得效法。

【悟语】

　　蛊卦艮上巽下,艮为山,巽为风,山下有风,风遇山而回,则万物散乱,为有事之象,故谓之"蛊"。物即散乱,当为治理,故蛊卦象征惩弊治乱。我观此卦,体悟的治蛊之道是:

　　1. **"先甲三日,后甲三日"的权衡利弊**。这句话来自于蛊卦卦辞的后两句。古人以天干记日,"先甲三日"是指甲日的前三天,就是辛日。"后甲三日"是指甲日的后三天,就是丁日。甲日是政令施行之日。这句话强调的是,政令正式施行前,要提前三天颁布政令使人民广为知晓,延后三天观察政令所取得的实效以检验政令的正确性,并进行合乎规律的调整。当然这里的"三"是一个修辞格,用定数代替不定数,泛指多的意思。三思而后行的人,是做大事的人。做任何事情,尤其是重大事情,必须仔细分析和权衡利弊,考察现状、研究事态、讲究措施、预计后果,想好了再做,才会"利涉大川",增大胜算的把握。"先甲三日,后甲三日"是古之遗言,也是中华民族几千年来成功做事的经验。

　　2. **"君子以振民育德"的历史使命**。这句话来自于蛊卦的《大象》辞,蛊卦上艮为山,下巽为风,"山下有风"振动万物,培育了生机。如果说自然界恢复生机要靠"山下有风"的振动培育,那么,社会蛊坏之际,就要仰赖于"振民育德"的风化,振奋人民的精神,培养人民的道德,来使社会恢复蓬勃的生机。这是治"蛊"之道的根本,也是天降大任的历史使命。把国家的兴衰置于自己得失之上的仁人志士,才能负起这天降的"振民育德"的大任。郑国大夫子产就是一位典范。孔子说子产有君子之道四:"其行己也恭,其事上也敬,其养民也惠,其使民也义。"意思是,子产自己行事恭顺有度,他在面对位高于他的人时,恭敬而合乎礼。治理国家时,能够爱民如子,能普养百姓,并且能够役使百姓能合乎义,能不伤于民力,能不害于农时,使百姓安居乐业。

3. **"不事王侯,高尚其事"的洁身自守。**上九爻辞是"不事王侯,高尚其事。"上九处于蛊卦的终极,此时,蛊事已被基本治理,上九可以不累于事物,不臣事于王侯,超然于物外,挺直腰杆做人,洁身自守,使自己的德行至高无上。有了这种高尚的志向,才能随时随地,进退自如。中国历史上好多政治家、文学家都秉持"不事王侯,高尚其事"的处世哲学,在政治文明时建功立业、兼济天下,政治昏暗时,则寻觅山林、隐逸四海,独善其身,保护自己的尊严和心灵。屈原、陶渊明、李白、陆游、辛弃疾等都是这种人。当然,"不事王侯,高尚其事"并不同于那种消极避世的心理,有这种心理的人,一遇到挫折,首选就是隐居山水之间,借以安慰自己,这是不足取的。

临第十九

【卦辞】

临:元亨利贞。至于八月,有凶。

【白话】

临卦象征以上临下:大为亨通,有利于坚持正道。到了八月份,将有凶险。

【彖传】

《彖》曰:临,刚浸而长,说而顺,刚中而应,大"亨"以正,天之道也。"至于八月,有凶",消不久也。

【白话】

《彖传》说:以上临下,说明阳刚之气渐渐增长;临卦下兑上坤,有和悦顺从的意思;九二阳爻居下卦之中位,与居上卦之中位的六五阴爻相应和。由于坚守正道而大为亨通,这是天的法则。"到了八月份,则有凶险",因为到了八月份,阳刚之气渐消,好运不能保持长久。

【大象传】

《大象》曰:泽上有地,临。君子以教思无穷,容保民无疆。

【白话】

《大象传》说:临卦下兑上坤,水泽上面有地,象征以上临下。君子因此要不断地教育、关心民众,无止境地包容、保护民众。

【爻辞】

初九 咸临,贞吉。

九二 咸临,吉,无不利。

六三 甘临,无攸利。既忧之,无咎。

六四 至临,无咎。

六五 知临,大君之宜,吉。

上六 敦临,吉,无咎。

【白话】

初九 用感化的方法统御民众,坚持正道可得吉祥。

九二 用感化的方法统御民众,会得到吉祥,无所不利。

六三 以甜言蜜语来统御民众,没有什么好处。对这种做法已经感到忧虑而改正,不会造成灾殃。

六四 亲临现场来统御民众,没有灾殃。

六五 运用智慧来治理民众,伟大的国君是应当这么做的,吉祥。

上六 用厚道的态度来统御民众,吉祥,没有灾殃。

【小象传】

[初九]"咸临,贞吉",志行正也。

[九二]"咸临,吉,无不利",未顺命也。

[六三]"甘临",位不当也。"既忧之","咎"不长也。

[六四]"至临,无咎",位当也。

[六五]"大君之宜",行中之谓也。

[上六]"敦临"之"吉",志在内也。

【白话】

[初九]"用感化的方法统御民众,坚持正道可得吉祥",这是因为志向和品行端正。

[九二]"用感化的方法统御民众,会得到吉祥,无所不利",因为民众还未能顺从统治,所以要对他们进行感化。

[六三]"以甜言蜜语来统御民众",这是因为六三阴爻居阳位,位置不当。"对这种做法已经感到忧虑而改正",所以造成的灾殃不会长久。

[六四]"亲临现场来统御民众，没有灾殃"，因为六四阴爻居阴位，所处的位置适当。

[六五]"伟大的国君是应当这么做的"，是说六五应该实行中道。

[上六]"用厚道的态度来统御民众，吉祥"，是因为内心有把国家治理好的志向。

【悟语】

临卦卦象上坤下兑，坤为地，兑为泽，泽上有地，泽上的岸地与水相接，临近于水，谓之"临"。从爻象上看，九二为刚爻，且居下卦中位，上与六五爻相应，按照《周易》阳刚为尊，阴柔为卑的体例，含有以尊临卑之义。我观此卦，感悟到的基本思想是：

1."甘临"的防微杜渐。"甘临，无攸利。既忧之，无咎"是六三的爻辞，六三以阴柔之质而居阳刚之位，是不当位，面临初九、九二"刚浸而长"的势头，不以至诚而以巧言令色的媚态去迎合讨好，这种"甘临"是不会得到什么利益的。但是六三能够以忧思之心及早发现自己的问题，并能及时地迁善改过，也就避免了咎害。及时地发现、及时地改过就是防微杜渐的智慧。"微"和"渐"具有致命的杀伤力。"微"在初始阶段不易察觉，"渐"是在不知不觉中变化，警觉性差的人很难辨别。当发展到一定阶段，就难以回天，特别是到了爆发点的时候，就一发不可收拾。所以，无论做什么事情，都要有问题意识，及早地发现问题，及早地处理问题，及早地解决问题，把问题消灭在萌芽状态，这就是"既忧之，无咎"所蕴含的最大智慧。鬼谷子也讲过："巇始有朕，可抵而塞，可抵而却，可抵而息，可抵而匿，可抵而得，此谓抵巇之理也。"这段话的意思是，在裂痕刚刚出现时，通过"抵"使其闭塞。可以通过"抵"使其停止，可以通过"抵"使其变小，可以通过"抵"使其消失，可以通过"抵"而夺取器物。这就是"抵巇"的道理。

2."知临"的聪明睿智。六五爻辞是"知临，大君之宜，吉。"六五阴居阳位而为君，是以柔弱之质而居君位的，虽然才力不足以胜任，但是六五居中，能够奉行中道，且下与九二刚中之贤结成正应，得到九二的竭诚辅助,君臣道和,共治天下。这种阴顺阳,阳顺阴,协调并济的"知临",是一种理性智慧,是最高决策者君主应当具备的品质,所以说"大君之宜"。以这种聪明睿智来处理各种人际关系,能成知临之功,必然获得吉祥。此爻告诉领导者,要善用众人的智慧,懂得集众人之智为自己之智,懂得最大限度地发挥下属的才能为自己做事,懂得任用贤能,懂得奉行中正的原则,有了这种理性的智慧,领导活动就最容易获得成功。

3. "敦临"的厚重待人。"敦临,吉,无咎"是上六的爻辞,居于显赫位置的人,很容易变得势力,在处下关系时,奸诈不诚实,虚伪不厚重。可是在临卦中,由于上六阴居阴位,是当位,上六又是坤卦的上爻,具有大地温柔厚实的品格,所以称为"敦临"。上六的温柔敦厚是从内心发出的,因此,此爻的《小象》云:"志在内也",只有这样做才能"无咎"。这是在教导领导者不要刚愎自用,不要施暴政,要具有"敦临"的风范,在道业上能够养深厚积,在人际间能够广结善缘,在事业上更能够得到多助。"敦临"是领导者的必修课,也是普通人所信赖的为人处事的原则。

观第二十

【卦辞】

观：盥（guàn，祭祀前洗手）而不荐，有孚颙（yóng，肃静）若。

【白话】

观卦象征观察：祭祀前，把手洗干净，还没有贡献祭品，已经可以看出心中十分虔诚，对神充满敬仰之情。

【彖传】

《彖》曰：大观在上，顺而巽，中正以观天下，观。"盥而不荐，有孚颙若"，下观而化也。观天之神道，而四时不忒，圣人以神道设教，而天下服矣。

【白话】

《彖传》说：处于上位的人，眼界阔大，遍观一切，具柔顺谦虚的美德；九五阳爻居于上卦之中位，象征君王守中正之道以观察天下，这就是观的意义。"祭祀前，把手洗干净，还没有贡献祭品，已经可以看出心中十分虔诚，对神充满敬仰之情"，处于下位的臣民能通过仰观这种仪式而获得教化。仰观天运行的神妙的规律，可知一年四季的有序变化分毫不出偏差的道理。圣人效法天运行的神妙的规律来设立教化，从而使天下百姓服从。

【大象传】

《大象》曰：风行地上，观。先王以省方观民设教。

【白话】

《大象传》说：观卦下坤上巽，大地上刮着风，象征观察。先代君王因此而巡视地方,观察民风民俗,设立教化。

【爻辞】

初六,童观,小人无咎,君子吝。

六二,闚(kuī,窥)观,利女贞。

六三,观我生,进退。

六四,观国之光,利用宾于王。

九五,观我生,君子无咎。

上九,观其生,君子无咎。

【白话】

初六 像孩童般幼稚地观察事物,这对小人没有什么过错,对君子则必然会有遗憾。

六二 暗中窥探地观察,只利于女子坚持正道。

六三 反观自己成长的历程,以决定进取或后退。

六四 观察国家兴旺发达的状况,有利于出仕辅佐国王。

九五 反观自己成长的历程,君子这样做没有灾殃。

上九 观察他人成长的历程,君子这样做没有灾殃。

【小象传】

[初六] 初六"童观","小人"道也。

[六二] "闚观""女贞",亦可丑也。

[六三] "观我生,进退",未失道也。

[六四] "观国之光",尚"宾"也。

[九五] "观我生",观民也。

[上九] "观其生",志未平也。

【白话】

[初六] 初六"像孩童般幼稚地观察事物",这是"小人"的浅见之道。

[六二] "暗中窥探地观察","只利于女子坚持正道",但这么做毕竟

属于丑事。

[六三]"反观自己成长的历程,以决定进取或后退",说明六三未失去观察的正道。

[六四]"观察国家兴旺发达的状况",从而愿意出仕辅佐国王。

[九五]"反观自己成长的历程",也就是观察民风民俗对自己的影响。

[上九]"考察他人成长的历程",是因为自己的心志尚不安逸松懈。

【悟语】

观卦上巽下坤,巽为风,坤为地,风行地上,普遍地与万物接触,有广为观示之象,在上位者观示在下位者,在下位者观仰在上位者,谓之"观"。我观此卦,得到的感悟是:

1. **"童观"的目光短浅。**初六爻辞是:"童观,小人无咎,君子吝。"像孩子般幼稚地观察事物,对于小人来说没有什么过错,而对于君子来说必然有遗憾。观卦的四个柔爻都是下向上观,观察九五阳刚中正之君的作为。初六以阴柔之质而居最下位,离九五最远,从这个角度来观察国家大事,只能形成极为幼稚的童蒙之见,小人本就胸无大志,浑浑噩噩,有这种童蒙之见无需苛责。但是君子则肩负重任,要有所作为的,所以君子必须高瞻远瞩,如果也是童蒙之见,那就要受到鄙视了。《周易》这种小人与君子的分明对比是发人深省的。君子与小人的差异其实就在于,是否按照远大的目光来观察事物,有没有按照远大目光的指向去真正努力。

2. **"观我生"的自我反省。**九五爻辞是:"观我生,君子无咎。"君子眼光向内,观察自我,反省自我,九五居人君之位,其自我行为,具有公共的性质,关系到天下之安危和民众的吉凶祸福。只有"观民"才能得到"观我"的客观标准。所以,此爻的《小象》辞说:"'观我生',观民也。"《系辞》也说:"明于天之道,察于民之故。"君主就要以民众的吉凶为吉凶,以民众的忧患为忧患。如果观察到民不聊生,社会伤风败俗、秩序混乱,君主就应当反躬自省,引咎自责,改正错误,完善自己,这样才可以避免祸患的再发生。当然对每个人来说,都需要自我反省,孔子说:"吾日三省吾身",圣人尚且如此,我们平常人更应该时时进行自我反省。懂得自我反省的人就会改变错误,避免争执,减少麻烦,这样可以使自己变得更清醒和睿智。

3. "观其生"的心忧天下。 上九爻辞是:"观其生,君子无咎。"上九以阳刚之德居于卦之上位,一方面观察九五的行为是否失当,另一方面也要观察自己的行为是否得体。这是一种胸怀大志,心忧天下的心态,所以此爻的《小象》讲"志未平也"。正是因为有了这种"志未平"的为了国家长治久安的一种强烈忧患意识,才能得到"君子无咎"的好的结果。范仲淹的"先天下之忧而忧,后天下之乐而乐"就是"观其生"的最绝妙的意思表达。

噬嗑第二十一

【卦辞】

噬嗑(shì,kè,咬合):亨,利用狱。

【白话】

噬嗑卦象征咬合:亨通。有利于执法断狱。

【彖传】

《彖》曰:颐中有物,曰噬嗑。噬嗑而"亨",刚柔分,动而明。雷电合而章。柔得中而上行,虽不当位,"利用狱"也。

【白话】

《彖传》说:用牙齿咬口腔中的食物,称为噬嗑。通过噬嗑才能亨通。噬嗑卦由三个阳爻和三个阴爻组成,刚柔的数目恰好相等;噬嗑卦下震上离,震为动为雷,离为火为电,象征行动明察,雷电相合而光亮显明。六五阴爻居上卦之中位,虽然是不当位,却有利于执法断狱。

【大象传】

《大象》曰:电雷,噬嗑。先王以明罚勑(chì,公布命令)法。

【白话】

《大象传》说:噬嗑卦下震上离,电闪雷鸣,象征咬合。先代君王因此而严明刑罚,整饬法令。

【卦辞】

初九 屦(jù,在脚上穿套)校灭趾,无咎。

六二 噬肤灭鼻,无咎。

六三 噬腊肉,遇毒,小吝,无咎。

九四 噬干肺(zǐ,带骨头的肉),得金矢,利艰贞,吉。

六五 噬干肉,得黄金,贞厉,无咎。

上九 何校灭耳,凶。

【白话】

初九 脚上套上了刑具,盖住了脚趾,没有别的灾殃。

六二 偷吃肥肉,遭到割鼻子的刑罚,没有别的灾殃。

六三 吃腊肉而中毒,小有不适,没有灾殃。

九四 吃干硬带骨头的肉,吃出了铜制的箭头,利于在艰难中坚持正固,吉祥。

六五 咬嚼干硬的肉脯,吃出黄金,坚守正道以防危险,可免灾殃。

上九 肩扛刑具,遮灭了耳朵,有凶险。

【小象传】

[初九]"屦校灭趾",不行也。

[六二]"噬肤灭鼻",乘刚也。

[六三]"遇毒",位不当也。

[九四]"利艰贞,吉",未光也。

[六五]"贞厉,无咎",得当也。

[上九]"何校灭耳",聪不明也。

【白话】

[初九]"脚上套上了刑具,盖住了脚趾",目的是不让他再去做恶。

[六二]"偷吃肥肉,遭到割鼻子的刑罚",因为六二阴爻居于初九阳爻之上,象征阴柔者贪求不该得的东西。

[六三]"中毒",因为六三阴爻居于阳位,所处的位置不适当,吃了不该吃的东西。

[九四]"利于在艰难中坚持正固,吉祥",既然面临艰难,说明还未进入光明之境。

〔六五〕"咬嚼干硬的肉脯，吃出黄金，坚守正道以防危险，可免灾殃"，说明以柔承刚，采取的措施得当。

〔上九〕"肩扛刑具，遮灭了耳朵"，是因为平时没有听从别人的正确劝导，累积恶行以致犯罪。

【悟语】

噬嗑卦离上震下，离为电，为明；震为雷，为威。雷动而威，电动而明，威震宇内，明察于外是用刑之道，威明相兼，雷电咬合，故谓之"噬嗑"。我观此卦，得到的感悟是：

1. "屦校灭趾"的勿以恶小而为之。初九爻辞是"屦校灭趾，无咎。"在整个噬嗑卦中，初爻和上爻象征受刑之人，中间四爻象征用刑之人。初九处于噬嗑卦的最下位，念其初犯，罪过尚轻，所以不用重刑，以套在脚上的刑具仅仅遮没了脚趾的象征性比喻，给予小小的惩罚以促其悔过自新，不再重犯。《系辞》云："小人不耻不仁，不畏不义，不见利不劝，不威不惩，小惩而大诫，此小人之福也。《易》曰：'屦校灭趾，无咎'此之谓也"。此爻告诉人们，积恶是灭身的开始，小恶得不到惩戒，得不到遏制，必然发展成大恶，直至罪不可赦。《系辞》在解释此卦上九爻辞时说"以小恶为无伤而弗去也，故恶积而不可掩，罪大而不可解。"所以，对初次触犯刑法的人，其罪尚微，应处以适当的惩罚，以防再犯或造成更大的祸端。

2. "噬腊肉，遇毒"的不怕障碍。六三爻辞是"噬腊肉，遇毒，小吝，无咎。"六三阴居阳爻，处不当位，有失中正之道，其执法用刑不当，犯人不服，遭到犯人的怨毒，经常出现一些小的差错，就如同咬干腊肉而中毒。但是，面临着"噬嗑而亨"的总体形势，必须整治法纪，消除顽梗，以稳定社会，至于小有差错，也无伤大体，没有大的咎害。所以说"小吝，无咎"。这一爻告诉人们，走向成功的路途中会遇到一道道小障碍，这本身并不可怕，可怕的是你没有认识到这些障碍中蕴藏的成功契机，被这些障碍所吓倒。西班牙作家塞万提斯说得好："失去财富者损失不轻，然失去勇气者一无所剩。"只要你不气馁，把一道道障碍，换个角度看成是一块块成功的垫脚石,勇敢地面对它们,你就会把自己历练成为一个卓越的人。

　　3."噬干肉,得黄金"的小心断案。六五爻辞是"噬干肉,得黄金,贞厉,无咎。"六五居至尊之位,为决狱之主,噬嗑之时,关键在于"明罚敕法",断案务必小心谨慎,稍一不慎就会激化矛盾,破坏社会的安定,就像吃干肉时发现肉中嵌有金属细粒,稍不小心咽下去,便有性命之忧一样,所以,必须坚守贞固的正道,常存戒慎恐惧之心,作出公平合理的审判,才能避免咎害。此爻告诉人们,断案极难,一是诉讼中别有用心的人往往设有圈套,稍有不慎就有可能落入其间;二是大案要案往往牵涉权贵要人,秉公办案难免树敌于人。因此,执法者要发扬刚中之德,不可偏激,守正防危,这样才能没有灾祸。

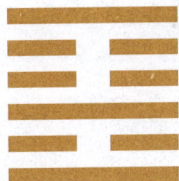

贲第二十二

【卦辞】

贲(bì,文饰):亨。小利有攸往。

【白话】

贲卦象征文饰:亨通。对于事业发展可获小利。

【彖传】

《彖》曰:贲,亨,柔来而文刚,故"亨"。分,刚上而文柔,故"小"。利有攸往,天文也;文明以止,人文也。观乎天文,以察时变;观乎人文,以化成天下。

【白话】

《彖传》说:文饰,亨通,贲卦下离上艮,离为柔,艮为刚,象征阴柔者前来文饰阳刚者,所以"亨通"。贲卦刚柔的分布是刚上柔下,象征阳刚者在上面文饰阴柔者,"对事业发展可获小利"。刚和柔相互交错,这是大自然的文饰;贲卦下离上艮,象征用制度礼仪来约束人们的行为,这是人类的文饰。观察大自然的文饰,可以察知时序的变化;观察人类的文饰,可以教化天下民众,使他们养成好的行为习惯。

【大象传】

《大象》曰:山下有火,贲。君子以明庶政,无敢折狱。

【白话】

《大象传》说:贲卦下离上艮,山下有火光闪耀,象征文饰。君子因此而明察各项政事,但不敢随意判决案件。

【爻辞】

初九　贲其趾，舍车而徒。

六二　贲其须。

九三　贲如濡如，永贞吉。

六四　贲如皤(pó，白色)如，白马翰如，匪寇婚媾。

六五　贲于丘园，束帛戋(jiān，微薄，极少)戋，吝，终吉。

上九　白贲，无咎。

【白话】

初九　文饰双脚，舍车不乘，徒步行走。

六二　文饰胡须。

九三　文饰得很漂亮，很润泽，永守正道才能得到吉祥。

六四　文饰得全身素白，骑着白马奔驰而至，他们不是盗寇，而是求婚姻者。

六五　文饰山丘中的庭园，只用了很少的捆成束的丝帛，虽然显得吝啬，但最终获得吉祥。

上九　以纯白为文饰，没有灾殃。

【小象传】

［初九］"舍车而徒"，义弗乘也。

［六二］"贲其须"，与上兴也。

［九三］"永贞"之"吉"，终莫之陵也。

［六四］六四，当位，疑也。"匪寇婚媾"，终无尤也。

［六五］六五之吉，有喜也。

［上九］"白贲，无咎"，上得志也。

【白话】

［初九］"舍车不乘，徒步行走"，因为初九按理不应乘车。

［六二］"文饰胡须"，说明六二是随着上面的九三而动的。

［九三］"永守正道才能得到吉祥"，说明终究不能使文凌驾于质

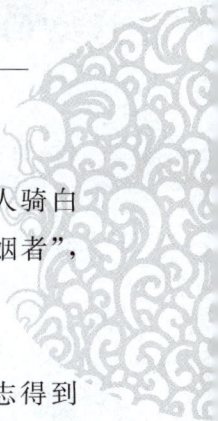

之上。

[六四]六四阴爻居于阴位,说明所居的位置恰当,但看到有人骑白马奔驰而至,不免对其来意产生疑虑。"他们不是盗寇,而是求婚姻者",所以最终没有怨尤。

[六五]六五爻辞中说的吉利,是指有喜庆来临。

[上九]"以纯白为文饰,没有灾殃",说明上九崇本尚质的心志得到了实现。

【悟语】

贲卦艮上离下,艮为山,离为火,山下有火。山下燃烧的火焰,把山形辉映得光明灿烂,这种自然界的文饰,谓之"贲"。我观此卦的感悟是:

1. "贲其趾"的高尚志向。初九爻辞是"贲其趾,舍车而徒。"初九是贲卦的第一个刚爻,在"柔来而文刚"的总体态势下,初九有两种选择:一是搭便车接受近邻六二的文饰,二是徒步远行去与六四结成正相应的关系。搭便车固然迅速快捷,但是初九与六二是逆比,搭六二的便车违背正道。初九作为具有刚明之德的君子,舍弃了搭便车的选择,而是安步当车,风雨兼程,去与六四相应。初九"贲其趾"的行为,展示了高尚的志向,所以《小象》云:"'舍车而徒',义弗乘也"。此爻告诉人们,在对事情作出选择的时候,不能是功利主义,要牢牢把握高尚的志向。孔子三千弟子,七十二贤人,而最让他满意的不是处事果断的仲由,也不是多才多艺的冉求,而是志向高尚的颜回。颜回超越物欲的高尚志向,令人崇敬和深思。古往今来,多少伟大的人物,就是因其具有高尚的志向,实现了人生价值,生前显赫,死后流芳,成为世之典范。

2. "素帛戋戋"的去奢入俭。六五爻辞是"贲于丘园,素帛戋戋,吝,终吉。"六五阴居阳位,由柔而得中,居于至尊的君位,承担着建设文明社会以化成天下的重任。六五懂得治国之道的根本是去奢侈浮华,倡导朴实节俭。因而身先垂范,文饰自己的家园却只用了一小束微薄的丝帛,六五的这种做法看起来有些吝啬,但却符合"文明以止"的人文价值和朴实无华的社会风尚,最终必有喜庆,获得吉祥。所以《小象》云:"六五之吉,有喜也"。此爻给人们的启示是,去奢入俭是良好的社会风尚。孔子也说过:"礼,与其奢也宁俭。"领导者要带头提倡去奢入俭,为官不知节俭,必贪无疑,其下场也必然可悲。居于高位的人能够不务奢华,最终一定能够获得吉祥。禅语说得好:"知足者是最富有的人","知足者,身贫而心富;贪得者,身富而心贫"。其实,贪心剧烈,不仅为着非分的占有欲而煎熬着心灵,活得不自在,还会把自己推进坟墓里,到头来身心都贫。

3.""白贲"的反璞归真。上九爻辞是"白贲,无咎。"上九阳居阴位,处于贲卦的上极。贲卦总的走向是,从六四开始由华丽复归于质朴。上九以"白贲"为美,崇尚质朴,是与这种总体上的趋向一致的,沿着建设文明社会的正确道路向前走,就不会犯错误。所以《小象》云:"'白贲,无咎',上得志也"。此爻告诉人们,一切修饰都是事物的外在表现形式,事物的本质才是最真实的内容,文饰与质的配合不恰当,或者文饰超过了质朴,华而不实是非常不可取的,而返璞归真应是一切修饰所追求的最高境界。荀子曾经说过:"当游心于淡,合气于漠,顺物自然而无容私焉,而天下治矣。"意思是,正人君子要保持不修饰的本性和心境,交合形气于清静无为的方域,顺应事物的自然而不掺杂个人的偏私,天下也就能够得到治理。荀子这一段耐人寻味的话,把"白贲"的内涵诠释得既深刻又明白。

剥第二十三

【卦辞】

　　剥：不利有攸往。

【白话】

　　剥卦象征剥落：不利于有所前往。

【彖传】

　　《彖》曰：剥，剥也，柔变刚也。"不利有攸往"，小人长也。顺而止之，观象也。君子尚消息盈虚，天行也。

【白话】

　　《彖传》说：剥，是剥落的意思，《剥》卦由五个阴爻和一个阳爻组成，反映阳刚被阴柔所改变。"不利于有所前往"，是因为此时小人的势力正在增长。《剥》卦下坤上艮，坤为顺，艮为止，意为顺势而停止，这是从观察卦象得到的启示。君子重视事物消亡和生息、盈满和亏虚相互转化的关系，因为这是自然界运行的规律。

【大象传】

　　《大象》曰：山附于地，剥。上以厚下安宅。

【白话】

　　《大象传》说：剥卦下坤上艮，山依附于大地，象征剥落。在上者因此而加厚下面的基础，安固宅屋。

【爻辞】

　　初六　剥床以足，蔑贞，凶。

六二 剥床以辨,蔑贞,凶。

六三 剥之,无咎。

六四 剥床以肤,凶。

六五 贯鱼,以宫人宠,无不利。

上九 硕果不食,君子得舆,小人剥庐。

【白话】

初六 剥蚀到了床脚,不守正道,这是凶兆。

六二 剥蚀到了床身,不守正道,这是凶兆。

六三 剥落它,没有灾殃。

六四 剥蚀到了床面,有凶险。

六五 鱼贯而来,带领宫女们求君王的宠爱,没有任何不利。

上九 硕大的果实没有被吃掉,君子将因此得到车,小人则将因此导致房屋倒塌。

【小象传】

[初六]"剥床以足",以灭下也。

[六二]"剥床以辨",未有与也。

[六三]"剥之,无咎",失上下也。

[六四]"剥床以肤",切近灾也。

[六五]"以宫人宠",终无尤地。

[上九]"君子得舆",民所载也。"小人剥庐",终不可用也。

【白话】

[初六]"剥蚀到了床脚",说明毁掉了赖以支撑的基础。

[六二]"剥蚀到了床身",说明六二没有相应辅助的人。

[六三]"剥落它,没有灾殃",因为六三失去了上下之人的支持。

[六四]"剥蚀到了床面",说明灾祸就在眼前。

[六五]"带领宫女们求君王的宠爱",所以最终没有怨尤。

[上九]"君子因此得到车辆",说明君子得到民众的拥戴。"小人因此导致房屋倒塌",说明小人终究不可任用。

【悟语】

剥卦艮上坤下,艮为山,坤为地,山石风化,崩塌于地。山原本高于地,现在山附于地表,象征土石剥落,谓之"剥"。我观此卦,感悟的剥道是:

1."剥床以足"的抓关键问题。剥卦的结构是五阴逼一阳,阴盛而阳孤。是一种小人道长,君子道消的发展势头,是一种凶险之象。初六爻辞是:"剥床以足,蔑贞,凶。"阴柔剥落阳刚是一个从下往上的过程,就像剥床一样,先从剥落床脚开始,消灭下边的基础,整个床体就都损坏了,结果必然凶险。从"剥床以足"中我们可以得到两点启示:一是做好关键环节的保护工作。如果关键的环节被剥落,整个事业就会陷入困顿、凶险;二是做任何事情必须抓住其中决定全局的关键环节。阿基米得说:"给我一个支点我可以撬起地球",抓住那一"支点",其他问题就会迎刃而解。

2."剥之,无咎"的拯弱兴衰。"剥之,无咎"是六三的爻辞,从剥卦结构上看,六三处于上下四阴爻之间,但是不与阴类势力结党营私,同流合污,而是独与上九之阳刚相应,要维系正道,拯弱兴衰,所以"剥之,无咎"。六三虽属阴性却处在阳位,体现出了阴中有阳,邪中有正,犹如荷花出水,有着出于污泥而不染的品格,是小人群中的君子。六三虽然不能独撑大厦,但是却能支持上九实现拯弱兴衰的大业。六三的这种品格和精神,是值得人们称赞和效法的。一次大胆的拯弱兴衰,就可以改写今后的命运。历史总是为拯弱兴衰者喝彩,因为历史就是由拯弱兴衰者创造的。

3."硕果不食,君子得舆"的当仁不让。上九爻辞是:"硕果不食,君子得舆,小人剥庐。"上九是剥落之世唯一没有被剥落的阳刚,面对树上唯一留存下来的大果子,君子如能摘食,就如同坐上大车,受到百姓的拥戴;如果君子谦让,被小人摘食,那就会招来破家之灾。谦虚是中华民族几千年来的传统美德,尤其是堪当重任的君子,更是能够谦让守礼。但是面对"硕大的果实",如果过度地谦让,就会被小人取得,成为祸害。可见,过度地谦让,就是一种迂腐的行为,无论是对自己还是对他人都是有害的。因此,君子应该有当仁不让的精神,得到自己应得的"硕果",作为内在发展的需要和条件,以发展惠及天下的伟大事业,这才能"得舆"。

复第二十四

【卦辞】

复:亨。出入无疾,朋来无咎。反复其道,七日来复。利有攸往。

【白话】

复卦象征回复、亨通。外出、居家都没有疾病,朋友前来相会也没有灾殃。在路上往返,七天可以回来。利于有所前往。

【彖传】

《彖》曰:复,亨。刚反,动而以顺行,是以"出入无疾,朋来无咎"。"反复其道,七日来复",天行也。"利有攸往",刚长也。复,其见天地之心乎。

【白话】

《彖传》说:回复,亨通。初九阳爻表示阳刚之气回返,复卦下震上坤,象征顺乎规律而行动,所以"外出、居家都没有疾病,朋友前来相会也没有灾殃"。"循环往复,以七天为一个周期",这是大自然运行的规律。"利于有所前往",是因为阳刚之气增长。向起点回复,这体现了天地主宰万物的用心吧。

【大象传】

《大象》曰:雷在地中,复。先王以至日闭关,商旅不行,后不省方。

【白话】

《大象传》说:复卦下震上坤,雷藏于大地之中,象征阳气回复。先代君王因此而在冬至之日闭关静养。商旅之人不外出远行,君主不巡视四方。

【爻辞】

初九 不远复,无祇(zhī,大)悔,元吉。

六二 休复,吉。

六三 频复,厉,无咎。

六四 中行独复。

六五 敦复,无悔。

上六 迷复,凶,有灾眚(shěng,疾病)。用行师,终有大败,以其国君凶。至于十年不克征。

【白话】

初九 走得不远就返回正道,没有大的悔恨,大吉。

六二 高高兴兴地返回,吉祥。

六三 愁眉苦脸地返回,有危险,但没有灾殃。

六四 与人一起走到中途,独自一人返回。

六五 诚实敦厚地返回,没有悔恨。

上六 迷失了回复的路,凶险,有灾祸。出兵打仗,最终被打得大败,使得国君也有凶险,以至于十年无法再出兵征战。

【小象传】

[初九]"不远"之"复",以修身也。

[六二]"休复"之"吉",以下仁也。

[六三]"频复"之"厉",义"无咎"也。

[六四]"中行独复",以从道也。

[六五]"敦复,无悔",中以自考也。

[上六]"迷复"之"凶",反君道也。

【白话】

[初九]"走得不远就返回正道",是为了进行修身。

[六二]"高高兴兴地返回,吉祥",说明能够谦虚地与仁人亲近。

[六三]"愁眉苦脸地返回,有危险",回复正道,没有灾殃。

〔六四〕"中途独自返回",是为了遵从正道。

〔六五〕"诚实敦厚地返回,没有悔恨",是因为能用中途反省考察自己。

〔上六〕"迷失了回复的路,凶险",是因为君主违背了为君之道。

【悟语】

复卦坤上震下,坤为地,性顺;震为雷,性动。震雷在地中微动,阳动上复而能顺行。又上剥卦为诸阴剥阳,阴盛阳衰,此卦象为一个阳爻生于五个阴爻之下,阳气复返,再度充满无限生机,故称"复"。我观此卦,颇有感悟的是:

1."不远复"的知过必改。初九爻辞是"不远复,无祇悔,元吉"。偏离正道不远,能够知过必改,很快就回到正道上来,这样就不会发生灾祸,内心也就不用悔恨,结果是大吉大利。所以,"不远复"这种知过必改的精神是做人的一种智慧,几千年来一直为人们津津乐道,并以此作为修身养性的重要法宝,坚持下来,从"无祇悔"。我们如果能够学习初九知错就改,善于修身,也一定会受益无穷。

2."休复"的亲仁乐善。六二的爻辞是"休复,吉"。六二柔顺中正,与具有阳刚仁德之初九相亲比,也就回复于仁,正如此爻的《小象传》所说:"休复之吉,以下仁也。"这种回复是亲仁乐善,是志同道合,是极为美好的,所以称为"休复",也才吉祥。孔子说"里仁为美","休复"给我们的启迪是,弘扬人心的善道仁德者,一定会拥有壮丽的事业。在灭纣建周中立下奇功的姜尚曾经对周文王说:"天下不是一个人的天下,而是天下人的天下。同享天下利益的人得天下。私夺天下利益的人失天下。"又说:"与人同病相救,同情相成,同恶相助,同好相趋。所以没有用兵而能取胜,没有冲锋而能进攻,没有战壕而能防守;不想获得民心的人,却能获得民心;不想取得利益的人,却能取得利益。"这其中的奥秘就在于亲仁乐善。老子也特别强调亲仁乐善,他说:"圣人恒无心,以百姓之心为心。善者善之,不善者亦善之,德善也。信者信之,不信者亦信之,德信也。"意思是,圣人看问题不带主观偏见,而是与百姓将心比心,处处为百姓着想。善良的人,他能善待他,不善良的人,他也能善待他,从而使更多的人被感化。诚实的人,相信他,不诚实的人,也相信他,因而能够得到更多的人的信任和爱戴。

3.**"频复,厉,无咎"的顽强意志。**"频复,厉,无咎"是六三的爻辞,六三以阴居阳,不中不正,又处于震动之上极,心绪浮躁,错误屡犯屡改,故称"频复"。这种情况本来是危险的,但是,就六三立志迁善改过、回复正道的顽强意志而言,则是符合复善之义,值得赞许,不会有咎害,所以是"厉,无咎"。"频复"的顽强意志,是我们战胜困境和挫折的最好精神财富。能够在困境和挫折面前,保有"频复"这种顽强意志的人,注定会战胜困境和挫折,取得成功。北宋的文学家欧阳修曾经说过:"困难乃见才,不止将有德。"孙中山在《建国方略》中说:"一往无前,愈挫愈奋"。这些话都是《周易》"频复"精神的再现。只有学会在眼泪和痛苦中去尝试、去承受的人,才能与成长和成熟结下永久的缘分。

无妄第二十五

【卦辞】

无妄：元亨利贞。其匪正，有眚。不利有攸往。

【白话】

无妄卦象征不妄为：大为亨通，利于坚守正道。不守正道的人将有灾祸。不利于有所前往。

【彖传】

《彖》曰：无妄，刚自外来而为主于内，动而健，刚中而应。大"亨"以正，天之命也。"其匪正，有眚，不利有攸往"，无妄之往何之矣？天命不佑，行矣哉？

【白话】

《彖传》说：无妄卦下震上乾，阳刚从外卦来而成为内卦之主，其运动不息而又刚强劲健，九五阳爻居上卦之中位而与居下卦之中位的六二阴爻相应和。因行正道而大为亨通，这正是天之道所在。"不守正道的人将有灾祸。不利于有所前往"。处在不妄之时又要随意前往，又能去哪里呢？没有天命保佑，怎么行得通呢？

【大象传】

《大象》曰：天下雷行，物与，无妄。先王以茂对时育万物。

【白话】

《大象传》说：无妄卦下震上乾，雷在天的下面震动，万物随之生长，象征不妄为。先代君王因此而努力配合天时，养育万物。

【爻辞】

初九　无妄往，吉。

六二　不耕获，不菑（zī，初耕的荒田）畲（yú，开垦过两年的良田），则利有攸往。

六三　无妄之灾，或系之牛，行人之得，邑人之灾。

九四　可贞，无咎。

九五　无妄之疾，勿药有喜。

上九　无妄，行有眚，无攸利。

【白话】

初九　不随意前往，吉祥。

六二　不耕种而得到了收获，不垦荒就能种熟土地，这样就有利于有所前往。

六三　不妄为也有灾祸，有人把牛系于某处，路上的行人顺手把牛牵走，邻近的村民却因此受到牵连而有灾殃。

九四　能够坚守正道，没有灾殃。

九五　不妄为而有疾病，不必服药，会有自愈之喜。

上九　不妄为，若妄为则将有灾，无所利益。

【小象传】

［初九］"无妄"之"往"，得志也。

［六二］"不耕获"，未富也。

［六三］"行人"得牛，"邑人"灾也。

［九四］"可贞，无咎"，固有之也。

［九五］"无妄"之"药"，不可试也。

［上九］"无妄"之"行"，穷之灾也。

【白话】

［初九］"不随意前往"，说明其志向得到了实现。

［六二］"不耕种而得到了收获"，这不能使人真正富有。

　　［六三］"路上的行人顺手把牛牵走"，邻近的村民却因此而蒙冤受灾。

　　［九四］"能够坚守正道，没有灾殃"，这说明坚守正道才能免灾。

　　［九五］"不妄为而有疾病，不必服药"，说明不要随便去服药。

　　［上九］"不妄为，若妄为则将有灾"，说明上九至极，穷途末路而产生灾祸。

【悟语】

　　无妄卦乾上震下，乾为天，为健；震为雷，为动。天下雷行，万物成长苗壮，这一切都是天理本然，正当、合理，没有虚妄，谓之"无妄"。我观此卦的感悟是：

　　1."不耕获，不菑畬，则利有攸往"的借势发展。 "不耕获，不菑畬，则利有攸往"来自于六二爻辞，没有耕种而得到了收获，没有垦荒而得到了良田。六二得之于偶然的收获是由于所处的爻位优越。六二柔而居中，承接初九，初九耕作垦荒，辛勤创业，六二坐享其成。六二又与九五之刚相应，阴阳协调，刚柔并济，符合无妄"大亨以正"的总体形势，得"无妄之福"也就顺理成章了。但是六二要想真正地富足起来，就必须利用坐享的成果，有所行动，去创造出更大的成绩，才能把侥幸变成常幸，把偶然所获变成必然所得，这就是"则利有攸往"的激励和警戒之意。庄子曾经借着鲲鹏与水和风的关系形象鲜明地阐述了借势发展的道理：大风来了，海水激荡，鲲奋力一跃，借助风势水势飞起来化为鹏，飞起来后，又要不停地击水，借助水势参与风的运行，最后乘风而上，昂首天外。

　　2."无妄之灾"的避免与扭转。 "无妄之灾"来自于六三爻辞，意思是意外的灾祸。六三爻辞打了个比方："或系之牛，行人之得，邑人之灾。"过路的行人顺手把牛牵走，同村的人蒙受不白之冤。这种不是因为自己的过错，而是由于某种客观原因的巧合造成的灾难，就是在今天的现实生活中也时有发生。面对突如其来的"无妄之灾"，切不可怨天尤人，惊慌失措，那样会把自己推得与灾难的距离越来越近。明智的做法是，沉下心来，想方设法帮助失主去寻找失去的耕牛，或者仔细调查事情的原委,探索下一步的转化问题,以使事情水落石出。

3.**"无妄,行有眚,无攸利"的行事原则**。这句话来自于上九爻辞,上九处于无妄之上极,本来是"行有眚,无攸利"的,可是上九偏偏不该动而妄动,走到了穷途末路,带来了灾眚。既然"无妄",为什么还有灾祸呢?其所以如此,就是忽视了客观环境的限制条件而勉强行事,违背了事物发展规律的结果。所以,我们在做一件事情之前,一定要考虑到客观环境的因素和客观规律的要求,切不可以妄想支配行动,好大喜功,盲目冒进。这样不仅得不到一点好处,还会遭受灾殃。

大畜第二十六

【卦辞】

大畜：利贞。不家食，吉。利涉大川。

【白话】

大畜卦象征大为蓄积：利于坚守正道。不在家里吃饭，吉祥。利于涉越大河。

【彖传】

《彖》曰：大畜，刚健笃实，辉光日新。其德刚上而尚贤，能止健，大正也。"不家食，吉"，养贤也。"利涉大川"，应乎天也。

【白话】

《彖传》说：大畜卦下乾上艮，具有刚健笃实的美德，因而其光辉与山色相映，日日更新。它所反映的德行是阳刚者处于上位而崇尚贤人，从而吸引刚健的贤者前来辅佐，这是天下最大的正理。"不在家里吃饭，吉祥"，说明国家能提供财物来养贤。"利于涉越大河"，说明行动能顺应天理。

【大象传】

《大象》曰：天在山中，大畜。君子以多识（zhì，记在心中）前言往行，以畜其德。

【白话】

《大象传》说：大畜卦下乾上艮，山中蕴含着天，象征巨大的蓄积。君子因此而广泛地记取前人的嘉言和善行，以蓄积自己的道德。

【爻辞】

初九 有厉,利已。

九二 舆说(tuō,脱)輹(fù,车轴中心的方木)。

九三 良马逐,利艰贞.曰闲舆卫,利有攸往。

六四 童牛之牿(gù,木枷),元吉。

六五 豮(fén,阉割)豕之牙,吉。

上九 何天之衢,亨。

【白话】

初九 有危险,暂时停下来才有利。

九二 车辆的车厢下面钩住车轴的木头脱落,不能行走。

九三 良马驰逐,利于在艰难中坚持正道。每天练习车战中的防卫之术,利于有所前往。

六四 把横木缚在小牛的牛角上使之不能触人,至为吉祥。

六五 阉割过的公猪的牙齿,吉祥。

上九 像天空一样通行无阻的大道,亨通顺利。

【小象传】

[初九] "有厉,利已",不犯灾也。

[九二] "舆说輹",中无尤也。

[九三] "利有攸往",上合志也。

[六四] 六四"元吉",有喜也。

[六五] 六五之"吉",有庆也。

[上九] "何天之衢",道大行也。

【白话】

[初九] "有危险,暂时停下来才有利",说明不可冒着灾祸向前。

[九二] "车辆的车厢下面钩住车轴的木头脱落",因为九二阳爻居下卦之中位,说明人守中道,就没有怨尤。

[九三] "利于有所前往",说明能与处于上位者意志相合。

[六四] 六四爻辞中说的"至为吉祥",是指将会有喜事。

[六五] 六五爻辞中所说的"吉祥",是表明将遇到喜庆之事。

[上九] "像天空一样通行无阻的大道",说明天道大为通达。

【悟语】

大畜卦上艮下乾,艮为山,乾为天,乾天在艮山之中,以艮蓄乾,即天包含在山中,象征着所蓄至大,谓之"大畜"。我观此卦,得到的感悟是:

1."童牛之牿"的防患未然。 六四爻辞是"童牛之牿,元吉。"童牛指初九,六四顺应以艮止健的总体需要,抑制了初九阳刚健动的势头,就像给头上长出角的童牛,安上一块横木,以防止它长出角后顶人,这真是未雨绸缪的聪明之举。"诗经"中有一篇标题为"鸱鸮"的诗,其中有几句诗:"迨天之未阴雨,彻彼桑土,绸缪牖户。今此下民,或敢侮予!"这首诗描写了这样一个景象:一只失去了幼鸟的母鸟,趁着天还没有下雨的时候,赶快用桑根皮把鸟巢的空隙缠紧,以防止人的侵害。防患于未然,是一种远见,是防止不幸和灾难发生的最好屏障,即使是灾难突然降临,也会泰然处之。动物出于本能,都知道防患于未然的生存之道,我们生活和工作在"危机四伏"的今天的现代人,更要牢牢把握"童牛之牿"这把通向安全大门的钥匙,在人生的旅途上,在事业的征程中避免灾祸,减少损失。

2."豮豕之牙"的根本解决。 六五爻辞是"豮豕之牙,吉。"面对锋利牙齿的九二之猪,如果只考虑如何去掉它的牙齿,那只是治标不治本。九二为阳刚之臣,六五为阴柔之君,九二上进逼君,六五对九二的抑制是避开其锋利的牙齿,将它阉割,使它变得温顺,它的牙齿就会退化,这是击其要害、从根本上解决问题的办法。"豮豕之牙"给我们的智慧是:做任何事情都必须搞清楚标与本的关系,枝和叶的关系,紧紧抓住问题的根本,不仅事半功倍,而且能使问题得到根治。如果抛弃"本"和"枝",去追求"标"和"叶",那就如同只拔猪锋利的牙齿而不阉割猪,不仅不能收到事半功倍的效果,还很可能"按下葫芦起来瓢"。

3."何天之衢"的主动担当。 上九爻辞是:"何天之衢,亨。"上九居天位,到了上九阶段,蓄道已成,实力蓄积得更为深厚,而且上九之阳刚与下体乾之三阳又是志同道合的。"何天之衢"这句话的含金量在于:当国家大行天道,大开贤路的时候,正是贤才敢于担负、大展手脚,干一番事业的时候。真正的贤达之士,都会敏锐地抓住这"机不可失,时不再来"的机遇,担当起历史使命,满怀着希望,猛劲地往前冲,获取更多的希望与收获,博得一个让人满意的人生。没有"何天之衢"主动担当精神的人,就失去了生命的原动力,只能瑟缩在一角,即使再好的机遇来临了,也漠然视之,不肯或害怕失败不敢担当,这样的人生只能用四个字来概括:碌碌无为,落得个让人耻笑的平庸人生。

颐第二十七

【卦辞】

颐（yí，面颊、腮）：贞吉。观颐，自求口实。

【白话】

颐卦象征颐养：坚持正道可获吉祥。考察颐养之道，可知靠自己来获取食物养口果腹的道理。

【彖传】

《彖》曰：颐"贞吉"，养正则吉也；"观颐"，观其所养也；"自求口实"，观其自养也。天地养万物，圣人养贤以及万民。颐之时，大矣哉。

【白话】

《彖传》说：颐卦卦辞中的"坚持正道可获吉祥"，是指以正道来颐养自身故而能获得吉祥；"观察万物养育的现象"，是指观察它们用什么方法来颐养自己。天地养育万物，圣人养育贤人并普及天下万民。适时的颐养的道理太重要了。

【大象传】

《大象》曰：山下有雷，颐。君子以慎言语，节饮食。

【白话】

《大象传》说：颐卦下震上艮，山下有雷震动，象征颐养。君子因此而说话谨慎，修养德性，并注意节制自己的饮食。

【爻辞】

初九 舍尔灵龟，观我朵颐，凶.

六二　颠颐，拂经，于丘颐，征凶。

六三　拂颐，贞凶，十年勿用，无攸利。

六四　颠颐，吉。虎视眈眈，其欲逐逐，无咎。

六五　拂经，居贞吉，不可涉大川。

上九　由颐，厉，吉。利涉大川。

【白话】

初九　舍弃你自己拥有的龟肉不吃，却来看我鼓动两腮吃东西的样子，有凶险。

六二　颠倒向下求养，又违背常理，向上寻求供养，往前进发有凶险。

六三　违背颐养之道，意味着凶险，十年中将没有作为，也得不到任何利益。

六四　取于民而用于民，吉祥。像老虎紧盯食物一样注视，对想要的东西紧追不放，没有灾殃。

六五　违背颐养之道，但居守正道可获吉祥，不要去涉越大河。

上九　顺从颐养之道，起初有危险，最终可获吉祥。利于涉越大河。

【小象传】

[初九]"观我朵颐"，亦不足贵也。

[六二]六二"征凶"，行失类也。

[六三]"十年勿用"，道大悖也。

[六四]"颠颐"之"吉"，上施光也。

[六五]"居贞"之"吉"，顺以从上也。

[上九]"由颐，厉，吉"，大有庆也。

【白话】

[初九]"看我鼓动两腮吃东西的样子"，这种观而不行的做法不值得尊重。

[六二]六二爻辞中说"往前进发有凶险"，是因为这种做法没有同类相伴。

　　[六三]"十年中将没有作为",是因为大大地违背了万物颐养的道理。

　　[六四]"取于民而用于民,吉祥",是因为居于上位者能向下广泛地施舍光明。

　　[六五]"居守正道可获吉祥",说明顺从依附居于上位的人则吉。

　　[上九]"顺从颐养之道,起初有危险,最终可获吉祥",说明大有吉庆。

【悟语】

　　颐卦艮上震下,艮为山,震为雷,山下有雷。山止于上,雷动于下,有如人咬嚼食物供给营养,下颚动而上颚不动,颐象征颐养,故谓之"颐"。我观此卦,感悟颐养之道,得到了三个引以为戒的思想:

　　1."舍尔灵龟,观我朵颐"的舍长就短。初九的爻辞是"舍尔灵龟,观我朵颐,凶。"初九阳居阳位,当位得正,内在就具有刚明之德的美质,上与近君之大臣六四相应,初九本来应该发扬自身固有的美德,进德修业,立足自养,但是初九却反其道而行之,仰仗六四的外力,趋炎附势,求人以养己,遭了凶险。这里给我们的人生启示是:认识自己的长处,并把自己的长处发挥到极致才是成功的诀窍。如果一个人舍灵龟,只会经营自己的短处,甚至卑躬屈膝地去求人以养己,那他只能在卑微和失意中沉沦。

　　2."颠颐,拂经"的过于追求。六二的爻辞是"颠颐,拂经,于丘颐,征凶。"六二以柔爻居阴位,资质柔弱,难以自养,必须求人以养己。先是与在下初九阳刚相比,企图以柔乘刚求养于初九,由于颠倒了颐养的正道而违背常理,此行不通。于是又转而以阴从阳,求养于上九,可是上九与六二无相应的关系,也没有取得成功。六二在找不到朋类、进退失据的情况下,为了追求富贵的生活猖狂妄行,必然带来凶险。孔子也说过与《周易》具有同样智慧的话:"素富贵,行乎富贵;素贫贱,行乎贫贱。"意思是身处富贵,家多财富,自然可以享受富贵的生活方式;身处贫贱,家无余资,则应保持清贫的生活方式。过于追求,把方向走反了,就会"征凶"。现实生活中有许多"富有的穷人",也有许多"贫穷的富人"。孔子的弟子颜回"居陋巷,一箪食,一瓢饮,人不堪其忧,回也不改其乐",可谓典型的"贫穷的富人",这种人生观和财富观几千年来为人们传颂不已。

3."拂颐"的背道而行。 六三爻辞是"拂颐,贞凶,十年勿用,无攸利。"六三以阴居阳,不中不正,资质柔弱,行为却躁动,又不守颐养的正道,企图借与上九的相应关系,用巴结谄媚等低级庸俗手段,求养于上九。这种纯粹的小人行为与"养正则吉"背道而驰,结果必然是"贞凶"。求人以养己,首先必须自养,培养自己的人格精神和道德操守,如果重功利而轻道义,重"投机"心理,而不重自己品格的塑造,十年之久都不会成功,所以说"十年勿用,无攸利"。

大过第二十八

【卦辞】

大过:栋桡(ráo,木材弯曲):利有攸往,亨。

【白话】

大过卦象征大为过分:房屋的栋梁向下弯曲,利于有所前往,亨通。

【彖传】

《彖》曰:大过,大者过也。"栋桡",本末弱也。刚过而中,巽而说行,"利有攸往",乃"亨"。大过之时,大矣哉。

【白话】

《彖传》说:大过,是指大的方面有过失。"栋梁弯曲",说明做栋梁的树木首尾两端都太柔弱。大过卦由四个阳爻、两个阴爻组成,有阳刚过盛之象;九二阳爻、九五阳爻分别居下、上卦之中位,虽然阳刚过盛但能守中道。大过卦下巽上兑,象征谦逊和悦地去行动,所以说"利于有所前往",然后才"亨通顺利"。大过卦所显示的因时制宜的道理多么重要啊!

【大象传】

《大象》曰:泽灭木,大过。君子以独立不惧,遁世无闷。

【白话】

《大象传》说:大过卦下巽上兑,泽水把树木淹没,象征大为过分。君子因此而特立独行,毫不畏惧,隐居避世而不感到苦闷。

【爻辞】

初六 藉(jiè,借,垫)用白茅,无咎。

九二 枯杨生稊(tí,新生的枝芽),老夫得其女妻,无不利。

九三 栋桡,凶。

九四 栋隆,吉;有它,吝。

九五 枯杨生华,老妇得其士夫,无咎无誉。

上六 过涉灭顶,凶,无咎。

【白话】

初六 用洁白的茅草来衬垫祭品,没有灾殃。

九二 干枯的杨树生出嫩芽新枝,老年男子娶少女为妻,无所不利。

九三 栋梁向下弯曲,有凶险。

九四 栋梁向上隆起,吉祥;若发生其他变故,则会有遗憾。

九五 干枯的杨树开了花,老年妇女嫁给年轻的男子,没有过错,但也不值得称誉。

上六 涉水而淹没头顶,有凶险,但最终没有灾殃。

【小象传】

[初六]"藉用白茅",柔在下也。

[九二]"老夫""女妻",过以相与也。

[九三]"栋桡"之"凶",不可以有辅也。

[九四]"栋隆"之"吉",不桡乎下也。

[九五]"枯杨生华",何可久也。"老妇""士夫",亦可丑也。

[上六]"过涉"之"凶",不可咎也。

【白话】

[初六]"用洁白的茅草来衬垫祭品",说明把柔软的东西铺在下面,正像初六阴爻位于最下面一样。

[九二]"老年男子娶少女为妻",这是一种不适当的结合。

[九三]"栋梁向下弯曲"导致"凶险",说明没有什么办法可以辅助补救。

[九四]"栋梁向上隆起"之所以"吉祥",是因为它不再向下弯曲了。

［九五］"干枯的杨树开了花"，怎么能长久呢？"老年妇女"嫁给"年轻男子"，也算是羞丑的事。

［上六］"涉水而淹没头顶"的"凶险"，不可以视为过错而被责备。

【悟语】

大过卦兑上巽下，兑为泽，巽为木，泽本润木，但泽在树上，为大水淹没了树木，实在大为越过常理，所以有大过之象，故谓之"大过"。我曾经多次观此卦，迟来的感悟是：

1."栋桡"的卸载压力。 九三的爻辞是"栋桡，凶。"九三阳居阳位，当位但不得中，阳盛之势发展到了极点，既不懂得以中道来自我抑制，也得不到阴柔势力的辅助匡正，如同房屋的栋梁受到重压而弯曲，结果必然发生凶险。现代医学研究证明，致病的最主要因素就是压力。过重的身心压力会伤身伤心，如同弯曲了的栋梁，必然带来凶险。"栋桡"带给人们的智慧是，面对生命的重压，不要被压得烦恼不堪，要想方设法给自己卸载压力，在轻松的氛围中把承载的工作做好。人生的旅途也是如此，你把目标定得过高，又过于关注目标的实现，就会给心理造成巨大压力，造成身心的疲惫，结果反而会事倍功半。如果学会减压，把目光分一些给脚下的路和路边的景，可能会增进成功的步伐，结果事半功倍。

2."栋隆"的拨乱反正。 九四爻辞是"栋隆，吉。"九四以阳居阴，于九三之以阳居阳不同，虽然资质阳刚，却是刚而能柔，抑制了刚过的发展趋势，扭转了阴阳失衡的局面，使得已经弯曲的栋梁，重新隆起，恢复了平衡，所以吉祥。可见，虽然大过之时的总体形势阳盛而阴衰，危机深重，但也同时存在着有利条件，蕴含着拨乱反正的转化契机。人有了拨乱反正的精神，即便是身处困境也不怨天尤人，坚信"人事未尽，不可言天命"，研究人存在的合理性和人的合理存在，在此基础上创造成功的机会，创造发展的形势。

3."过涉灭顶"的勇者无畏。 上六爻辞是"过涉灭顶，凶，无咎。"大过之卦的总体目标是拯弱兴衰，扶阴抑阳，但是发展到上六阶段，阳盛之势并未有效抑制，而阴衰则发展到了极致。将倾的大厦全部压在了上六身上,上六无力支撑,陷入了"灭顶之灾"。但是,上六勇于担待,全力以柔济刚,协助九五挽救大厦之将倾,正是上六这种英勇无畏的精神,最终才化险为夷,没有祸害。历史上韩信的"背水一战"、项羽的"破釜沉舟",可以说都是深得《周易》智慧的。欧阳修在《尹师鲁墓志铭》中也说过同样智慧的话:"遇事无难易,而能于敢为。"战争的制胜机理也是"狭路相逢勇者胜"。

坎第二十九

【卦辞】

习坎：有孚维心，亨。行有尚。

【白话】

坎卦象征重重险陷：心中充满诚信，亨通。出行会得到赏赐。

【彖传】

《彖》曰：习坎，重险也，水流而不盈。行险而不失其信，"维心，亨"，乃以刚中也。"行有尚"，往有功也。天险不可升也，地险山川丘陵也。王公设险，以守其国。险之时用大矣哉。

【白话】

《彖传》说：习坎，就是双重的险难，就像水流入坑中不能盈满一样。冒险行动而不失信用，"内心亨通"，这是因为坎卦的九二阳爻、九五阳爻居下、上卦之中位，象征人刚健中正。"出行会得到赏赐"，说明往前进必可建功。天之险如日月天空不可得而升，地之险有如崇山峻岭河川丘陵。王公设立险隘以保护自己的国家。可见险陷因时制宜的作用实在是太大了。

【大象传】

《大象》曰：水洊（jiàn，再次）至，习坎。君子以常德行，习教事。

【白话】

《大象传》说：坎卦下坎上坎，坎为水，水接续而至，象征重重险陷。君子因此而崇尚德行，勤于学习政教之事。

【爻辞】

初六 习坎,入于坎窞(dàn,坎穴中的洼陷处),凶。

九二 坎有险,求小得。

六三 来之坎坎,险且枕,入于坎窞,勿用。

六四 樽酒,簋(guǐ,盛饭器皿)贰,用缶(fǒu,瓦器)纳约自牖(yǒu,窗户),终无咎。

九五 坎不盈,祇(zhī,恭敬)既平,无咎.

上六 系用徽纆(mò,绳索),寘于丛棘,三岁不得,凶。

【白话】

初六 重重叠叠的险阻,又坠入险陷深处,有凶险。

九二 在险陷中遇有危险,先谋求小有所获。

六三 来到险陷之中,往前凶险,后退也不安全,又再次落入了险陷深处,不宜采取行动。

六四 一壶酒,两盒饭食,用朴质的瓦器盛着从窗口送入,最终没有灾殃。

九五 险陷还没有填满,小丘已被铲平,没有灾殃。

上六 捆上绳子,放在荆棘丛中,三年得不到解救,有凶险。

【小象传】

[初六]"习坎",入坎,失道"凶"也。

[九二]"求小得",未出中也。

[六三]"来之坎坎",终无功也。

[六四]"樽酒,簋贰",刚柔际也。

[九五]"坎不盈",中未大也。

[上六]上六失道,凶三岁也。

【白话】

[初六]"重重叠叠的险阻",又坠入险陷深处,说明初六违背正道,所以"有凶险"。

〔九二〕"先谋求小有所获",是因为九二阳爻居下卦之中位,没有背离中道。

〔六三〕"来到险陷之中",说明妄动终究不会有所成功。

〔六四〕"一壶酒,两盒饭食",说明六四阴爻处于九五阳爻和六三阴爻相交接之处,象征患难与共,刚柔相济。

〔九五〕"险陷还没有填满",说明所行的中道还得不到充分发扬光大。

〔上六〕上六违背了正道,所以有连续三年的凶险。

【悟语】

坎卦坎上坎下,坎为水,为险,水上加水,险上加险,象征着重重艰难险阻,故谓之"坎"。我观此卦,领悟最深的坎险之道是:

1."有孚维心,亨。行有尚"的坚强刚毅。坎卦为示险之卦,在原始的八卦中,坎卦取陷阱、坑谷为卦象,象征重重艰险。在《周易》中坎卦取象为水,水从不盈满,永远不停地流动,无论前进道路上横亘着多少艰难险阻,也不改变自己流水的本性,坚强刚毅,勇往直前。所以《象传》上说:"水流而不盈。行险而不失其信。"从人事层面上说,面对坎险的境地,要始终保持克服险阻的坚强意志,从不丧失信心,像流水那样"行险而不失其信";始终保持一种维心之亨的通达心理,处险不惊,沉着应对;始终保持以中正之道调整自己的脱险行为,仍可以获得亨通。古往今来,那种如水般奔流不止、坚强刚毅的品格成就了无数的风流人物,流传了数不清的动人伟业。当有人问亚历山大如何征服世界时,他的回答是:我只是毫不犹豫地去做这件事。

2."求小得"的相对满意。九二爻辞是"坎有险,求小得"。九二阳居阴位,陷上下二阴之中,处境十分险恶。就九二的期望值来说,一定是期望"大有所得",但是现实是坎险之时,克服坎险的条件尚未成熟,既然是身陷险地,欲出不能,只好退而求其次,以相对满意为目标。九二从客观的坎险情势出发,降低理想的期望值,把理想目标划分为几个逐步实现的阶段,以"求小得"的渐进方式向前发展,保全了自我,这是非常明智的选择。这一爻告诉人们,处在重重叠叠的危险中,不能把期望值抬得太高,那样不仅实现不了,还会险上加险。不操之过急,以"求小得"的相对满意为行为目标,就能一个个实现,就会逐步脱险。

3.**"来之坎坎"的承受磨难。**六三爻辞是"来之坎坎,险且枕,入于坎窞,勿用。"六三阴居阳位,又是下卦坎体的上极和上卦坎体的下方,在这种重重的坎险处境中,无论是前进还是后退,都不能脱离坎险,正所谓"来之坎坎"。在"坎坎"的重险中更有深的陷阱,所以说"险且枕"。既然处境如此险恶,任何行动都不会成功,只有承受磨难,耐心等待,不可轻举妄动,也就是"入于坎窞,勿用"。此爻告诉人们,落入凶险,要学会面对磨难,先求自保以待变。成功虽然在快乐中享受,但是却在苦难中创立。多吃一分苦,就多得一分享受。人生的磨难时刻,就是开始腾飞前奏。雨果就认为:"上帝在给人们一份困苦时,也添给人们一份智力。"不是吗?"一朝成名天下知"正是来自于"十年寒窗无人问"。但丁最出色的作品都是在他经受磨难,甚至是被流放的时期创作出来的。圣雄甘地说:"吃苦就是人类之所以作为人类的界限。"人只有不断地从险境和磨难中挣扎起来,才会演绎出非同凡响的生命交响曲。

离第三十

【卦辞】

离:利贞,亨。畜牝牛,吉。

【白话】

离卦象征依附:利于坚持正道,亨通。蓄养母牛,吉祥。

【彖传】

《彖》曰:离,丽也。日月丽乎天,百谷草木丽乎土。重明以丽乎正,乃化成天下。柔丽乎中正,故"亨",是以"畜牝牛,吉"也。

【白话】

《彖传》说:离,是附丽的意思。太阳月亮依附在天空中,百谷和草木依附在土地上,离卦下离上离,离为明,二明相重并依附于正道,从而化育天下万物。六二阴爻和六五阴爻分别居下、上卦的中位,柔顺而又依附于中正之道,因此亨通,所以说"蓄养母牛,吉祥"。

【大象传】

《大象》曰:明两作,离。大人以继明照于四方。

【白话】

《大象传》说:离卦下离上离,太阳继续而起,光明盛大,象征依附。伟大的人物因此而连续不断地用道德的光明照耀四方。

【爻辞】

初九 履错然,敬之,无咎。

六二 黄离,元吉。

九三 日昃(zè,太阳偏西)之离,不鼓缶而歌,则大耋(dié,年八十)之嗟,凶。

九四 突如其来如,焚如,死如,弃如。

六五 出涕沱(tuó,下大雨)若,戚嗟若,吉。

上九 王用出征,有嘉折首,获匪其丑,无咎。

【白话】

初九 步子错乱时,保持恭敬谨慎,没有灾殃。

六二 附丽着黄色,至为吉祥。

九三 将要落山的太阳附丽于西边的天空,应该击缶而歌唱,否则老年人就会发出老暮穷衰的悲叹,有凶险。

九四 离日突然间升起,如烈火焚烧,顷刻间又消散灭亡,舍弃干净。

六五 泪如雨下,人们哀丧叹息,吉祥。

上九 君王率兵征讨,有斩获敌人首级的喜事,抓获很多俘虏,一无过错。

【小象传】

[初九]"履错"之"敬",以辟咎也。

[六二]"黄离,元吉",得中道也。

[九三]"日昃之离",何可久也。

[九四]"突如其来如",无所容也。

[六五]六五之"吉",离王公也。

[上九]"王用出征",以正邦也。"获匪其丑",大有功也。

【白话】

[初九]步子错乱时,保持恭敬谨慎,是为了避免灾殃。

[六二]"附丽着黄色,至为吉祥",是因为六二阴爻居下卦之中位,说明六二阴爻得益于符合中道。

[九三]"将要落山的太阳附丽于西边的天空",此景怎么能长久呢?

[九四]"离日突然间升起",说明难以久容于天地。

〔六五〕六五爻辞所说的"吉祥"，是因为能附丽于王公大人的尊位上。

〔上九〕"君王率兵征讨"，目的是为了安邦定国。"抓获很多俘虏"，是在战争中取得了很大的胜利。

【悟语】

离卦离上离下，离为火，为光明，两明相从相继，意味光明接连升起，悬附在空中，象征附丽，故谓之"离"。我观此卦，有了如下的感悟：

1. **"履错然，敬之"的知错必改。**初九爻辞是"履错然，敬之，无咎。"初九阳居阳位，本质阳刚，求之于六二，结成以刚附柔的关系，但是初九作为依附者则过于刚强，开始对于柔弱的六二轻慢亵渎，产生了难以契合的咎害。但是初九能够知错就改，自觉地约束自己过刚的行为，对六二恭敬谨慎，正确地处理了刚附柔的关系，从而避免了咎害。这一爻告诉人们一条真知灼见：人生在世犯错误是在所难免的，但是犯了错误千万不要执迷不悟，千万不要反复，这是世界上最愚蠢的人的做法。面对错误要敢于正视，虚怀若谷，知错就改。这就是古人所说的"从善如流"。做到了这样，才会人生"如流"，事业"如流"。"如流"的人生，才会日臻成熟；"如流"的事业，才会蒸蒸日上。

2. **"黄离"的执中之道。**六二的爻辞是"黄离，元吉。"离卦的总体要求是"柔丽乎中正"，六二以柔处柔，当位居正，九二来依附它，阴不动而阳来依附，所以说是"元吉"。在下卦中，六二与初九、九三两刚爻的关系又变成了六二是依附的对象，初九和九三又是被依附的对象，六二以柔爻依附于二刚之中，得其中道，所以"元吉"。《周易》尚中，中是正道，是恰到好处，是合情合理。凡事超过了"中"的界限，事情就会变化，就会变质。鬼谷子说："非独忠信仁义也，中正而已矣。"意思是，圣人处世并不只是讲求忠信仁义，而是维护不偏不倚的正道。所以，智者做事以执中为要，不愠不火，不可不及，不可过，不卑不亢，不偏不倚，不慌不忙，如此就会游刃有余，得心应手。

3. **"突如其来如"的宠辱不惊。**九四爻辞是"突如其来如，焚如，死如，弃如。"九四居上离之始，从爻象上讲，为旭日东升，火红的朝霞"突如其来"，有烈焰"焚如"之势，但霞光很快就消散了，结局只能是"死如，弃如"。九四重刚而不中，又急功近利，以"突如其来"的"焚如"之焰，直逼六五之君。九四这种刚猛躁动、气焰嚣张的举止违反了离卦"重明以丽乎正"的准则，遭到六五的拒纳，找不到依附的根，落得个被抛弃的下场。这一爻告诉人们，人生在世，总有利禄荣辱得失的光顾和缠绕，其实，这些东西都是身外之物，"突如其来如，焚如，死如，弃如"。能够对利禄荣辱得失保持一种宠辱不惊、淡定自若的态度，心智就突破了枷锁，生命就回归了本真，人生就活出了境界。

咸第三十一

【卦辞】

咸:亨。利贞。取女吉。

【白话】

咸卦象征感应:亨通。利于坚守正道。娶妻,吉祥。

【彖传】

《彖》曰:咸,感也。柔上而刚下,二气感应以相与。止而悦,男下女,是以"亨。利贞。取女吉"也。天地感而万物化生,圣人感人心而天下和平。观其所感,而天地万物之情可见矣。

【白话】

《彖传》说:咸的意思是交互感应。咸卦下艮上兑,阴柔在上而阳刚在下,阴阳二气互相感应并结合,此时静止专一而和悦,少男处于少女的下面,所以"亨通。利于坚守正道。娶妻,吉祥"。天地之间互相交感而万物变化生长,圣人感化人心而使天下和平昌顺。考察交互感应的现象,就可以发现天地万物的真情了。

【大象传】

《大象》曰:山上有泽,咸。君子以虚受人。

【白话】

《大象传》说:咸卦下艮上兑,山上有泽,象征感应。君子因此而虚心接纳别人的意见。

【爻辞】

初六 咸其拇。

六二 咸其腓(féi,腿肚子),凶。居,吉。

九三 咸其股,执其随,往,吝。

九四 贞吉,悔亡。憧(chōng)憧往来,朋从尔思。

九五 咸其脢(méi,背脊肉),无悔。

上六 咸其辅颊舌。

【白话】

初六 感应在大脚趾上。

六二 感应到了腿肚子,有凶险。停下来不妄动,则吉祥。

九三 感应到了大腿上,执意不随从别人。如此前往,必有令人遗憾之事。

九四 坚持正道则吉祥,没有悔恨。相互之间往来不定,朋友会顺从你的心愿。

九五 感应到了背脊上,没有悔恨。

上六 感应到了面颊、舌头上。

【小象传】

[初六]"咸其拇",志在外也。

[六二]虽"凶","居,吉",顺不害也。

[九三]"咸其股",亦不处也。志在"随"人,所"执"下也。

[九四]"贞吉,悔亡",未感害也。"憧憧往来",未光大也。

[九五]"咸其脢",志末也。

[上六]"咸其辅颊舌",滕口说也。

【白话】

[初六]"感应在大脚趾上",是因为志向是向外发展的。

[六二]虽然"有凶险",但"停下来不妄动,则吉祥",说明顺从形势可以避免祸害。

〔九三〕"感应到了大腿上"，说明不可能再停下来安静地相处。其志向在于追随别人，追求是很低级的。

〔九四〕"坚持正道则吉祥，没有悔恨"，说明没有遭受侵害。"相互之间往来不定"，说明交互感应的范围还不够广泛。

〔九五〕"感应到背脊上"，说明九五的志向极小。

〔上六〕"感应到了面颊、舌头上"，说明上六只是口舌翻腾，夸夸其谈而已。

【悟语】

咸卦是兑上艮下，兑为泽，艮为山，山上有泽，泽性下流，能润于下，山体上承，能受其润。山能容纳泽，泽亦能吸纳山中之气，以山感泽，以泽感气，谓之"咸"。我观此卦，得到的感悟是：

1. "执其随"是追随大流。九三爻辞是"咸其股，执其随，往，吝。"九三阳刚过猛，感应更加强烈，爻辞用感应在大腿上作喻，明确表示了九三的蠢蠢欲动。但是大腿之动是不由自主的，下身脚与小腿先动，大腿必然随之而动；上身腰一动，大腿也不能不随之而动。九三之动就犹如大腿之动，不由自主，"志在随人"。九三的正应是上六，上六本应成为最合适的交感对象，可是由于九三盲目追随，执著又过于低下，不是发自内心的至诚，背离了"止而悦"的正道，这样动而前往，必有悔吝。此爻告诫人们，做事要有主见，要坚持自己的志向，切不可盲目地跟随别人任意妄为，人云亦云地"随大流"，这样无法体现自己的价值，更无法实现自己的理想，相反，很可能导致错误的事情发生，从而令自己悔恨不已。"随大流"的习惯，在中国传统文化中占有很大的分量，这种文化的影响不知道泯灭了多少创新的火花，阻碍了多少探索的脚步。试想，假如大家都"随大流"，而不去做第一个"吃螃蟹的人"，今天的世界将是一个什么样子呢？

2. "咸其脢"是志向浅薄。九五爻辞是"咸其脢，无悔。"九五阳居阳位，又居上卦之中，处于至尊的地位，是被女子所仰慕的对象。但九五的正应六二相距遥远，又在家中耐心等待，且中间隔着九三、九四，同性相斥。只有上六紧邻九五，又不断地向九五示好，九五不能不为所动。但九五从内心里并不喜欢上六，不会有主动性行为，只是虚与周旋，感应只是来自背后，并未达到内心，所以称"咸其脢"。正因为九五不会接受上六的取悦，也就不能结为夫妻，当然也没有什么后悔的事发生。九五处于至中至正的至尊地位，以这种方式对待上六，说明九五的志向太小，只是在细枝末节上，而且不能以明确的方式打消上六一厢情愿的念头，也是一种"当断不断，反受其乱"的优柔寡断行为，虽然最终无悔，但也是有"位"而没有大的作为。此爻告诫人们，缺乏主体的自觉，孤僻不为外物所动，无法与他人感应，建立互动的联系的人，是志向浅薄，虽然没有什么悔恨，但是也难成大业。人应当立志高远，并努力实现自己的远大志向，有"位"更应该有"为"。孔子说："三军可夺帅，匹夫不可夺志也"；又说："朝闻道，夕死可矣"。诸葛亮也说："人无志，无异于禽兽乎"。这些话充分表达了古圣对志向和有志之士的重视以及对志向浅薄者的鄙视。

3. "咸其辅颊舌"是花言巧语。 上六爻辞是："咸其辅颊舌。"上六阴居阴位，正而不中，又处在上卦兑的上极，上位无位。这位女子的地位虽高，却处在极阴柔的地位，是一位喜欢张扬显露的人。她喜欢九五，就有意无意地频频表现自己，在与人交感之时，也总是翻腾口舌，花言巧语取悦于人，所以此爻辞才用感应在"辅颊舌"上对上六作形象比喻。这一爻告诫人们，人与人相交在于心的感应，靠夸夸其谈的言辞来取悦于人，言而无实是感动不了人心的，只能遭到人们的鄙弃。所以孔子也说："巧言令色，鲜矣仁"。记得一位哲人也对花言巧语者的下场做过这样的解读："空谈之类，是谈不久，也谈不出什么来的，它终必被事实的镜子照出原形，拖出尾巴而去。"

恒第三十二

【卦辞】

恒：亨，无咎，利贞，利有攸往。

【白话】

恒卦象征恒久：亨通，没有灾殃，利于坚持正道，利于有所前往。

【彖传】

《彖》曰：恒，久也。刚上而柔下。雷风相与，巽而动，刚柔皆应，恒。"恒，亨，无咎，利贞"，久于其道也。天地之道恒久而不已也。"利有攸往"，终则有始也。日月得天而能久照，四时变化而能久成，圣人久于其道，而天下化成。观其所恒，而天地万物之情可见矣。

【白话】

《彖传》说：恒，是恒久的意思。恒卦下巽上震，阳刚在上而阴柔在下，雷震风行交相配合，谦逊以动，同位爻之间分别以一阴一阳相对应，完全得以应和，这些都是恒卦的特点。恒卦卦辞中说的"亨通，没有灾殃，利于坚守正道"，是因为能恒久地保持正道。天地运行的法则是恒久地并且不停地运动。"利于有所前往"，说明事情发展到终点，又会有新的开始。日月按自然规律运行，才能恒久地照耀；四时按规律进行更替，才能使万物不断地生长；圣人恒久地守持正道，从而使天下万民接受教化并培养道德。考察这些恒常持久的现象，就可以明白天地间万物的性情。

【大象传】

《大象》曰：雷风，恒。君子以立不易方。

【白话】

《大象传》说：恒卦下巽上震，雷和风常常并作，象征恒久。君子因此而确立恒常不变的原则。

【爻辞】

初六　浚(jùn，深)恒，贞凶，无攸利。

九二　悔亡。

九三　不恒其德，或承之羞，贞吝。

九四　田无禽。

六五　恒其德，贞妇人吉，夫子凶。

上六　振恒，凶。

【白话】

初六　追求恒久之道，持续不断地往深处挖，若固守此道必凶，得不到什么利益。

九二　悔恨消亡。

九三　不能恒久保持美德，有时会蒙受羞辱，若与之将关系固定下来会有令人遗憾之事。

九四　狩猎时没有猎获鸟兽。

六五　恒久保持柔顺服从的德行，坚守正道，妇女守此道吉祥，丈夫守此道凶险。

上六　持续不断的动荡之道，有凶险。

【小象传】

[初六]"浚恒"之"凶"，始求深也。

[九二]九二"悔亡"，能久中也。

[九三]"不恒其德"，无所容也。

[九四]久非其位，安得"禽"也。

[六五]"妇人"贞"吉"，从一而终也。"夫子"制义，从妇"凶"也。

［上六］"振恒"在上，大无功也。

【白话】

［初六］"追求恒久之道"带来"凶险"，是因为一开始就不求实际而刻意地追求深度。

［九二］九二爻辞中说"悔恨消亡"，是因为能恒久地保持中道。

［九三］"不能恒久地保持美德"，这样做将会不被人容纳。

［九四］长久地处于不当处的位置，怎么能打到鸟兽呢？

［六五］妇人守贞节能获吉祥，是因为她能从一而终。丈夫则必须衡量事理，因事制宜，若去按妇人之道行事，那是很危险的。

［上六］"持续不断的动荡之道"，又高居上位，不可能取得任何成功。

【悟语】

恒卦上震下巽，震为雷，巽为风，雷震则风发，二者交相助势，是天道恒常不变的现象，谓之"恒"。我观此卦，悟出了以下三个引以为戒的行为：

1."浚恒"的不切实际。初六的爻辞是"浚恒，贞凶，无攸利。"初六对恒久之道固执拘泥，刻意求深，所以称"浚恒"。初六与九四虽然阴阳相应，但条件不具备，时机不成熟，尽管初六极力争取与九四相应，也并不能转化为现实，反而事与愿违，导致"贞凶"的后果。"贞凶"就是贞而不变则凶，所以守常而不度势，刻意而求深，就"无攸利"。恒而动，常而变是辩证统一关系，恒久不是一成不变，而是在变化中趋于稳定平衡。《系辞传》对此的表述更深刻："穷则变，变则通，通则久。"这一爻告诉人们，在做事情的开端，不要刨根挖底地深入追求长久之道，追求的目标过于深远，就没有可行性，会招来祸患；不能把恒久之道看作凝固僵化的教条，僵化地固守恒久之道就"无攸利"。《系辞传》讲得好："不可为典要，惟变所适"。凡事要学会变通，不能太死板，要从实际出发，具体问题具体分析，诚能如此，即便是到了"山重水复疑无路"的地步，也能很快发现"柳暗花明又一村"了。

2."不恒其德"的急躁冒进。九三的爻辞是"不恒其德，或承之羞，贞吝。"从卦的位置上看,九三阳居阳位,当位得正,但正而不中,九三依着过于刚强的本性,不安所处,急欲上进,求应于上六,违背了"恒久之道恒久于中,中则能恒"的原理。九三"不恒其德",就不能正确地规范自己的行为,也就不能把各种人际关系处理得和谐融洽,这就难免受到众人的羞辱,落得个此爻《小象传》所说的"无所容也"的下场。这一爻告诉人们,变化是有尺度准则的,只有始终守持中道来规制自己的变化行为,才能动不失宜,才能合乎恒久之道。否则,任意妄为地急躁冒进,动而无中,只能是"贞吝",做任何事情也不能成功。

3. **"振恒"的摇摆不定**。上六爻辞是"振恒,凶。"上六阴居阴位,当位得正,但是上六处于恒卦的上极,当恒卦发展到此时,应当以静制动,无为而治。可是上六却躁动不安,而且是一种摇摆不定的躁动,这种背离恒久之道的作为,结果必然凶险。这一爻告诉人们,要坚持自己的理想和信念,才能有所建树,倘若摇摆不定,只能使大部分时间被空耗掉,使自己的大部分努力徒劳无功。所以,摇摆不定,美好的想法也会陷于破灭。苏格拉底说:"当许多人在一条路上徘徊不前时,他们不得不让路,让那些珍惜时间的人,赶到他们的前面。"坚持远大的理想不动摇,才可以产生一种奋发向上的持续动力,促进生命力量的提升,推动伟大事业的成功。

遁第三十三

【卦辞】

遁:亨。小利贞。

【白话】

遁卦象征退避:亨通。利于柔小者。

【彖传】

《彖》曰:遁,亨,遁而亨也。刚当位而应,以时行也。小利贞,浸而长也。遁之时义大矣哉。

【白话】

《彖传》说:遁,亨通,是说退避可获得亨通顺利。九五阳爻居上卦之中位,与六二阴爻相应,象征阳刚者当根据时势而采取行动。"利于柔小者",是因为阴柔者的势力逐渐增长。退避应根据时势,这一点是十分重要的。

【大象传】

《大象》曰:天下有山,遁。君子以远小人,不恶而严。

【白话】

《大象传》说:遁卦下艮上乾,天空下面矗立着大山,象征退避,君子因此而远离小人,不明显表现出对小人的憎恶,内心则严守原则。

【爻辞】

初六 遁尾,厉,勿用有攸往。

六二 执之用黄牛之革,莫之胜说。

九三　系遁,有疾,厉;畜臣妾,吉。

九四　好遁,君子吉,小人否。

九五　嘉遁,贞吉。

上九　肥遁,无不利。

【白话】

初六　退避时落在最后,有危险,不宜有所前往。

六二　像用黄牛皮制成的绳子紧紧捆住东西一样,没有办法挣脱。

九三　心有系恋地退避,身患疾病,有危险;蓄养男女奴仆,可得吉祥。

九四　喜好高明地退避,于君子吉祥,于小人不吉利。

九五　令人赞美地退避,符合正道而可获吉祥。

上九　远走高飞地退避,没有什么不利。

【小象传】

初六　"遁尾"之"厉",不往何灾也。

六二　"执""用黄牛",固志也。

九三　"系遁"之"厉",有疾惫也。"畜臣妾,吉",不可大事也。

九四　"君子""好遁","小人否"也。

九五　"嘉遁,贞吉",以正志也。

上九　"肥遁,无不利",无所疑也。

【白话】

[初六]"退避时落在最后"有"凶险",此时若不冒险前进,又会有什么灾难呢?

[六二]"像用黄牛皮制成的绳子紧紧捆住东西一样",说明志向十分坚定。

[九三]"心有系恋地退避"会有"危险",是因为疾病造成身心疲惫。"蓄养男女奴仆,可得吉祥",说明此时无法干大事。

[九四]"君子喜好高明地退避",小人却做不到。

[九五]"令人赞美地退避,符合正道而可获吉祥",说明能够端正自

己的志向。

[上九]"远走高飞地退避，没有什么不利"，说明心中对自己所采取的行动没有任何疑虑牵系，当遁则遁。

【悟语】

遁卦乾上艮下，乾为天，艮为山，天下有山，山高逼天，天自觉山的进逼而退避。从卦德上讲，山比小人，小人渐长，若山之侵天，天比君子，君子退避，若天远避山，所以有遁之象，故谓之"遁"。我观此卦，感悟强烈的是：

1. **"系遁"的疲惫危险**。九三爻辞是"系遁，有疾，厉；蓄臣妾，吉。"九三以阳居阳位，当位得正，虽有刚明欲遁之志，被初六、六二两阴所系缚，又对其恋恋不舍，欲遁而不得遁。阳刚系恋阴柔本属正常，比如蓄养臣妾，可获吉祥。但是，在阴长阳消这种"小人道长，君子道消"的特殊环境中，九三作为刚明之君子，应当断然疏远小人，与在上之三阳同心协力实现"遁而亨"的总体目标，但却反其道而行之，与小人难以割舍，这就必然使自己疲惫和危险，谓之"有疾，厉"。这一爻告诉人们，小人是祸根，远离小人是解脱疲惫危险的根本措施。远离小人，就要割舍私情，快刀斩乱麻；远离小人，就要严于律己，维护自己的人格，守持正道。

2. **"好遁"的洒脱从容**。九四爻辞是"好遁，君子吉，小人否。"情有所好，为了顾全大局而能自我克制，断绝所好，所以称"好遁"。从爻的位置上看，九四与初六正相应，其情之所好在于初六，但是九四居于乾体，比于九五能够克制私情，从容隐退避让而无所累，这是履行正道的君子的作为，当然吉祥。小人则看重名利，过分追逐这些身外之物，不得"遁"，所以说"君子吉，小人否"。此爻告诉人们，君子是那些能够放弃累人的身外之物，能够摆脱那些使人变得贪婪的名利的人。君子之所以能够如此，就是因为他们体悟到了"淡泊"是大千世界的最好解读方式：淡泊为人，淡泊处世。还是古人说得好："非淡泊无以明志"。"好遁"的洒脱从容，说到底就是来自于"淡泊"二字。

3. **"肥遁"的急流勇退**。上九爻辞是"肥遁，无不利。"上九处于遁的上极,面临着小人道长的形势,上九抱着"肥"这种急流勇退的态度遁世。这种遁世不是一种无奈的消极避世,而是以一种平和的心态遁世,就是《乾卦·文言传》所说的"遁世无闷",这就无所不利了。此爻告诉人们,一个人要成功达到一定阶段,就要急流勇退,做一个龙德而隐者。这种"遁"是一种大智慧,是一种真正意义的优游从容,也是更深层次的进取。老子就说过:"功成身退天之道"。《后汉书·李固传》记载:"功遂身退,全名养寿,无有怵迫之忧。"李固对那些不知进退之理而一味追求进取的人,则是一个值得效法的正面楷模。诗人李白曾经感慨道:"吾观自古贤达人,功成不退皆殒身。"在这方面最为可悲的人物当属韩信,他已经意识到了"狡兔死,走狗烹;飞鸟尽,良弓藏;敌国灭,谋臣亡"的道理,可最终还是沉湎于权和利中不能"肥遁",落得个"殒身"的下场。

大壮第三十四

【卦辞】

大壮:利贞。

【白话】

大壮卦象征大而强盛:利于坚守正道。

【彖传】

《彖》曰:大壮,大者壮也。刚以动,故壮。大壮"利贞",大者正也。正大,而天地之情可见也。

【白话】

《彖传》说:大壮,是刚大而强壮的意思。大壮卦下乾上震,刚健而运动,所以称为壮。大壮卦卦辞中所说的"强盛,利于坚守正道",是说刚大者还必须端正守中。正直强大,就可以明白天地万物的情状了。

【大象传】

《大象》曰:雷在天上,大壮。君子以非礼弗履。

【白话】

《大象传》说:大壮卦下乾上震,天空中雷声震动,象征声势浩大。君子因此而不去做不符合礼仪的事情。

【爻辞】

初九 壮于趾,征凶,有孚。

九二 贞吉。

九三 小人用壮,君子用罔,贞厉。羝(dī,公羊)羊触藩,羸(léi,消瘦困顿)其角。

　　九四　贞吉,悔亡。藩决不羸,壮于大舆之輹。

　　六五　丧羊于易,无悔。

　　上六　羝羊触藩,不能退,不能遂,无攸利,艰则吉。

【白话】

　　初九　只是足趾强健,出征有凶险,这是毫无疑问的。

　　九二　坚守正道定获吉祥。

　　九三　小人凭借力气来骄人,君子则靠无为来处世,这么做很危险。公羊用它的角去顶触藩篱,结果角被卡住。

　　九四　保持正道吉祥,悔恨消亡。公羊冲破藩篱,其角没有被卡住;又如大车的轮辐极为粗壮而坚固耐用。

　　六五　羊被狄人抢走,无须悔恨。

　　上六　公羊用它的角去顶触藩篱,结果角被卡住,既不能退,又不能进,得不到什么利益,但只要艰苦奋斗则可获吉祥。

【小象传】

　　[初九]"壮于趾",其"孚"穷也。

　　[九二]九二"贞吉",以中也。

　　[九三]"小人用壮",君子以罔也。

　　[九四]"藩决不羸",尚往也。

　　[六五]"丧羊于易",位不当弛。

　　[上六]"不能退,不能遂",不祥也。"艰则吉",咎不长也。

【白话】

　　[初九]"只是足趾强健",说明贸然前进,最终会面临困窘。

　　[九二]九二爻辞中说的"坚守正道定获吉祥",是因为九二阳爻居下卦之中位,修养正德。

　　[九三]"小人凭借力气来骄人","君子则靠无为来处世"。

　　[九四]"公羊冲破藩篱,其角没有被卡住",说明要勇于向前发展。

　　[六五]"羊被狄人抢走",是因为六五阴爻居阳位,所处的位置不适当。

［上六］"既不能退，又不能进"，说明它考虑问题不够周详。"只要艰苦奋斗则可获吉祥"，说明遭受灾殃的时间不会长久。

【悟语】

大壮卦震上乾下，震为雷，为动；乾为天，为健。震雷响彻天上，有阳刚壮盛之象，故谓之"大壮"。我观此卦，有了反思性的感悟：

1. "壮于趾"是盲目向前。 初九爻辞是"壮于趾，征凶，有孚。"初九以阳居阳，刚强自负，在对前进的方向没有明确的把握，对自身的处境认识不清，又与九四无法结成相应关系的情况下，仅凭"壮于趾"的力量，勇于向前，其行为必然陷入困境，导致凶险也就不足为怪了。这一爻阐述的道理是，在地位卑下、羽翼未丰之时，绝不能急于用壮，盲目向前。"壮于趾"的前进后果，只能是由穷困而凶险，这就是此爻《小象传》所说的"其'孚'穷也"。反过来说，一个人做好了准备，就是与成功有个约会。

2. "羝羊触藩"是莽撞恃强。 九三爻辞是"小人用壮，君子用罔，贞厉。羝羊触藩，羸其角。"九三阳居阳位，又处于下体乾卦的上极，刚强健动。如果九三此时恃强用壮，就是不明事理的小人，就像公羊抵触藩篱，角被藩篱缠绕，无法解脱。如果九三懂得柔和自守，"用罔"，即不用壮，反而会更壮，巩固大好形势，这就是君子的作为，所以此爻《小象传》说："'小人用壮'，君子以罔也。"此爻给人的哲理是，遇事一定要谨慎，不能迷惘，更不能莽撞恃强，否则，将要为此付出沉重的代价，甚至"一失足成千古恨"，再回首，已是"百年身"了。

3. "不能退，不能遂"是进退失据。 上六爻辞是"羝羊触藩，不能退，不能遂，无攸利。"上六处于大壮之终极，已经没有前进的可能性，再加上资质柔弱，也不具备前进的实力。但上六没有自知之明，仍然像公羊那样去抵触藩篱，角被藩篱缠绕，既不能进，也不能退，陷入了进退两难的困境。如果上六在艰难困苦中能够谦和守正，争取九三的应援，就可以获得吉祥了，也就是"艰则吉"。这一爻告诉人们，人生总要有进退的选择，进的时候，目标要有前瞻性和可行性；退的时候，能淡定自如，止乎其所止，人生只有练达到这种境界，便可脱离"不能退，不能遂"的窘境。正所谓："进步处便思退步，庶免触藩之祸；着手时先图放手，才脱骑虎之危。"

晋第三十五

【卦辞】

晋：康侯用锡马蕃庶，昼日三接。

【白话】

晋卦象征晋升上进：诸侯得到天子赏赐的众多车马，一天之内三次受到接见。

【彖传】

《彖》曰：晋，进也。明出地上。顺而丽乎大明，柔进而上行，是以"康侯用锡马蕃庶，昼日三接"也。

【白话】

《彖传》说：晋，是向前进的意思。晋卦下坤上离，象征太阳从地面升起。阴柔者顺从并依附充满光明的尊长，不断地向上升进，所以才会有"诸侯得到天子赏赐的众多车马，一天之内三次受到接见"的情况。

【大象传】

《大象》曰：明出地上，晋。君子以自昭明德。

【白话】

《大象传》说：晋卦下坤上离，太阳从地面升起，象征"升进"。君子因此而昭显自己光明的美德。

【爻辞】

初六 晋如摧如，贞吉。罔孚裕，无咎。

六二 晋如愁如，贞吉。受兹介福，于其王母。

六三 众允,悔亡。

九四 晋如鼫(shí,硕)鼠,贞厉。

六五 悔亡,失得勿恤,往,吉,无不利。

上九 晋其角,维用伐邑,厉,吉,无咎,贞吝。

【白话】

初六 升进而受到挫折,坚持正道可得吉祥。既使不能取信于人,能坦然以对,也没有灾殃。

六二 进步之中内心感到忧愁,坚守正道可得吉祥。将从祖母那里承受大的福气。

六三 众人都信赖和支持他,悔恨消亡。

九四 如田间硕鼠一样得到长进,坚守正道以防危险。

六五 悔恨消亡,不必忧虑得失,前往可获吉祥,没有什么不利。

上九 上升到最高的位置,犹如处于动物的角的尖端,可以攻伐城邑,有危险,最终吉祥,没有灾殃,要坚守正道以防令人遗憾的事。

【小象传】

[初六]"晋如摧如",独行正也。"裕,无咎",未受命也。

[六二]"受兹介福",以中正也。

[六三]"众允"之,志上行也。

[九四]"鼫鼠,贞厉",位不当也。

[六五]"失得勿恤",往有庆也。

[上九]"维用伐邑",道未光也。

【白话】

[初六]"升进而受到挫折",这是能独自行正道的结果。"既使不能取信于人,能坦然以对,也没有灾殃",是因为此时它还没有得到任用。

[六二]"承受大的福气",是因为六二阴爻居下卦之中位,能注意修养中正的晋德。

[六三]"众人都信赖和支持他",因为他的志向是向上行进。

[九四]"如田间硕鼠一样得到长进,坚守正道以防危险",这是因为九四阳爻居阴位,所处的位置不适当。

[六五]"不必忧虑得失",因为前往必有值得庆贺之事。

[上九]"可以攻伐城邑",说明晋道之德尚未发扬光大。

【悟语】

晋卦上离下坤,离为日,为明;坤为地,为顺。日之出地上,缓缓升起,升得越高则光明越盛。从卦德上说,在上位者明智,在下位者顺服、进长,故谓之"晋"。我观此卦,得到的心灵感悟是:

1."晋如摧如"的敢于抗争。初六爻辞是"晋如摧如,贞吉。罔孚裕,无咎。"初六以阴居阳,赶上了"柔进而上行"的发展机遇,但是前进的道路上也充满了挑战。挑战来自于两个方面:一方面初六阴柔在下,力量微弱,与其相应的九四又不中不正,又过分迷恋权力,不给初六委以晋升的任命;另一方面初六的前方又横隔着六二、六三两个阴爻,形成了发展的障碍和阻力,不能见信于人,故称"罔孚"。但是君子如果能够坚守正道,"独行正也",有优柔从容的心态和敢于抗争的精神,困境也是可以战胜的。这一爻揭示的事理是,人们在行事的时候,遇到障碍和阻拦,不要患得患失,要有敢于抗争的精神,越抗争就越能跨越障碍,越抗争就越能突破阻拦,人生最精彩的页码都是敢于抗争精神的写照。

2."晋如鼫鼠"的目标错位。九四爻辞是"晋如鼫鼠,贞厉。"九四以阳居阴,不中不正,却窃居近君大臣的高位,贪婪权势,嫉妒贤才,极力阻挡在下三阴的晋升之路,还阳刚失正,势压六五之君,即使能够严守自己的本分,后果也是非常危险,谓之"贞厉"。此爻给人的反面教训是,目标错位,前进的方向不正确,使用的手段再正确,也"晋如鼫鼠"一般,不仅成事枉然,还会给自己带来祸患。因此,在做任何事情的时候,都要把选择好前进的方向,树立正确的目标作为走向成功、走向辉煌的起点和路标。

3."失得勿恤"的无为而治。六五的爻辞是"悔亡,失得勿恤,往,吉,无不利。"六五以阴居阳位,不当位,有失正之悔,但是六五是柔而得中,所以"悔亡"。六五作为柔中之君,端正自己,守持中道,按照"柔进而上行"的总体目标要求,满足了在下之三阴"顺而丽乎大明"的晋升意愿,又妥善地处理了与六二柔中之臣的关系,设官分职,委贤任能,君臣同心,各司其职,各尽其力,达到了无为而治的最佳治政状态。这一爻揭示的人事之道是,治国之君要自觉地以柔中之道把各种关系调整得井井有条,各种事务都有专人负责,并处于自相治理的状态,自己就不必亲劳其事,这就是无为而治的圣人治政境界。所以孔子说:"无为而治者,其舜也与!"

明夷第三十六

【卦辞】

　　明夷：利艰贞。

【白话】

　　明夷卦象征光明熄灭，黑暗来临：利于坚守正道。

【彖传】

　　《彖》曰：明入地中，明夷。内文明而外柔顺，以蒙大难，文王以之。"利艰贞"，晦其明也。内难而能正其志，箕子以之。

【白话】

　　《彖传》说：明夷卦下离上坤，光明没入大地之中，象征光明损伤，这就是明夷卦的卦象。内具文明之德，对外显示柔顺的情态，却蒙受大难，周文王的遭遇正好与此相似。"利于坚守正道"，是指暂时掩藏自己的光芒。在内部遭受险难的情况下仍能秉正守志，箕子的经历正好与此相似。

【大象传】

　　《大象》曰：明入地中，明夷。君子以莅众，用晦而明。

【白话】

　　《大象传》说：明夷卦下离上坤，太阳没入大地之中，象征光明受到伤害。君子因此在治理民众时，虽明察一切，却晦藏不露。

【爻辞】

　　初九　明夷于飞，垂其翼。君子于行，三日不食。有攸往，主人有言。

六二　明夷,夷于左股,用拯马壮,吉。

九三　明夷于南狩,得其大首,不可疾贞。

六四　入于左腹,获明夷之心,于出门庭。

六五　箕子之明夷,利贞。

上六　不明,晦。初登于天,后入于地。

【白话】

初九　光明损伤之时飞行,低垂着翅膀。君子出门远行,三天吃不到东西。有所前往,会受到主人的责备。

六二　光明损伤之时,左腿受伤,因乘坐强壮的马而脱离险境,吉祥。

九三　光明损伤之时,去南方征伐,猎获元凶祸首,此时不可操之过急,宜守正固。

六四　要深入左方腹部,探知光明受到遮蔽时的内中情况,然后跨出门庭。

六五　像箕子一样有意遮蔽自己的智慧之光,有利于坚守正道。

上六　天空不明亮,晦暗。起初升上天空,最后坠于地下。

【小象传】

[初九]"君子于行",义"不食"也。

[六二]六二之"吉",顺以则也。

[九三]"南狩"之志,乃得大也。

[六四]"入于左腹",获心意也。

[六五]"箕子"之"贞",明不可息也。

[上六]"初登于天",照四国也;"后入于地",失则也。

【白话】

[初九]"君子出门远行,三天吃不到东西",他是坚持正义而舍弃俸禄才这么做的。

[六二]六二爻辞中所说的"吉祥",是因为顺从局势行事。

[九三]"去南方征伐"的志向,是能够大施抱负的。

〔六四〕"深入左方腹部",目的是为了获知内中真实情况。

〔六五〕箕子的坚守正道,说明光明是不可熄灭的。

〔上六〕"起初升上天空",说明此时其光明可以普照四方;"最后坠于地下",是因为其所作所为违反正义的原则。

【悟语】

明夷卦坤上离下,坤为地;离为日、为光、为明。日落地下,光明没入地中,光明熄灭而黑暗来临,谓之"明夷"。我观此卦,从天道中体悟到的人事思想是:

1. **"明夷于飞"的主动退避**。初九爻辞是"明夷于飞,垂其翼。君子于行,三日不食。有攸往,主人有言。"初九阳居阳位,当位得正,是一位内怀其德的君子,在明夷之世初起,就预见到黑暗即将来临,邪恶将残害正义。初九就像小鸟一样低垂着羽翼飞离险境。尽管远遁的过程会充满艰难险阻,啼饥号寒,受人出言责怪,但这是韬光养晦,退而自保,是明智的选择,所以,此爻《小象传》说:"'君子于行',义'不食'也"。这一爻告诉人们,在光明被阻的时候,应当确立趋利避害的思维方式,要像鸟一样迅速飞走,以摆脱困境,保持情绪和心境的明亮与稳定。主动的退避,看起来也会失去一些东西,但是,在灾难悄悄地离你而去的同时,成功又悄悄地向你走来。《周易》特别强调屈伸之道,《系辞传》就从天道自然和人道有为等方面进行了深刻的说明:"日往则月来,月往则日来,日月相推而明生焉。寒往则暑来,暑往则寒来,寒暑相推而岁成焉。往者屈也,来者信也,屈信相感而利生焉。尺蠖之屈,以求信也;龙蛇之蛰,以存身也。精义入神,以致用也;利用安身,以崇德也。"老子也曾告诫过我们:"曲则全,枉则直。"意思是,委屈反能保全,屈就反能伸展。宋代吕本中也说:"不与人争者,常多得利,退一步者,常进百步。"由此看来,善于退也是非常有价值的谋略。春秋时期的越国大臣文种和范蠡,尽忠忧君、经邦济世的谋略都是差不多的,但一个功成身退,做了大富翁;一个流连忘返,成了刀下鬼。原因就是一个能伸能屈,一个能伸不能屈。

2. **"夷于左股"的承受危难**。六二爻辞是"明夷,夷于左股,用拯马壮,吉。"六二受到邪恶势力的残害,左面的大腿负伤。但是六二居于下体离卦之中,正而且中,内文明而外柔顺,具有承受危难而又能从容应对的品质。处于明夷之世的发展阶段,正义的力量尽管微弱,但并没有消亡,六二以中正之德坚定地承担拯救世事的历史使命,就一定会得到救援,终获吉祥,所以"用拯马壮,吉"。此爻告诉人们,面对危难,不要徘徊不前,只要能够心正不阿,咬紧牙关,承受住危难,就一定会成为最后的胜利者。伟大就诞生在苦难之中。斯巴群说:"有许多人一生的伟大,都从他们的危难中得来。"拿破仑也说:"患难困苦,是磨炼人格、意志的最高学府。"孟子对此早在两千多年前就曾经有过精辟的论述:"天将降大任于斯人也,必先苦其心志,劳其筋骨,饿其体肤,空乏其身,行拂乱其所为,增益其所不能。"这可以说是对"夷于左股"承受危难意义和价值的最深刻注解。

3."**箕子之明夷**"的大智若愚。六五爻辞是"箕子之明夷,利贞。"六五比近于上六之昏君暗主,如果匡扶正道,六五又没有敌过君主的势力;如果拯救这种黑暗的局面,六五又没有救世的力量;如果逃避离去,六五又认为义不可取。这就像生活在商纣王时代的箕子的处境,动辄得咎,艰难万分。但是箕子"内难而能正其志",在明夷之世,为避难而装疯卖傻,终于免去了灾祸,保全了自己。箕子这种自掩其聪明才智的做法,有利于坚守正道,所以叫"利贞"。这一爻告诉人们,最大的智慧就是看上去没有智慧,越是出类拔萃的人,越是接近于木讷,接近于愚笨。老子曾经说过:"善于做生意的商人,总是隐藏其宝货,不令人轻易见之;而君子为人品德高尚,但容貌却显得愚笨。"过分张扬自己的能力,是有害的。大智若愚是保全自己、成就事业的智慧中最高的、最玄妙的智慧。

家人第三十七

【卦辞】

家人：利女贞。

【白话】

家人卦象征家庭：有利于女子守持正固。

【彖传】

《彖》曰：家人，女正位乎内，男正位乎外。男女正，天地之大义也。家人有严君焉，父母之谓也。父父，子子，兄兄，弟弟，夫夫，妇妇，而家道正。正家，而天下定矣。

【白话】

《彖传》说：家人卦的六二阴爻居下卦之中位，象征女子在家中守正道；九五阳爻居于上卦之中位，象征男子在外面守正道。男女都守正道，这是天地的大义。一家之人中的威严的君长，就是父亲和母亲。父亲按父亲的要求去做，儿子按儿子的要求去做，兄按兄的要求去做，弟按弟的要求去做，夫尽夫责，妇守妇德，那么家风自然就正了。家风正了，天下也就安定了。

【大象传】

《大象》曰：风自火出，家人。君子以言有物，而行有恒。

【白话】

《大象传》说：家人卦下离上巽，风从火中吹出，象征了家庭。君子因而在说话时能言之有物，行动能持之以恒。

【爻辞】

初九 闲有家,悔亡。

六二 无攸遂,在中馈,贞吉。

九三 家人嗃(hè,苦热,引申为严酷貌)嗃,悔,厉,吉。妇子嘻嘻,终吝。

六四 富家,大吉。

九五 王假有家,勿恤,吉。

上九 有孚,威如,终吉。

【白话】

初九 家中凡事防患于未然,就没有悔恨之事。

六二 没有取得什么成功,在家中主持饮食之事,守持正道可获吉祥。

九三 对家中之人要求严格,虽然有悔恨,有危险,但最终吉祥。妇女和孩子成天嬉笑打闹,最终会有令人遗憾之事。

六四 使家庭富足,大为吉祥。

九五 君王用美德感化众人并视天下为一家,不要忧虑,吉祥。

上九 心存诚信,充满威严,最终吉祥。

【小象传】

[初九]"闲有家",志未变也。

[六二]六二之"吉",顺以巽也。

[九三]"家人嗃嗃",未失也。"妇子嘻嘻",失家节也。

[六四]"富家大吉",顺在位也。

[九五]"王假有家",交相爱也。

[上九]"威如"之"吉",反身之谓也。

【白话】

[初九]"家中凡事防患于未然",说明应在事物没有发生变化时加以防范。

[六二]六二爻辞中所说的"吉祥",是因为六二阴爻居九三阳爻之

下，温顺而谦逊的缘故。

　　〔九三〕"对家中之人要求严格"，说明没有违背治家之道。"妇女和孩子成天嬉笑打闹"，说明有失家族礼节。

　　〔六四〕"使家庭富足，大为吉祥"，是因为六四阴爻居阴位，又处于九五阳爻之下，当居正位，顺守本分。

　　〔九五〕"君王用美德感化众人并视天下为一家"，说明天下人之间应互相友爱。

　　〔上九〕"心存诚信，充满威严"而最终获"吉祥"，说明能反身自省，严于律己。

【悟语】

　　家人卦巽上离下，巽为风，离为火，内火外风，风自火出，自内影响至外，象征一家之风化，自内而出，故谓之"家人"。我观此卦，得到了三个方面的深刻感悟：

　　1. "闲有家"的良好开端。初九爻辞是"闲有家，悔亡。"初九以刚明之才，处家人之初，为家人之始，承担着治家的重任，初九深明治家之道，从一开始就制定一套行为规范，树立家规家法，使家庭成员有所遵循，为营造良好的家风打好基础。这种立下规矩，防患于未然的做法就不至于产生悔恨，所以说"悔亡"。这一爻告诉人们，做任何事情，都要先打好基础。开好了头，接下来的事情往往可以很顺利地完成，诚如俗话所言："良好的开端就是成功的一半"，起点往往决定终点，历史上许许多多的成功事业和成功者，就得益于良好的开端。希望是良好开端最积极的元素，美国黑人领袖马丁·路德金说过："世界上所做的每一件事都是抱着希望而做成的。"

　　2. "王假有家"的交相爱乐。九五爻辞是"王假有家，勿恤，吉。"九五刚而得中，与六二之柔中正相应，阴阳协调，刚柔相济，整个家庭凝聚成了一个如此爻《小象传》所说的"交相爱"的统一体，达到了治家的完美境界。九五又是居至尊之位，也是天下人之严君，把这种"王假有家"的治家之道推广到天下，使得人人交相爱乐，营造出了和谐太平的盛世。这一爻揭示的道理是,家和万事兴,国和享太平。交相爱乐正是家和国和的基础和表现。

3."有孚,威如"的树立威信。上九爻辞是"有孚,威如,终吉。""有孚,威如"是诚信和威严的结合,就是人们所称的"威信"。上九作为一家之长,刚严于上,诚意以率下,能严格要求自己,又能严明法度,在家人中享有崇高的威信,所以终获吉祥。这一爻阐明的道理是,有威严而无诚信,使人畏服而不能使人悦服;有诚信而无威严,就只有信度而没有法度,发挥不了领导功能。诚信和威严相结合才能产生使人心悦诚服的领导力量。领导者树立威信的要旨就是反求诸己,孔子曾经说过:"己欲立而立人,己欲达而达人。"就是说,只有自己愿意去做的事,你才能要求别人也去做;只有自己能做到的事,才能要求别人也去做到。一个领导者只有严于律己,具有人格的魅力,才能增强凝聚力,才能众望所归。所以此爻的《小象传》云:"'威如'之'吉',反身之谓也。"

睽第三十八

【卦辞】

　　睽（kuí,隔离）:小事吉。

【白话】

　　睽卦象征背离分散:小事情吉利。

【彖传】

　　《彖》曰:睽,火动而上,泽动而下。二女同居,其志不同行。说而丽乎明,柔进而上行,得中而应乎刚,是以"小事吉"。天地睽而其事同也。男女睽而其志通也,万物睽而其事类也,睽之时用大矣哉。

【白话】

　　《彖传》说:睽卦下兑上离,离为火,火焰跃动于上;兑为泽,泽水流动于下。离为中女,兑为少女,就像两个女子同居一室,但心志各不相同。离为明,兑为悦,所以睽卦又象征和悦地依附光明;六三阴爻上升至六五阴爻,象征阴柔者的地位不断上升;六五阴爻居上卦之中位,与居下卦之中位的九二阳爻相应,象征人守中正之道而与阳刚者相应和,因此说"小事情吉利"。天和地相背离,但是它们相合而化育万物的事理则是相同的;男和女不同,但是他们交感求和的心志是相通的;天下万物形态各不相同,但是它们秉守天地阴阳气质的心志却是一样的。天地万物各不相同,又相互统一,背离之时却有待施用的范围是多么广大啊!

【大象传】

　　《大象》曰:上火下泽,睽。君子以同而异。

【白话】

《大象传》说:睽卦下兑上离,火性向上而水性向下,互不相容,象征着背离。君子因此而探究同类事物的不同之处。

【爻辞】

初九 悔亡。丧马,勿逐自复。见恶人,无咎。

九二 遇主于巷,无咎。

六三 见舆曳,其牛掣(chè,有拉、拽等意),其人天且劓(yì,古代割鼻的酷刑)。无初有终。

九四 睽孤,遇元夫,交孚,厉,无咎。

六五 悔亡,厥宗噬肤,往何咎。

上九 睽孤,见豕负涂,载鬼一车,先张之弧,后说之弧。匪寇婚媾。往遇雨则吉。

【白话】

初九 悔恨消亡。丢失马匹,不用去追寻,它自己会回来。接待恶人,没有什么灾殃。

九二 在巷中遇见主人,没有灾殃。

六三 看见牛车被拖拽难行,拉车的牛不听话,是一个额上刺着字,鼻子被割去的罪犯干的。开始时不顺利,最终顺利。

九四 孤身一人在外,遇见一位阳刚大丈夫,彼此以诚相待,有危险,但最终没有灾殃。

六五 悔恨消亡,自己同宗族的关系如同咬柔软的肉一般和顺,前往会有什么灾殃呢?

上九 孤身一人在外,看见一头背上满是污泥的猪,又看见一辆载着鬼怪一样的人的车,开始时拉开弓欲射,后来放下弓。他们不是强盗,而是求婚者。往前走遇上下雨则吉祥。

【小象传】

[初九]"见恶人",以避"咎"也。

[九二]"遇主于巷",未失道也。

[六三]"见舆曳",位不当也。"无初有终",遇刚也。

[九四]"交孚""无咎",志行也。

[六五]"厥宗噬肤",往有庆也。

[上九]"遇雨"则"吉",群疑亡也。

【白话】

[初九]"接待恶人",这是避免灾殃的方法。

[九二]"在巷中遇见主人",说明并没有违背正道。

[六三]"看见牛车被拖拽难行",这是六三阴爻居阳位,所处的位置不适当。"开始时不顺利,最终顺利",是因为六三阴爻与上九阳爻相应,象征阴柔者得到阳刚者的帮助。

[九四]"彼此以诚相待","没有灾殃",是因为志向得到了实行。

[六五]"自己同宗族的关系如同咬柔软的肉一般和顺",说明前往必有吉庆之事。

[上九]"遇上下雨则吉祥",是因为种种疑虑都消失了。

【悟语】

睽卦离上兑下,离为火,兑为泽,上火下泽,火焰向上烧,泽水向下浸,兑泽与离火两性相悖。离还为中女,兑还为少女,两个女子虽同居一室,但志向迥异,最终必有不同的夫家,有睽乖分离之象,故谓之"睽"。我观此卦,悟懂了睽卦化"异"为"同"、为"合"的道理:

1."见恶人,无咎"的人际沟通。 初九的爻辞是"悔亡。丧马,勿逐自复。见恶人,无咎。"初九以刚爻居阳位,刚而好动,力求扭转睽乖离散的局势,但是九四也是阳刚之性,是敌应的关系。所以初九步履维艰,动而有悔,就像是在旅途中丧失了马匹,又遇见了恶人。这时初九的最好行为模式是,不去追逐丢失的马匹,只要从容等待,它会自动回来;对于同自己对立敌视的人,则不要排斥拒绝,而要主动进行沟通交流,化解前嫌,这样就没有咎害。所以,这一爻的《小象传》说:"'见恶人',以辟'咎'也。"人是一种群体动物,人的群体活动需要沟通来相互协调、相互配合、相互交流才富有成效。沟通,按照社会心理学的解释就是在人与人之间进行信息传递和信息交流,沟通的目的是化解人们之间的矛盾和隔阂,消除彼此心灵之间的那层"厚障壁",建立良好的人际关系。《周易》能够把沟通的作用上升到化敌为友的高度,对我们今天开展沟通工作是很有指导意义的。即使有人与你敌对,也不妨主动接近,进行沟通,通过信息传递和感情上的交流,尽释前嫌,避免因更加对立而带来危害,这就是一种大智慧。

2."无初有终"的克服困难。六三的爻辞是"见舆曳,其牛掣,其人天且劓。无初有终。"六三是阴柔而居阳位,如此爻的《小象传》所言:"位不当也"。六三本来就力量薄弱,又加上九四阻于前,九二牵于后,陷入了进退维谷的困境。但是六三与上九是一种相应的关系,能得到上九的援助而有利于摆脱困境,六三又居于兑体之上,具有和悦柔顺之德,能够处理好与九二、九四的关系,克服艰难,最终取得胜利,所以说:"无初有终"。人生的道路不是一条笔直的坦途,而是弯弯曲曲,充满了杂草和荆棘的小道,困难随处可遇,甚至不幸也可能不断发生。人生在世,又像船行于海中,遭遇风浪,剧烈颠簸,这都是常态,谁也无法拒绝。古往今来,那些成就了一番事业的伟人,就是因为他们敢于吃困难的"快餐",披荆斩棘地同困难作斗争,从而"无初有终"。一切胸怀大志的人,都应该把"无初有终"作为成功的座右铭。

3."匪寇婚媾"的弄清情况。上九的爻辞是"睽孤,见豕负涂,载鬼一车,先张之弧,后说之弧。匪寇婚媾。往遇雨则吉。"上九与六三阴阳相应,但是当六三克服各种阻力,驾着牛车主动前来与上九结同心永好时,上九则胡乱猜疑,把驾车的牛看做是涂满了污泥的猪,把驾车的人看做装满一车的鬼,于是张弓用箭欲射之,后来经过仔细观察和思考,才明白了六三不是敌寇,而是前来婚媾的对象,消除了猜疑,放下了弓箭,避免了误伤,与六三结成正应,化凶为吉,所以说"遇雨则吉"。睽卦的这一爻告诉人们,在做任何事情的时候,行动前必须弄清客观情况,不能凭主观臆测,情况不明就轻举妄动,会使自己招致祸殃。

蹇第三十九

【卦辞】

蹇(jiǎn,行动艰难,有险阻):利西南,不利东北。利见大人,贞吉。

【白话】

蹇卦象征艰难险阻:利于往西南方向走,不利于往东北方向走。利于去见大人,坚守正道可得吉祥。

【彖传】

《彖》曰:蹇,难也,险在前也。见险而能止,知矣哉。蹇,"利西南",往得中也;"不利东北",其道穷也。"利见大人",往有功也。当位"贞吉",以正邦也。蹇之时用大矣哉。

【白话】

《彖传》说:蹇,是艰难的意思,蹇卦下艮上坎,表示前面有险滩。发现险滩而能停下来,这是明智的。蹇卦卦辞说:"利于往西南方向走",说明前往可得正确道路;"不利于往东北方向走",说明前往会走向绝路。"利于去见大人",说明前往可获成功。六二阴爻居阴位,九五阳爻居阳位,所处的位置适当,"坚守正道可获吉祥",说明可以摆脱蹇难,重振邦国。把握时机,正确地应对蹇难的意义是十分重大的。

【大象传】

《大象》曰:山上有水,蹇。君子以反身修德。

【白话】

《大象传》说:蹇卦下艮上坎,高山上有水,象征行走艰难。君子因此而自我反省,修好自己的道德。

【爻辞】

初六 往蹇来誉。

六二 王臣蹇蹇，匪躬之故。

九三 往蹇来反。

六四 往蹇，来连。

九五 大蹇朋来。

上六 往蹇来硕，吉，利见大人。

【白话】

初六 往前进发时艰难，回来时得到荣誉。

六二 君王的大臣处境十分艰难，这并不是为了自身的利益而造成的。

九三 往前行走艰难，回来时则不艰难。

六四 往前发展艰难，返回时正好相反。

九五 行走极为艰难，朋友前来相助。

上六 往前进发艰难，回来时获得大的成功，吉祥。利于去见德高望重的人。

【小象传】

[初六]"往蹇来誉"，宜待也。

[六二]"王臣蹇蹇"，终无尤也。

[九三]"往蹇来反"，内喜之也。

[六四]"往蹇来连"，当位实也。

[九五]"大蹇朋来"，以中节也。

[上六]"往蹇来硕"，志在内也。"利见大人"，以从贵也。

【白话】

[初六]"往前进发时艰难，回来时得到荣誉"，说明应当等待时机。

[六二]"君王的大臣处境十分艰难"，最终不会有什么过失。

[九三]"往前行走艰难，回来时则不艰难"，说明内心对此感到欢喜。

　　[六四]"往前发展艰难,返回时正好相反",是因为六四阴爻居阴位,所处的位置适当而且名副其实。

　　[九五]"行走极为艰难,朋友前来相助",是因为九五坚持了中正的气节。

　　[上六]"往前进发艰难,回来时获得大的成功",是因为其内心有好的志向。"利于去见德高望重的人",说明跟从地位尊贵的人可得到利益。

【悟语】

　　蹇卦坎上艮下,坎为水,艮为山,山上有水。山路本来就艰险,水再积山上,行路更难,有困难险阻之象,故谓之"蹇"。从卦德上看,上卦坎体为险,下卦艮体为止,见前方有险,则止步不前,也有蹇难之意。我观此卦,悟到了以下基本思想:

　　1."王臣蹇蹇,匪躬之故"的报国忧民。六二爻辞是"王臣蹇蹇,匪躬之故。"六二柔而得中,与九五刚中之君正相应,面对蹇难之世,六二没有选择"见险而能止"的自保行为,而是与九五之君患难与共,甘冒重险,承担拯济蹇难的重任,因而"王臣蹇蹇,匪躬之故"。六二这种志匡王室的忠臣风范和心忧黎民的大公无私精神是值得赞赏的,结果必然是吉利的,所以,此爻《小象传》说:"'王臣蹇蹇',终无尤也"。我国自古以来,就倡导为国家尽力、为民族捐躯的精神,多少仁人志士,以国事为己任,临难不屈,为国家而战,与民族休戚与共,奉献毕生的心血,使中华民族历经磨难而不衰。报国忧民是我们每个人必须永远肩负的使命。

　　2."往蹇,来连"的守住本位。六四爻辞是"往蹇,来连。"蹇卦六爻,六四的处境最"蹇",前进有蹇难,后退有祸患。从卦体上看,六四升至坎体,进入坎险之地,再往前走愈陷愈深,往回走又会以柔乘刚,凌驾于九三之上。这种蹇难是由六四的爻位的客观所在决定的。这时六四最明智的选择就是此爻《小象传》所指出的:"当位实也"。六四阴居阴位,当位得正,既不必进,也不必退,而是要固守本位,以平实的心态和坚强的人格来"淡泊以明志,宁静而致远"。待天道循环,蹇难环境发生了改变,再宜进则进,功业可成。

3."大蹇朋来"的得道多助。"大蹇朋来"是九五的爻辞。九五之蹇是"大蹇",九五陷入坎体的正中,坎险达到了极盛,九五又居于至尊的君位,身系天下之安危而不能推卸责任,落荒而逃。必须承受"大蹇"之难,励精图治。正是因为九五秉承刚中之德与六二柔中之臣相应配合,同心协力,赢得了"朋来"鼎力相助,所以,此爻《小象传》说:"'大蹇朋来',以中节也"。这一爻告诉人们,无论是蹇难的解脱,还是成功的事业,或者二者兼而有之,都离不开志同道合的朋友的携手相助。谁能坚守中正之道,谁就能得到多助,而谁得到的朋友越多,谁的事业的成功系数就越大。千古一理,概莫能外。

解第四十

【卦辞】

　　解:利西南,无所往,其来复,吉。有攸往,夙吉。

【白话】

　　解卦象征解除困难:利于往西南方向走,没有目的地前往,往回返,可获吉祥。出现危难当迅速前往,早去可获吉祥。

【彖传】

　　《彖》曰:解,险以动,动而免乎险,解。解"利西南",往得众也;"其来复,吉",乃得中也;"有攸往,夙吉",往有功也。天地解而雷雨作,雷雨作而百果草木皆甲坼(chè)。解之时大矣哉。

【白话】

　　《彖传》说:解卦下坎上震,象征遇险而动,通过动而免于危险,这就是解的意义。解卦卦辞说"利于往西南方向走",是因为前往必能得到民众的拥戴;"往回返,可获吉祥",因为这么做符合正道;"出现危难当迅速前往,早去可获吉祥",说明前往解难可以建功。天地解除严寒而雷雨兴起,雷雨兴起而百果草木的种子无不裂开甲壳而长出嫩芽。解除困难的因时制宜的意义十分巨大。

【大象传】

　　《大象》曰:雷雨作,解。君子以赦过宥(yòu,宽恕)罪。

【白话】

　　《大象传》说:解卦下坎上震,雷雨兴作,象征解除困难。君子因此从而赦免、宽宥他人的罪行、过错。

【爻辞】

初六　无咎。

九二　田获三狐，得黄矢，贞吉。

六三　负且乘，致寇至，贞吝。

九四　解而拇，朋至斯孚。

六五　君子维，有解，吉。有孚于小人。

上六　公用射隼（sǔn，一种凶猛的鸟）于高墉（yōng，城墙）之上，获之，无不利。

【白话】

初六　没有灾殃。

九二　打猎时猎获三只狐狸，并得到铜制的黄色箭头，坚守贞正品德吉祥。

六三　背负重物乘车，引来了强盗，这样做是令人遗憾的。

九四　解除与小人的关系，朋友们将前来，朋友来了以后相互以诚信相待。

六五　君子被捆绑后又得到解脱，吉祥。以诚信之德感化小人。

上六　王公射杀高城上的恶隼，射中后把它捕获，没有什么不利。

【小象传】

［初六］刚柔之际，义"无咎"也。

［九二］九二"贞吉"，得中道也。

［六三］"负且乘"，亦可丑也。自我致戎，又谁咎也。

［九四］"解而拇"，未当位也。

［六五］"君子""有解"，"小人"退也。

［上六］"公用射隼"，以解悖也。

【白话】

［初六］初六阴爻和九二阳爻相交接，理应"没有灾殃"。

［九二］九二爻辞中说"坚守贞正品德吉祥"，说明这样做符合居中不

偏之道。

[六三]"背负重物乘车",这种做法是荒唐可笑的。自己的行为招来了强盗,又能归咎于谁呢?

[九四]"解除与小人的关系",说明九四阳爻居阴位,所处的位置不适当。

[六五]"君子""又得到解脱",是因为小人畏服退缩。

[上六]"王公射杀高城上的恶隼",目的是除去背逆者造成的险难。

【悟语】

解卦震上坎下,震为雷,坎为雨,雷雨兴起,和畅而缓散,阴阳二气相交感,万物纷纷舒发生机,有缓解之象,故谓之"解"。从卦德上看,震为动,坎为险,坎在内,震在外,动于险外,愈动离险愈远,有脱离危难之意。我观此卦,得到的感悟是:

1."赦过宥罪"的宽大为怀。解卦的《大象传》说:"雷雨作,解。君子以赦过宥罪。"解卦上震为雷,下坎为雨,雷雨兴作,草木初开,萌发了生机,艰难的形势得到了缓解。但是这种生机很嫩弱,需要细心呵护才能茁壮成长。切不可急躁冒进,戕害扼杀。观此卦象应该懂得,在解缓之世的初始阶段,人心思安,人心思定,应当采取宽大和让步的政策,以柔道治天下,赦免过失,宽宥罪恶,让老百姓休养生息,恢复元气。如果在解缓之世不"赦过宥罪",而是行术用明以察伪奸,严刑峻法以除恶止邪,这就很容易重新激化矛盾,阻碍社会自组织的过程,扼杀社会发展的生机,破坏来之不易的解缓之世。因此,"赦过宥罪"的宽大为怀,才是解缓之世的明智选择。

2."负且乘"的张扬致灾。六三爻辞是:"负且乘,致寇至,贞吝。"六三以阴处阳、以柔乘刚而又攀附于九四,是一个窃居高位的小人,这就好比一个人负大量物品而又乘坐在华丽的大车上,招摇过市,由于地位和身份不相称,必然会招来盗寇抢劫。即使他能够坚守本分,结果也是不吉祥的。这一爻的《小象传》也把"负且乘"这种张扬致灾的行为当做一种丑陋行为,并认为是咎由自取,怪罪不了别人。这一爻告诉人们,根基浅薄就经不起风吹雨打，显山露水的张扬，不为人们接受，也成就不了事业，甚至还会招来杀身之祸。在古代，打江山时，各路英雄汇聚一个麾下，张扬锋芒，一个比一个有神通。为图霸业者需要借助于这些人的才能和力量来争夺天下。但江山已定，这些虎将功臣，如果不收敛锋芒，继续张扬，就会成为皇帝的最大心病，为了消除威胁，就屡屡有开国初期除杀功臣之事。明太祖朱元璋火烧庆功楼就是如此。相反，那些做事做人不张扬，在卑微时，能安贫乐道，豁达大度；在显赫时，能持盈若亏，不骄不狂的人，都能保住自我，也都能有一个好的过程和善终的结果。因此，人不管有多大的事业、多大的成功、多大的显赫，都要注意"敛"。这是做人做事的最佳姿态。

3. "公用射隼"的除掉悖乱。上六爻辞是："公用射隼于高墉之上，获之，无不利。"隼是一种恶鸟，指六三。六三窃居高位，凶恶贪残，是小人势力的代表，是破坏缓解之世的最大隐患。上六采取断然措施，如同射隼一样，一箭射落，从根本上除掉了悖乱的祸根，巩固了大好形势。所以此爻《小象传》说："'公用射隼'，以解悖也。"这一爻告诉人们，对那些逆历史而动的悖逆之徒，就要像"公用射隼"那样，一箭解决，干净利落，这才能彻底排除因悖逆所造成的危难。

损第四十一

【卦辞】

损:有孚,元吉,无咎,可贞,利有攸往。曷(hé,怎么、何时)之用?二
簋(guǐ,古代盛食物的器具)可用享。

【白话】

损卦象征减损:心有诚信,非常吉祥,没有灾殃,可以守持正固,利于
有所前往。用什么来体现减损?只用两盘食物就可以表示祭祀的诚
敬了。

【彖传】

《彖》曰:损,损下益上,其道上行。损而"有孚,元吉,无咎,可贞,利
有攸往。曷之用?二簋可用享。"二簋应有时,损刚益柔有时,损益盈虚,
与时偕行。

【白话】

《彖传》说:损,就是减损下面的,增益上面的,这种规则是由居于上
位的人推行的。损卦卦辞中说:"心有诚信,非常吉祥,没有灾殃,可以守
持正固,利于有所前往。用什么来体现减损?只用两盘食物就可以表示
祭祀的诚敬了。"用两盘食物来祭祀,要根据具体的时间,减损阳刚者、增
益阴柔者也要根据具体的时间,减损还是增益,盈满还是亏虚,都要随着
具体的时间而发生变化。

【大象传】

《大象》曰:山下有泽,损。君子以惩忿窒欲。

【白话】

　　《大象传》说：损卦下兑上艮，山的下面有水泽，象征减损。君子因此而克制自己愤怒的情绪，杜绝贪欲。

【爻辞】

　　初九 已事遄(chuán,迅速)往,无咎,酌损之。

　　九二 利贞,征凶,弗损,益之。

　　六三 三人行,则损一人;一人行,则得其友。

　　六四 损其疾,使遄有喜,无咎。

　　六五 或益之十朋之龟,弗克违,元吉。

　　上九 弗损,益之,无咎。贞吉。利有攸往,得臣无家。

【白话】

　　初九 举行祭祀之事时要迅速前往,没有灾殃,祭品可以酌情减损。

　　九二 利于守持正固,出征有凶险。不要减损,而要对它进行增补。

　　六三 三个人同行,则将会减损一个人;一个人独行,则会得到朋友。

　　六四 减轻病痛,并使之迅速痊愈,没有灾殃。

　　六五 有人赠送给他价值十朋的龟,无法辞绝,大为吉祥。

　　上九 不要减损,而要对它进行增补,没有灾殃。守持正固可获吉祥。利于有所前往,得到天下臣民的拥戴。

【小象传】

　　[初九] "已事遄往",尚合志也。

　　[九二] 九二"利贞",中以为志也。

　　[六三] "一人行","三"则疑也。

　　[六四] "损其疾",亦可喜也。

　　[六五] 六五"元吉",自上佑也。

　　[上九] "弗损,益之",大得志也。

【白话】

[初九]"举行祭祀之事时要迅速前往",说明心志要与居于上位者相合。

[九二]九二爻辞中说的"利于守持正固",说明以坚持中道为自己的志向。

[六三]"一个人独行"会得到朋友;"三个人同行"则会因意见分歧而产生疑惑。

[六四]"减轻病痛",也是值得喜庆的事。

[六五]六五爻辞中说的"大为吉祥",是因为得到了来自上天的保佑。

[上九]"不要减损,而要对它进行增补",说明上九大得施惠天下的志向。

【悟语】

损卦艮上兑下,艮为山,兑为泽,山下有泽。泽卑山高,象征泽体自我减损以增益山高,故谓之"损"。我观此卦,得到的感悟是:

1."已事遄往"的乐于助人。初九爻辞是:"已事遄往,无咎,酌损之。"初九居于损卦的下位,与上位的六四结成正相应的关系,初九阳居阳位,盈满有余,六四柔居柔位,亏欠不足。初九停下自己的事,迅速地去与六四合志,通过减损自己以帮助别人,就是损下益上,损刚以益柔,损有余以补不足。这种助人为乐的成人之美,当然不会有灾难临头。当然,初九的减损自己也要酌情处理,既不可自不量力,过度减损自己,也不可强加于人引起被助者的反感。这一爻告诉人们,成就大事的人,都有乐于助人的高尚精神。不善于给需要帮助的人送去帮助,这是最愚蠢的做人之道。乐于助人的人得到的最大酬劳就是别人也乐意帮助自己。送人玫瑰,手有余香,所以才有了古语说:"投之以桃,报之以李"。助人为乐的行为高尚,助人为乐者的内心也欣慰、愉悦。所以说,最智慧的做人之道就是从助人中得到了助己。

2."一人行"的专心致志。六三爻辞是:"三人行,则损一人;一人行,则得其友。"六三阴居阳位,不当位又失中道,六三与上九虽是正相应的关系,但是六三柔中带刚,必须"损刚益柔"、"损下益上",才能使阴阳刚柔平衡。六三一人独行,应于上九,就会专心一意地与上九结成情投意合的朋友。如果三人同行,一起去应于上九,则会互相掣肘使一个人受到伤害,互相猜疑而达不到预期的目的。所以《小象传》说:"'一人行','三'则疑也"。这一爻告诉人们,当你要开始做某种事情的时候,你必须把态度调整到专心致志的状态,避免和自己人产生无端的猜疑和争端。将大家紧紧地团结在一起,事情才能成功,祸起萧墙的内斗,斗掉的只能是自己的资源和力量,最终一事无成。

3."损其疾"的弥补缺陷。六四爻辞是:"损其疾,使遄有喜,无咎。"六四以阴柔居上卦,但是柔有余而刚不足,存在着缺陷。六四与初九正应,当初九损刚益柔前来与六四相应时,六四就应该抓住机会与其合志,减损掉自己阳刚不足的毛病,弥补缺陷,获得有益的喜庆。所以《小象传》说:"'损其疾',亦可喜也"。老子曾经对减损之道有过精到的阐述:"为学日益,为道日损。损之又损,以至于无为,无为而无不为。"这一爻告诉人们,人有缺陷是一种客观存在,这并不可怕,只要你能有自知之明,抓住有利机会,接纳别人的帮助,减损自己的毛病,弥补缺陷,你就会真正地让自己接近完美,接近大智慧,做得大成就。

益第四十二

【卦辞】

　　益：利有攸往，利涉大川。

【白话】

　　益卦象征增益：利于有所前往，利于涉越大河。

【彖传】

　　《彖》曰：益，损上益下，民说无疆。自上下下，其道大光。"利有攸往"，中正有庆。"利涉大川"，木道乃行。益动而巽，日进无疆。天施地生，其益无方。凡益之道，与时偕行。

【白话】

　　《彖传》说：益，就是减损于上，增益于下，民众得到益处，因此喜悦无限。居于上位的人向下层民众施益，增益之道必能发扬光大。"利于有所前往"，是因为六二阴爻居下卦之中位，九五阳爻居上卦之中位，象征人行中正之道，所以必有吉庆。"利于涉越大河"，是因为益卦的上卦为巽，巽为木，象征有利于木舟通行。益卦下震上巽，象征顺理而动，日有进益，没有止境。天产生万物，地化育万物，增益的作用无所不在。实施增益的原则是必须配合时机采取行动。

【大象传】

　　《大象》曰：风雷，益。君子以见善则迁，有过则改。

【白话】

　　《大象传》说：益卦下震上巽，风起雷动，象征增益。君子因而见到善行就去仿效，有过失就立刻改正。

【爻辞】

　　初九　利用为大作,元吉,无咎。

　　六二　或益之十朋之龟,弗克违,永贞吉。王用享于帝,吉。

　　六三　益之用凶事,无咎。有孚,中行,告公用圭(guī,玉器名)。

　　六四　中行告公,从,利用为依迁国。

　　九五　有孚惠心,勿问,元吉。有孚惠我德。

　　上九　莫益之,或击之,立心勿恒,凶。

【白话】

　　初九　利于做大事,非常吉祥,没有灾殃。

　　六二　有人赠送给他价值十朋的龟,无法辞绝,永久守持正固吉祥。君王祭祀天帝,吉祥。

　　六三　增益财物,用于凶事,没有灾殃。有诚信,行中道,手持着圭向王公报告。

　　六四　行中道,向王公报告,王公听从,并以此为依据迁移国都。

　　九五　有诚信,并有施恩惠于民众之心,毫无疑问是非常吉祥的。天下万民也会真诚信实地回报我的恩德。

　　上九　没有人增益他,有人攻击他,做事没有恒心,有凶险。

【小象传】

　　[初九]"元吉,无咎",下不厚事也。

　　[六二]"或益之",自外来也。

　　[六三]益用"凶事",固有之也。

　　[六四]"告公,从",以益志也。

　　[九五]"有孚,惠心","勿问"之矣。"惠我德",大得志也。

　　[上九]"莫益之",偏辞也。"或击之",自外来也。

【白话】

　　[初九]"非常吉祥,没有灾殃",说明初九本来处于下位,不能胜任大事。

［六二］"有人赠送给他价值十朋的龟"，说明这种增益来自外部，有益无害。

［六三］"增益财物，用于凶事"，这当然是可行的。

［六四］"向王公报告，王公听从"，这是有损己利天下的志向。

［九五］"有诚信，并有施恩惠于民众之心"，毫无疑问，这样做必然吉祥。"天下万民也会真诚信实地回报我的恩德"，说明益民志向得到充分实现。

［上九］"没有人增益他"，是因为他的言辞充满偏见。"有人攻击他"，说明攻击从外部不招自来。

【悟语】

益卦巽上震下，巽为风，震为雷，风和雷互相激荡。风烈则雷迅，雷激则风怒，二者互相增益彼此的声势，故谓之"益"。我观此卦的感悟是：

1."利用为大作"的建功立业。初九爻辞是："利用为大作，元吉，无咎。"初九居于下卦的震动之始，本质阳刚，又与六四正相应，受到近君大臣的委任，利于大有作为，建非常之功业。虽然初九地位低下，有其才能而无其职位，担当建功立业的重任困难重重，甚至还免不了带来咎害，但是只要顺应形势的需要，勇于精进，真正做成了大事，建立了非常之功，世人就会公认，咎害也就化解了。此爻《小象传》说："元吉，无咎"，就是讲必先元吉，然后才能无咎。曾国藩讲："立德、立功、立言"，其中就有没有建立功业，就没有话语权的隐含之意，可说是深得"元吉，无咎"的妙旨。

2."有孚惠心"的仁爱之心。九五爻辞是："有孚惠心，勿问，元吉。有孚惠我德。"九五以阳刚中正之德居于君位，以至诚的仁爱之心对待人民，把手中的权力看成是为人民谋利益的工具，推行"损上益下"的惠民政策。人民也以至诚之心拥戴"惠我"的有德君主，上下交孚，能够克服一切困难，得志于天下，不待问而元吉。所以，此爻《小象传》说："'有孚惠心'，'勿问'之矣。'惠我德'，大得志也。"此爻告诫人们要有仁爱之心。孔子讲过："仁者爱人"。我们做到了以宽博的仁爱之心来爱人，我们就会对生命的意义有深刻透彻的认识。正如法国哲学家居友所说："我们每个人都有很多的同情，很多的爱心，比维持我们生存所需要的多得多，我们应该把它施舍给别人，这就是生命开花。"领导者更要有仁爱之心，减损自己的多余以增益人民的不足，这才能增加人民的利益，让人民安居乐业，国家才能稳固安宁，正如《尚书》所说："民惟邦本，本固邦宁"。

3. **"立心勿恒"的海市蜃楼。**上九爻辞是："莫益之，或击之，立心勿恒，凶。"处理损益之间的关系的原则是，有余者损之，不足者补之，损有余而补不足，使损益双方共赢。可是上九以阳刚而居于益卦上极，没有损上益下的心志，相反，要求损下益上，损下者不足以益上者，贪得无厌，结果激化了有余与不足之间的矛盾，不仅没有引来增益者，反而招来众多的攻击者。上九内心虽然也打定主意损己益人，但是心意摇摆不定，不能持之以恒，美好的愿望都化作了沙漠中的海市蜃楼，必然会有凶险临头。这一爻诠释了老子的"小是大之源，轻是重之端"的箴言。伟大的理想、宏伟的蓝图能够变成辉煌的事业，需要的就是坚持不懈的恒心和强大的意志力，即使在极端困难的情况下，只要每天都在努力，每天都在进步，聚少成多，成功就再也不会和你擦肩而过，海市蜃楼就一定会变成真正的参天大厦。

夬第四十三

【卦辞】

夬（guài，决断，果决）：扬于王庭，孚号有厉。告自邑，不利即戎，利有攸往。

【白话】

夬卦象征果决：在朝堂上宣布小人的罪恶，如实地告诉大家面临危险。告诫城邑中的人，不利于动武，但往前发展是有利的。

【彖传】

《彖》曰：夬，决也，刚决柔也。健而说，决而和。"扬于王庭"，柔乘五刚也。"孚号有厉"，其危乃光也。"告自邑，不利即戎"，所尚乃穷也。"利有攸往"，刚长乃终也。

【白话】

《彖传》说：夬，是决断的意思，犹如阳刚者裁决阴柔者。夬卦下乾上兑，象征刚健而和悦，果决行事，又能与人和睦相处。"在朝堂上宣布小人的罪恶"，是因为夬卦以一阴爻居于五阳爻之上，象征阴柔者凌驾于阳刚者之上，所以要采取果断的措施。"如实地告诉大家面临危险"，说明危险涉及的范围已经很大。"告诫城邑中的人，不利于动武"，说明一味崇尚武力会走上绝路。"但往前发展是有利的"，说明阳爻若进一步增长，夬卦将变为乾卦，一切阴柔的势力都将终结。

【大象传】

《大象》曰：泽上于天，夬。君子以施禄及下，居德则忌。

【白话】

《大象传》说：夬卦下乾上兑，泽水成蒸汽后上腾于天，象征决断。君子因此而把利禄施给下民，若不施恩惠，将为人憎恶。

【爻辞】

初九 壮于前趾，往不胜为咎。

九二 惕号，莫夜有戎，勿恤。

九三 壮于頄（qiú，观骨），有凶。君子夬夬独行，遇雨若濡，有愠，无咎。

九四 臀无肤，其行次且（zí，jū，想前进又不敢前进），牵羊悔亡，闻言不信。

九五 苋（xiàn，一种一年生草本植物）陆夬夬，中行无咎。

上六 无号，终有凶。

【白话】

初九 足趾前端强盛，贸然前往不能取胜，反而会造成灾殃。

九二 惊惧地警惕呼喊，夜里有敌人来犯，但不必担忧。

九三 决断之心显于脸部，有凶险。君子果断地独自前行，尽管身上被雨淋湿，心中有怨气，但终究没有灾殃。

九四 臀部没有皮肉，行走困难，如能像牵着羊走一般跟从他人前进，可以没有悔恨，但听了此言后他没有相信。

九五 像斩除柔脆易折的苋陆草一样果决地清除小人，居中而行则没有灾殃。

上六 不必呼号求救，最终必有凶险。

【小象传】

［初九］"不胜"而往，"咎"也。

［九二］"有戎，勿恤"，得中道也。

［九三］"君子夬夬"，终"无咎"也。

[九四]"其行次且",位不当也。"闻言不信",聪不明也。

[九五]"中行无咎",中未光也。

[上六]"无号"之"凶",终不可长也。

【白话】

[初九]"贸然前往不能取胜",是咎由自取。

[九二]"夜里有敌人来犯,但不必担忧",是因为九二阳爻居下卦之中位,象征人的行为符合中道。

[九三]"君子果断地独自前行",这样做最终能成功,不会有灾殃。

[九四]"行走困难",是因为九四阳爻居阴位,所处的位置不适当。"但听了此言后他没有相信",说明他听了以后没有能力做出判断。

[九五]"居中而行则没有灾殃",说明中正之道还没有发扬光大。

[上六]"不必呼号求救"而"最终必有凶险",说明小人高居上位的情况终究不能长久。

【悟语】

夬卦兑上乾下,兑为泽,乾为天,是泽在天上,天上水汽蒸腾,象征大泽盈满即将溃决,故谓之"夬"。我观此卦,得到的感悟是:

1. "壮于前趾"的有勇无谋。 初九爻辞是:"壮于前趾,往不胜为咎。"初九虽然本质阳刚,又阳居阳位,但是初九处于夬卦之始,力量薄弱,地位卑下,与九四也未能结成相应关系,没有外援力量的支持,加之初九和要与之斗争的小人上六距离很远,并无必胜之力,也无必胜之理,仅凭脚趾健壮和欲制裁小人的一时之勇就强行前进,有勇无谋,失败是必然的。所以此爻《小象传》说:"'不胜'而往,咎也。"此爻告诉人们,做事一定要考虑基础条件和时机,条件不成熟和时机不具备而轻率急躁地前往,这种有勇无谋的急功近利行为不仅达不到自己的目的,还会给自身带来灾祸。

2. "君子夬夬独行"的以正压邪。 九三爻辞是:"壮于頄,有凶。君子夬夬独行,遇雨若濡,有愠,无咎。"九三阳居阳位,刚而不中,与上六虽然存在着相应关系,但是,九三是君子,上六是小人,本质上是势不两立的,当九三"夬夬独行"去与上六作斗争时，采取了不露声色、虚与周旋的策略，人们还误以为九三丧失了立场，与小人同流合污，引发了许多猜测和愠怒，像遇到雨把洁净的衣裳玷污一样。但是"君子夬夬独行"是以正压邪的正义行为，待到真相大白时，人们的误会也就烟消云散，也就没有什么咎害了。此爻告诉我们一个亘古不变的道理——邪不压正。不管面对的邪恶势力多么猖獗，只要你内心里有正义的信仰支撑，坚持以正压邪的斗争，最后的胜利就是属于你的。

3．"中行无咎"的中和之道。 九五爻辞是："苋陆夬夬，中行无咎。"九五居于至尊的君位，号令众阳齐心协力决断小人，本来是轻而易举的事，但是小人就像"苋陆"，虽易折易断，可再生能力很强，难以根绝。本卦《象传》说，处"夬"之道要达到"健而说，决而和"的目的。对小人的决断制裁在于使其心悦诚服，改恶从善，使社会整体"致中和"，而不是过于刚强而无和柔之善，更不是除恶务尽，造就一个完全没有小人的纯君子国。因为这样只能扩大矛盾对立，激化冲突意识，达不到"健而说，决而和"的目的。所以，此爻是告诫人们，中和之道是至理大道，人们只有用中道的标准来规范和调整自己的行为，才能避免走极端所造成的咎害。

姤第四十四

【卦辞】

姤(gòu,取,通"娶"):女壮,勿用取女。

【白话】

姤卦象征遇合:女子过分强壮,不适合娶她为妻。

【彖传】

《彖》曰:姤,遇也,柔遇刚也。"勿用取女",不可与长也。天地相遇,品物咸章也。刚遇中正,天下大行也。姤之时义大矣哉。

【白话】

《彖传》说:姤,是相遇的意思,姤卦一个阴爻在下,上面为五个阳爻,象征阴柔者与阳刚者相遇。"不适合娶她为妻",是因为不能与违礼不正的女子长久相处。天和地相遇,万物才得以生长茂盛。九二阳爻和九五阳爻分别居下、上卦之中位,象征阳刚者与居中守正的柔者相遇,从而使正道大行于天下。适时相遇的意义十分重大啊。

【大象传】

《大象》曰:天下有风,姤。后以施命诰四方。

【白话】

《大象传》说:姤卦下巽上乾,天空下有风吹动,象征相遇。君主因此而发布命令,遍告四方,推行美德。

【爻辞】

初六 系于金柅(nǐ,止车之物),贞吉。有攸往,见凶,羸豕(léi,shǐ,瘦弱的猪)孚蹢躅(zhí,zhú,不安静而徘徊的样子)。

九二 包有鱼,无咎。不利宾。

九三 臀无肤,其行次且,厉,无大咎。

九四 包无鱼,起凶。

九五 以杞(qǐ,杞树)包瓜,含章,有陨自天。

上九 姤其角,吝,无咎。

【白话】

初六 系在车下用金属制成的刹车块上,坚守正道可获吉祥。有所前往,会有凶险。那就像瘦弱的猪烦躁地来回走动。

九二 厨房里有鱼,没有灾殃。不宜用来招待宾客。

九三 臀部皮肤被磨穿,行走困难,有危险,但没有大的灾殃。

九四 厨房里没有鱼,奋起争执会有凶险。

九五 用杞柳的枝叶包裹瓜,修养内在的文采,好运会从天而降。

上九 碰到兽角上,心有遗憾,没有灾殃。

【小象传】

[初六]"系于金杞",柔道牵也。

[九二]"包有鱼",义不及宾也。

[九三]"其行次且",行未牵也。

[九四]"无鱼"之"凶",远民也。

[九五]九五"含章",中正也。"有陨自天",志不舍命也。

[上九]"姤其角",上穷"吝"也。

【白话】

[初六]"系在车下用金属制成的刹车块上",说明处柔之道是接受阳刚者的控制。

[九二]"厨房里有鱼",从道义上看不用它来宴请宾客。

[九三]"行走困难",说明阴柔者的行为还未受到阳刚者的控制。

[九四]"没有鱼"而招致"凶险",是因为远离民众,丧失民心。

[九五]九五爻辞中说的"修养内在的文采",是指九五阳爻居上卦之中位,行中正之道。"好运会从天而降",说明其志向没有违背天命。

[上九]"碰到兽角上",说明向上发展到极端导致相遇无人的遗憾。

【悟语】

姤卦乾上巽下,乾为天,巽为风,风行天下,则无物不遇,有姤遇的征象,故谓之"姤"。我观此卦,得到的感悟是:

1."系于金柅"的以刚制柔。初六爻辞是"系于金柅,贞吉。有攸往,见凶,羸豕孚蹢躅。"初六以一柔遇五刚,最先遇到的就是九二之刚,初六与九二是亲比的关系,如果依附于九二,就如同拴上金属的车闸,坚固牢靠,控制车辆运行不偏离正道,可以获得吉祥,所以说:"系于金柅,贞吉"。但是另一方面,初六以阴居阳,躁动不安,初六与九四存在着正应关系,如果抛开九二执意追求九四,与九四结为正应,急于前往,呈现出"羸豕孚蹢躅"之象,就会促进以柔变刚、阴长阳消的发展势头,就会带来凶险。因此,必须接受阳刚的牵制,以刚牵柔,才能归于正道。《小象传》说:"'系于金柅',柔道牵也"。此爻告诉人们,邪恶势力造出的祸患,大可以丧国,小可以丧身。但是邪恶势力的发端都是柔弱的,所以容易被忽视,被放纵,才恶性增长,形成气候的。古语说:"愚者谙于成事,智者察于未萌。"为了防止邪恶造成更大灾祸,智者应懂得以刚的手段把灾祸消灭在柔弱状态的道理,在其形成势力之前就予以严厉制止,以断后患。

2."臀无肤,其行次且"的不结小人。九三爻辞是:"臀无肤,其行次且,厉,无大咎。"九三以阳居阳,刚而能决。九三不像九二那样"包有鱼",但是他安然接受了无鱼可得且无可改变的既成事实,能够自我克制,不去和其他阳爻一起争在下的唯一阴爻初六,因为争则必伤,就像臀部受伤而行走不便一样。即使初六主动来与自己结交,九三也不为初六小人所牵引,因此,虽处危厉,并无大的咎害,所以《小象传》说:"'其行次且',行未牵也"。此爻告诉人们,让你不舒服的,让你获灾的,往往是那些小人,因此,君子要倍加防范小人,就算没有人援助扶持,也不与小人深结交。与小人深交,就会如伤"臀",只能"其行次且",自取其难,自取其辱。

    3. "以杞包瓜"的率性纯真。九五爻辞是："以杞包瓜,含章,有陨自天。"九五居于至尊之位,内含中正之德,掌控全局,外顺天道民心,屈尊就下,这种情形就如同用杞柳编织成筐包装瓜果,外表柔软坚韧,内装甜美的瓜果。九五秉承中正之德与九二刚中之臣密切配合,严格按照天人合一的规律办事,心地纯正,率性纯真,能与上天恩赐的福佑相遇,丰硕的果实自天而降,所以"有陨自天"。此爻告诫人们,要保持生命中的率性纯真。庄子曾经说过"物无道,正容以悟之"。这里的"悟"就是要人悟到做人要率真自然、清心寡欲的道理。在世事的是与非面前、正与邪面前,只要守住自己率性纯真的情感家园,不丧失最本身的自我,就会获得人生的最大快乐。魏征辅佐李世民十七年,他那种"上不负时主,下不阿权贵,中不侮亲戚,外不为朋党,不以逢时改节,不以徒位卖忠"的率性纯真精神,千百年来一直为人们所称道。

萃第四十五

【卦辞】

萃：亨，王假有庙。利见大人，亨，利贞，用大牲吉。利有攸往。

【白话】

萃卦象征聚集：亨通，君王到宗庙祭祀。利于去见德高望重的人，亨通，利于坚守正道，祭祀时奉献大牲畜为祭品则吉祥。利于有所前往。

【彖传】

《彖》曰：萃，聚也。顺以说，刚中而应，故聚也。"王假有庙"，致孝享也。"利见大人，亨"，聚以正也。"用大牲吉。利有攸往"，顺天命也。观其所聚，而天地万物之情可见也。

【白话】

《彖传》说：萃，是会聚的意思。萃卦下坤上兑，象征柔顺和悦；九五阳爻居上卦之中位，与六二阴爻相应，象征阳刚者与阴柔者相应和，所以才能相聚。"君王到宗庙祭祀"，是献上表示对祖上尽孝的祭品。"利于去见德高望重的人，亨通"，是因为大家遵循正道相聚。"祭祀时奉献大牲畜为祭品则吉祥。利于有所前往"，是因为这样做顺天道的规律。观察事物聚合的特点，天地万物的现状和规律就可以明白了。

【大象传】

《大象》曰：泽上于地，萃。君子以除戎器，戒不虞。

【白话】

《大象传》说：萃卦下坤上兑，泽水在地上汇聚，象征聚集。君子因此而修治兵器，以戒备不测之事。

【爻辞】

初六 有孚不终，乃乱乃萃。若号，一握为笑，勿恤，往无咎。

六二 引吉，无咎，孚乃利用禴（yuè，一种简薄的祭祀）。

六三 萃如嗟如，无攸利，往，无咎，小吝。

九四 大吉，无咎。

九五 萃有位，无咎，匪孚。元永贞，悔亡。

上六 赍（jī，抱着）咨（叹声）涕洟（tì，哭泣），无咎。

【白话】

初六 至诚之心不能贯彻始终，于是造成心神迷惑，行为紊乱而与人妄聚，如果及早悔悟呼救，就能握手言欢。不用担忧，前往没有灾殃。

六二 被人援引可获吉祥，没有灾殃，即使是微薄的祭祀也利于献亨神灵。

六三 聚在一起嗟叹，得不到什么利益，往前进发，没有灾殃，但有小小的遗憾。

九四 至为吉祥，没有灾殃。

九五 聚集的时候高居尊位，没有灾殃，只要诚心诚意，没有悔恨。

上六 哀叹流涕，没有灾殃。

【小象传】

［初六］"乃乱乃萃"，其志乱也。

［六二］"引吉，无咎"，中未变也。

［六三］"往无咎"，上巽也。

［九四］"大吉无咎"，位不当也。

［九五］"萃有位"，志未光也。

［上六］"赍咨涕洟"，未安上也。

【白话】

［初六］"至诚之心不能贯彻始终，于是造成心神迷惑，行为紊乱而与人妄聚"，说明心志产生迷乱。

[六二]"被人援引可获吉祥,没有灾殃",是因为六二阴爻居下卦之中位,坚守中正之道,没有改变。

[六三]"往前进发,没有灾殃",是因为六三阴爻顺从九四阳爻,象征阴柔者能谦逊地顺从居于上位的阳刚者。

[九四]"至为吉祥,没有灾殃",本该大为吉祥,结果却只是没有灾殃,是因为九四阳爻居阴位,所处的位置不适当。

[九五]"聚集的时候高居尊位",说明他的志向有待发扬光大。

[上六]"哀叹流涕",是因为居上位,孤立无援,心中不安。

【悟语】

萃卦上兑下坤,兑为泽,性悦;坤为地,性顺。泽居于地上,意指水于地上聚集成泽。从卦德上说,象征君王和悦于上,而臣民顺服于下,上下能相聚相合,故谓之"萃"。我观此卦,感悟到的是:

1."有孚不终"的信仰动摇。初六爻辞是:"有孚不终,乃乱乃萃。若号,一握为笑,勿恤,往无咎。"初六与九四是正应关系,如果初六大声呼号,九四就会应声而至,前来援助,握手言欢。但是,初六存在着认识误区,认为九四已与六三亲比,中间又有六二的阻隔,疑惑迷乱,意志发生了动摇,在这种三心二意、"有孚不终"的境况下,各种纷乱就会发生而凑到一起,弄不清谁是自己本应与之萃聚的对象,自然也就"乃乱乃萃"。这一爻告诉人们,没有始终如一的坚定信仰,心志就会疑惑迷乱,在希望与绝望的较量中,就不能勇往直前,失败就在所难免。相反,一个人坚守自己的信仰,在希望与绝望的较量中,始终笃行自己的信念,即使遇到千难万苦也痴心不改,那么他不仅在希望中,就是在绝望中也一定能创造出伟大的成就。

2."元永贞"的守持正固。九五爻辞是:"萃有位,无咎,匪孚。元永贞,悔亡。"九五阳刚中正,居于至尊的君位,所以称为"萃有位",九五的这一地位决定了他是天下萃聚的中心。但是九五还没有取得大众的广泛信任,这时的九五之君应当居安思危,牢记"元永贞"的为君之道,坚定不移地主持正义,不惧怕因做错事而引起的后悔,就能赢得众人的忠心爱戴,居于下位的臣民在君王的感召下,心悦诚服,聚合在自己的周围,形成天下归心的大治之世。这一爻昭示人们,做人必须始终固守中正的美德和独立的人格,这样才能与你周围的人结成最广泛的人际关系,为你做成事业奠定最深厚、最重要的资源基础。

3. "赍咨涕洟"的苛责自己。 上六爻辞是:"赍咨涕洟,无咎。"上六虽然阴居阴位,当位得正,但是上六处于萃卦的上极,向下与六三不相应,向上又无处可比,在萃卦中找不到能与自己萃聚的对象,可谓是形影相吊,茕茕孑立,因而悲伤叹息,痛哭流涕。在这种处境下,上六不敢自安,返身向内,苛责自己,及时补过,也可以免除咎害。这一爻告诉人们,处在孤独无依的情况下,不要苛责于人,更不要苛责于社会,而是要苛责自己,察己之过,补己之过,这样才能够赢得好人缘,取得可喜的成就。那种"人穷怪屋基",有问题不从自身找原因,而一味归咎于客观原因的人,永远也享受不到成功的快乐。

升第四十六

【卦辞】

　　升：元亨，用见大人，勿恤。南征吉。

【白话】

　　升卦象征升进：大为亨通，利于去见德高望重的人，不用担忧。向南出征，吉祥。

【彖传】

　　《彖》曰：柔以时升，巽而顺，刚中而应，是以大亨。"用见大人，勿恤"，有庆也。"南征吉"，志行也。

【白话】

　　《彖传》说：升卦的初六、六四、六五、上六皆为阴爻，象征阴柔者根据时间条件不断上升；升卦下巽上坤，象征谦逊而又柔顺；九二阳爻居下卦之中位而与居上卦之中位的六五阴爻相应，象征阳刚者守中正之道而与阴柔者相应和，所以大为亨通。"利于去见德高望重的人，不用担忧"，说明此时升进将有吉庆之事。"向南出征，吉祥"，说明有志者的心愿得以实现。

【大象传】

　　《大象》曰：地中生木，升。君子以顺德，积小以高大。

【白话】

　　《大象传》说：升卦下巽上坤，地上生长树木，象征上升。君子因此而遵循美德修行之道，使其逐渐积累，由小变大。

【爻辞】

初六 允升,大吉。

九二 孚乃利用禴,无咎。

九三 升虚邑。

六四 王用亨于岐山,吉,无咎。

六五 贞吉,升阶。

上六 冥升,利于不息之贞

【白话】

初六 宜于前进上升,大为吉祥。

九二 只要诚心诚信,微薄的祭祀也利于献亨神灵,没有灾殃。

九三 高高地上升,一路顺利,登上空虚的城镇。

六四 周文王获释后在岐山举行祭祀活动,吉祥,没有灾殃。

六五 坚守正道吉祥,逐级登阶上升。

上六 昏昧之极继续上升,有利于不停息地坚守正道。

【小象传】

[初六]"允升,大吉",上合志也。

[九二]九二之"孚",有喜也。

[九三]"升虚邑",无所疑也。

[六四]"王用亨于岐山",顺事也。

[六五]"贞吉,升阶",大得志也。

[上六]"冥升"在上,消不富也。

【白话】

[初六]"宜于前进上升,大为吉祥",是因为处于下位的人顺和居于上位的人的高远志向。

[九二]九二爻辞中说的"诚信",是指因为诚信而将有喜事。

[九三]"登上空虚的城镇",说明顺畅而升,心中没有任何疑虑。

[六四]"周文王获释后在岐山举行祭祀活动",这是顺从事物之情理

而行事。

〔六五〕"坚守正道吉祥,逐级登阶上升",说明其志向得到了充分实现。

〔上六〕居上位者"昏昧之极继续上升",目的在于消除不够富裕的状态。

【悟语】

升卦上坤下巽,坤为地,巽为木,木在地下。树木生于地中,越长越高,不断上进,有上升之象,故谓之"升"。从卦德来讲,坤为顺,巽为入,一个人如果具有巽入而坤顺的品德,晋升的路途必然畅通无阻。我观此卦,有了三个触动心智的感悟:

1."允升"的与上合志。 初六爻辞是"允升,大吉。"初六以柔居下,由于纯柔不能自升,必须得到阳刚之力的援助才能上升。初六凭借自己的爻位优势,与在上之九二、九三两个阳爻合志,一同升进。初六的这种与上合志,符合升卦"柔以时升"的总体要求,至为恰当,可以获得吉祥,所以《小象传》说:"'允升,大吉',上合志也"。俗话说:"人往高处走,水往低处流",积极进取,蓬勃向上,是每个有志向的人的共同心理要求。但怎样实现心理的诉求呢? 此爻告诉人们,以柔顺谦和的态度,与自己的上层保持一致的志向,就会得到上层的欢迎,而被提拔重用,或获得上面的拉动力,从而增加发展的底气,成就大业。

2."升阶"的借梯上楼。 六五爻辞是"贞吉,升阶。"六五之所以能升到至尊的君位,关键是得到了九二刚中之臣的大力辅佐,可见,九二是六五必不可少的晋升阶梯。而六五身居君位,君临天下,委贤任能,又成为天下人晋升的阶梯。君臣与君民之间这种互为阶梯的关系,符合《周易》阴阳协调、刚柔并济的基本原理。在治政中只有君与臣互相"借梯",才能上下互动,政通人和,所以《小象传》说:"'贞吉,升阶',大得志也"。此爻告诉人们,做事情,不仅要把自己的资源发挥到极致,还要能够得到贤者的辅助,借梯上楼,才可以获得吉祥,达到上升的目的。取长补短,也是"升阶"的智慧。鬼谷子说:"智者不用其所短,而用愚人之所长;不用其所拙,而用愚人之所工;故不困也。"意思是,有智慧的人不用自己的短处,而用愚人的长处;不用自己不擅长的地方,而用愚人的技巧之处;所以,做起事来就很顺利。

　　3. "冥升"的坚持不懈。上六爻辞是"冥升,利于不息之贞。"上六阴爻处阴位,又处于升卦之上极,本质阴柔,面对"柔以时升"的发展势头已经终结、无可再升的境况,昏庸冥昧,知进而不知止,继续追升,这种"冥升"葬送了大好形势,造成了"消不富"的后果。如果上六明升之事理,把外求上升之心用于向内提升自己的品德,并把这种反身修德的提升坚持不懈,就会大有增益,所以说"冥升,利于不息之贞"。此爻提醒人们,在昏暗幽明的状态下,仍应坚持不懈地努力才能不断地让自己得到上升。其实,无论什么人,干什么事业,都必须具有一种坚持不懈的精神,道理很简单,事业的成功就源于坚持不懈,以全副精力去从事,不避艰苦,才能通向成功。中国古人对坚持不懈的精神是十分提倡的,如郑板桥就曾经写过这样的诗句:"咬定青山不放松,立根原在破岩中。千磨万击还坚劲,任尔东西南北风。"哥伦布就是靠这种坚持不懈的精神,在茫茫的大海上苦熬了两个多月,才发现了美洲新大陆。人世间诸事百业,哪一件都是坚持不懈后成功的。

困第四十七

【卦辞】

　　困：亨。贞大人吉，无咎。有言不信。

【白话】

　　困卦象征困顿：亨通。坚守正道、德高望重的人可得吉祥，没有灾殃。此时说的话仅是空言没有人相信。

【彖传】

　　《彖》曰：困，刚掩也。险以说，困而不失其所，"亨"，其唯君子乎。"贞大人吉"，以刚中也。"有言不信"尚口乃穷也。

【白话】

　　《彖传》说：困，就是阳刚被阴柔所掩蔽。困卦下坎上兑，象征身处险境而心中和悦，遭遇困厄而不改其操守，"亨通"，这大概只有君子才能做到。"坚守正道、德高望重的人可得吉祥"，是因为九二阳爻和九五阳爻分别居下、上卦之中位，象征阳刚者守中正之道。"此时说的话仅是空言没有人相信"，这是因为崇尚空谈，所以才会面临困顿。

【大象传】

　　《大象》曰：泽无水，困。君子以致命遂志。

【白话】

　　《大象传》说：困卦下坎上兑，泽中无水，象征穷困。君子因而即使献出生命，也要实现自己的志向。

【爻辞】

初六 臀困于株木,入于幽谷,三岁不觌(dí,没有枝叶的秃树干)。

九二 困于酒食,朱绂(fú,古代祭服的饰带)方来,利用享祀,征凶,无咎。

六三 困于石,据于蒺藜(jí,lí,一年生草本植物,果实有刺)入于其宫,不见其妻,凶。

九四 来徐徐,困于金车,吝,有终。

九五 劓刖(yì,yuè,古代割鼻截足之刑),困于赤绂,乃徐有说,利用祭祀。

上六 困于葛藟(lěi,藤类植物),于臲卼(niè,wù,动摇不安的样子)。曰动悔,有悔,征吉。

【白话】

初六 臀部因触碰到露出地面的树桩而不能动弹,进入幽谷,三年不能见一线光明。

九二 因酒食过度而难受,荣禄刚刚到来,有利于举行祭祀活动,出征则有凶险,但最终没有灾殃。

六三 被石头绊倒,手按在蒺藜上被刺伤,回到家中,见不到自己的妻子,有凶险。

九四 缓缓而来,受到饰有金属的车子的困阻,有令人遗憾之事,但最终有好的结果。

九五 被割鼻砍足,受到有权势之人的折磨,但可以逐渐地得以摆脱困境,有利于进行祭祀活动。

上六 被葛藤缠住,又处于不安定的状态,只要一动将招致悔恨,从而心中悔悟,出征则吉祥。

【小象传】

[初六]"入于幽谷",幽不明也。

[九二]"困于酒食",中有庆也。

[六三]"据于蒺藜",乘刚也。入于其宫,不见其妻,不祥也。

[九四]"来徐徐",志在下也。虽不当位,有与也。

[九五]"劓刖",志未得也。"乃徐有说",以中直也。"利于祭祀",受福也。

[上六]"困于葛藟",未当也。"动悔有悔","吉"行也。

【白话】

[初六]"进入幽谷",说明处在幽暗不明的场所。

[九二]"因酒食过度而难受",因为九二阳爻居下卦之中位,坚守中道,所以有吉庆之事。

[六三]"手按在蒺藜上",是因为六三阴爻位于九二阳爻之上,阴柔者凌越阳刚者。"回到家中,见不到自己的妻子",这就是不祥的征兆。

[九四]"缓缓而来",说明其心志是救援下层。九四阳爻居阴位,所处的位置虽不适当,但因与下应合,仍能得到他人的帮助。

[九五]"被割鼻砍足",说明其志向未能得以实现。"逐渐地得以摆脱困境",是因为九五阳爻居上卦之中位,守中正刚直之道。"有利于进行祭祀活动",是因为这样做可以得到神灵的福佑。

[上六]"被葛藤缠住",是因为动作不当。"只要一动将招致悔恨,从而心中悔悟,出征则吉祥",说明往前进发可走出困境,会出现吉祥的局面。

【悟语】

困卦兑上坎下,兑为泽,坎为水。坎水不在兑泽之中,而在兑泽之下,象征兑泽因为干涸而无水,有困乏之象,故谓之"困"。我观此卦,感悟的治困之道是:

1.“入于幽谷”的愈陷愈深。初六爻辞是:"臀困于株木,入于幽谷,三岁不觌。"初六本质阴柔,亲比于九二,与九四正应,客观上存在着以柔附刚的有利条件,又可以借助于二刚的援助使自己摆脱困境。但是初六阴居阳位,不去以柔附刚,反而以质柔用刚,又与六三联合起来以柔掩刚,本来臀部被木桩缠住,已经困于幽深的山谷之中,这种愚蠢的盲目躁动,又使自己在黑暗中越陷越深,难以自拔。所以《小象传》说:"'入于幽谷',幽不明也"。此爻告诉人们,如果自身不强大,陷入困境就很难脱身,只有坚定志向,勤奋努力,增长才干,才能以正确的行动前进,脱离黑暗,迎接光明。

2.“乃徐有说”的徐缓宽松。 九五爻辞是:"劓刖,困于赤绂,乃徐有说,利用祭祀。"九五处于至尊的君位,掌握了最高权力,但是九五以阳居阳,没有刚而柔的谦逊品德。在穷困之时,用其刚壮,人民就不会来归附,人民不来归附就采用高压手段,施用如"劓刖"的酷刑,就会促使众叛亲离的不利形势越来越严重。所以《小象传》说:"'劓刖',志未得也"。但是,九五是刚而得中,犯了错误,不是顽固到底,而是迷途知返,改而推行徐缓的宽松政策,使困境逐渐摆脱,所以《小象传》又说:"'乃徐有说',以中直也"。此爻告诫处于上位的统治者,不能以残酷的手段治理下民,否则必将使自己众叛亲离,成为孤家寡人。只有守持正道,以谦逊取得民心,人民才会归附,才可得到吉祥。

3.“曰动悔”的由悔生悟。 上六爻辞是:"困于葛藟,于臲卼。曰动悔,有悔,征吉。"上六居于困卦的上位,乘凌九五、九四二刚,前进没有通路,后退也没有出路,行则如同"葛藟"缠绕而受困,居则如"臲卼"惶恐不安,上六的困难处境已经发展到了极点。但是,如果上六能够对自己进行深刻反省,就可以由悔生悟,作出合理的对策选择,找到一条摆脱困难的途径,转困为亨。这一爻告诉人们,处在困境之中,不可贸然行动,一定要时时悔悟自己以往的行动,以乐观的态度面对困境,不向厄运低头,积极体悟战胜困难的良策,再采取行动,最终会获得吉祥。

井第四十八

【卦辞】

　　井：改邑不改井，无丧无得，往来井井。汔（qì，接近）至亦未繘（jú，出）井。羸（léi，受阻，破坏）其瓶，凶。

【白话】

　　井卦象征水井：村邑改变而井不改变，既没有失去什么，也没有得到什么，人们来来往往从井中汲水。井水干涸了也不加以掏挖，以致汲水的瓦罐在井中碰坏，有凶险。

【彖传】

　　《彖》曰：巽乎水而上水，井。井养而不穷也。"改邑不改井"，乃以刚中也。"汔至亦未繘井"未有功也。"羸其瓶"，是以凶也。

【白话】

　　《彖传》说：井卦下巽上坎，坎为水，顺着水的特性而把水汲上来，这就是井的意义。井水养育人民，其功德无穷。"村邑改变而井不改变"，是因为井卦的九二阳爻和九五阳爻分别居下、上卦之中位，具有刚正中直的品德。"井水干涸了也不加以掏挖"，这样井就失去了功用。"汲水的瓦罐在井中碰坏"，无水可饮，所以才说有凶险。

【大象传】

　　《大象》曰：木上有水，井。君子以劳民劝相。

【白话】

　　《大象传》说：井卦下巽上坎，用木制器具把水汲上来，象征水井。君子因此而鼓励民众勤劳，并劝导他们互相帮助。

【爻辞】

初六 井泥不食，旧井无禽。

九二 井谷射鲋(fù，小鱼)，瓮敝漏。

九三 井渫(xiè，治，掏去污泥使水洁净)不食，为我心恻。可用汲，王明，并受其福。

六四 井甃(zhòu，砌垒，修治)，无咎。

九五 井冽寒泉，食。

上六 井收勿幕，有孚，元吉。

【白话】

初六 井水中有污泥沉积，不能饮用。废弃的旧井，连禽鸟都不飞临。

九二 射击井底穴隙中的小鱼，汲水用的瓮破裂漏水。

九三 井水掏治清洁，而没人饮用，使我感到伤心。这是可以汲取饮用的井水，君王圣明，使大家一起同享井水的福泽。

六四 修砌加固水井，没有灾殃。

九五 井水清冽，有如寒泉，可以饮用。

上六 井用来汲水的功能已经完成，不要把井口盖上，心怀诚信，至为吉祥。

【小象传】

[初六]"井泥不食"，下也。"旧井无禽"，时舍也。

[九二]"井谷射鲋"，无与也。

[九三]"井渫不食"，行"恻"也。求"王明"，受福也。

[六四]"井甃，无咎"，修井也。

[九五]"寒泉"之"食"，中正也。

[上六]"元吉"在上，大成也。

【白话】

[初六]"井水中有污泥沉积，不能饮用"，是因为初六阴爻居一卦之最下位，所处的位置十分卑下。"废弃的旧井，连禽鸟都不飞临"，说明此

时该井已被人们舍弃不用。

〔九二〕"射击井底穴隙中的小鱼",是因为缺乏上方人的应合援引。

〔九三〕"井水掏治清洁,而没人饮用",这种行为是令人伤心的。祈求"君王圣明",是为了享受福泽。

〔六四〕"修砌加固水井,没有灾殃",说明这是修井的美德。

〔九五〕"有如寒泉","可以饮用",是因为九五阳爻居上卦之中位,有中正之德。

〔上六〕居于上位的人"至为吉祥",在于将美德发扬,说明此时大功告成。

【悟语】

井卦坎上巽下,坎为水,巽为木,木上有水。既然水在木之上,这就说明木体内有水分浸润并由根茎向上运行,正如井水被汲取一样,故谓之"井"。我观此卦,得到的感悟是:

1."旧井无禽"的弃之不用。 初六爻辞是:"井泥不食,旧井无禽。"初六阴处阳位,不中不正,又处在井卦的下位,与在上之六四没有结成正相应关系,没有上升的援引之力,象征着无德的小人,只能寄居于底层,没有作为。从物象上讲,就好比一口年久失修的旧井,井底只有污泥,没有饮用水,连禽鸟都不来光顾。此爻告诉人们,一个人必须注意提升自己的道德水平,增长自己的知识和才干,成为对社会有用的人。如果无德又无才,也不迁善改过,就必然会被时代所淘汰。

2."井甃"的修复薄弱。 六四爻辞是:"井甃,无咎。"六四以阴居阴,虽履位得正,居于近君大臣之位,但缺少阳刚济世之才,承担不起重任,难以免除咎害。六四有自知之明,认识到自己德薄才短,因而修德进业,加强自己的薄弱环节。六四的举动就好比用砖石垒固维修井壁一样,不会遇到灾祸。这一爻从人事层面上揭示的道理是,要善于发现自己的薄弱环节,及时进行修缮加固,这样才能使自己德艺双馨,迈向更大的成功。要永远记住,拉链的强度不是由最强的那个环节决定的,而是由最弱的那个环节决定的。

3. **"井收勿幕"的滋养济人。**上六爻辞是："井收勿幕，有孚，元吉。"上六处于井之上极，井道大成，井水清澈，取之不尽，用之不竭，这时不要盖上井盖，应该任公众享用。对井要保持"无得无丧"的本体，使井水洁净清凉。君子观此卦象，就要注意修身养性，始终保持中正之德，不断地增进公共利益与福祉，这样滋养济人的品德一定会大吉大利。此爻告诉人们，在拥有共享资源的时候，要抛弃狭隘的观念，学会与他人分享。学会用这些资源来滋养济人。透过滋养济人的行为折射出的是一个人的品行与素质，做到了滋养济人，把你的资源让大家分享，你就会因为慷慨而获得成功与幸福。

革第四十九

【卦辞】

革:巳日乃孚。元亨。利贞,悔亡。

【白话】

革卦象征变革:多日谋划、适时变革才能取得民众的信任,大为亨通,利于坚守正道,没有悔恨。

【彖传】

《彖》曰:革,水火相息,二女同居,其志不相得曰革。"巳日乃孚",革而信之。文明以说,大"亨"以正。革而当,其"悔"乃"亡"。天地革而四时成,汤武革命,顺乎天而应乎人。革之时大矣哉!

【白话】

《彖传》说:革卦下离上兑,象征着水和火互相克制;离为中女,兑为少女,象征着两个女子居住在一起,她们志趣不能投合,所以要变革现状。"在祭祀之日对神灵表示诚信",这样在变革时能得到人们的信服。离为文明,兑为悦,象征在上位者推行文明执教,民众高兴和悦,因为守持正道而大为亨通。变革的时机和措施适当,自然不会有悔恨。天地发生变革而使一年四季更替,商汤和周武王发动推翻夏桀和商纣暴政的变革,既顺从天命,又合乎民心。适合时宜的变革具有多么重大的意义啊!

【大象传】

《大象》曰:泽中有火,革。君子以治历明时。

【白话】

《大象传》说:革卦下离上兑,泽水中有火,象征急需变革。君子因此而改革历法,明确时序变化。

【爻辞】

[初九] 巩用黄牛之革。

[六二] 巳日乃革之,征吉,无咎。

[九三] 征凶。贞厉。革言三就,有孚。

[九四] 悔亡,有孚改命,吉。

[九五] 大人虎变,未占有孚。

[上六] 君子豹变,小人革面,征凶,居贞吉。

【白话】

初九 像用黄牛皮制成的绳索捆束一样的牢固。

六二 在巳日果断推行变革,出征则吉利,没有灾殃。

九三 行动过激有凶险,顽固保守也有危险。关于变革的言论要多次与人讨论,达成一致再施行,并要有诚信。

九四 没有悔恨。取得民众的信赖,革除不合天命的旧制度,吉祥。

九五 伟大的人物像虎一样威猛地推行变革,不用占问就知道此举必能取得民众的充分信任。

上六 君子像豹一样灵活迅速地推行变革,小人洗心革面。出征有凶险,正确的改革才会吉祥。

【小象传】

[初九] "巩用黄牛",不可以有为也。

[六二] "巳日革之",行有嘉也。

[九三] "革言三就",又何之矣。

[九四] "改命之吉",信志也。

[九五] "大人虎变",其文炳也。

[上六] "君子豹变",其文蔚也。"小人革面",顺以从君也。

【白话】

[初九]"像用黄牛皮制成的绳索捆束一样的牢固",说明此时不可有所作为。

[六二]"在巳日果断推行变革",说明准备充分的变革将带来值得庆贺之事。

[九三]"关于变革的言论要多次与人讨论,达成一致再施行",说明这样就不能走错路。

[九四]"革除不合天命的旧制度"而获"吉祥",是因为取信于民,抱负得以施展。

[九五]"伟大的人物像虎一样威猛地进行变革",说明伟大人物的德行像虎身上的斑纹一样光彩显耀。

[上六]"君子像豹一样灵活迅速地推行变革",说明君子的德行像豹身上的斑纹一样蔚然成彩。"小人洗心革面",说明他能顺从君主的变革。

【悟语】

革卦上兑下离,兑为泽,离为火,泽中有火。火由下往上燃烧,泽由上往下滋润,离火太烈则泽水干涸,兑泽溃决则离火熄灭,两者相克而不相得,有变革之象,故谓之"革"。我观此卦,感悟到的是:

1. **"革言三就"的反复论证**。九三爻辞是:"征凶。贞厉。革言三就,有孚。"九三阳居阳位,但刚而不中,又处于离火之上极,性格躁动,行为鲁莽,以这种行为推进变革,只能导致凶险。怎样才能取得变革事业的成功呢?就是要"革言三就",涉及变革的言论和纲领要再三地思考,反复论证,尽可能地反映民众的利益和要求,取信于民,各项具体改革措施要切实可行,并经过多次宣传,得到广大民众的赞成和支持。只有这样,推进变革才能取得圆满的成功,此外别无其他成功之路可走。所以,此爻《小象传》说:"'革言三就',又何之矣。"此爻告诉人们,变革之时,要行变革之举。但是为了保证变革的成功,对变革的纲领、措施的出台不能一蹴而就,不能掉以轻心,要多次研究,反复论证,以求得科学性和可操作性的统一,这才能够使变革行进在正确的方向上,赢得民众的信赖和支持,取得最终的成功。

2.“大人虎变”的勇猛无畏。九五爻辞是:“大人虎变,未占有孚。”九五以阳居阳,得位履正,刚而得中,是至尊之位,所以称为“大人”,即主持变革的最高领导者。九五之君领导的变革事业“顺乎天而应乎人”,合乎“巳日乃孚,革而信之”、“文明以说,大亨以正”的要求,特别是合乎人民的愿望,到了这个阶段,领导者就要像猛虎一样勇猛无畏,进行彻底的变革。这种变革的成功,不用占卜,不必质疑,一定能够成功,所以称为“未占有孚”。此爻告诉人们,做事情,特别是犹如变革这样的壮举,在时机和条件成熟的情况下,要拿出老虎般勇猛无畏的精神和气魄,毅然决然地开展起来,坚持下去,不管别人怎么议论,都永不言弃,一往无前,直至成功。莎士比亚曾经说过:“我记得,当凯撒说‘做这个’的时候,就意味着事情已经做了。”

3.“征凶,居贞吉”的安居守正。上六爻辞是:“君子豹变,小人革面,征凶,居贞吉。”上六居于变革的终结阶段,此时革道已成,君子领导的变革成就像豹子的斑点一样华美,小人也一转消极观望态度,真心地拥护变革。上六可以有两种作为,一种是征而不已,行为的结果是凶险;另一种是安居守正,行为的结果是吉祥。这一爻告诉人们,在变革之道已成的大好形势下,领导者应该着眼于社会的稳定,在稳定中求发展,充分发挥和谐社会系统内部所固有的自我调节功能,就是“居贞吉”。不能沿袭变革时期的做法,征而不已,那样就会破坏社会的安宁,给发展带来负面效应,就是“征凶”。

鼎第五十

【卦辞】

鼎：元吉，亨。

【白话】

鼎卦象征鼎器：最为吉祥，亨通。

【彖传】

《彖》曰：鼎，象也。以木巽火，亨饪也。圣人亨以享上帝，而大亨以养圣贤。巽而耳目聪明，柔进而上行，得中而应乎刚，是以元亨。

【白话】

《彖传》说：鼎卦依据鼎的形象而创作的，下巽上离，巽为木，离为火，木遇火而燃，这正是烹饪时的情景。圣人架木生起火焰烹煮食物来祭祀上帝，君主则烹煮食物来奉养圣贤。巽为顺，离为明，象征人逊顺而又耳聪目明，阴柔者的地位不断上升，高居中位而又能与阳刚者相应和，所以达到最为亨通的境界。

【大象传】

《大象》曰：木上有火，鼎。君子以正位凝命。

【白话】

《大象传》说：鼎卦下巽上离，木头正在燃烧，象征烹饪的鼎器。君子因此而居守正位并完成自己的使命，不负前人。

【爻辞】

初六 鼎颠趾，利出否(pǐ，恶物，废物)。得妾以其子，无咎。

九二 鼎有实,我仇有疾,不我能即,吉。

九三 鼎耳革,其行塞,雉膏不食,方雨,亏悔,终吉。

九四 鼎折足,覆公餗(sù,粥饭),其形渥(wò,沾濡),凶。

六五 鼎黄耳金铉(xuàn,鼎杠),利贞。

上九 鼎玉铉,大吉,无不利。

【白话】

初六 鼎倾倒,鼎足朝上,利于倒出秽恶之物。就像娶妾生子,没有灾殃。

九二 鼎中盛满东西,我妻得了病,不能接近我,吉祥。

九三 鼎耳脱落,难以搬移,有肥美的野鸡肉而不能煮食。天刚下雨,心中的悔恨渐渐减少,最终吉祥。

九四 鼎足折断,把王公的美食都倒了出来,鼎身上油腻龌龊,有凶险。

六五 鼎有金黄色的鼎耳,刚坚的铉环,有利于坚守正道。

上九 鼎配有装饰着玉的扛鼎器具,大为吉祥,没有什么不利。

【小象传】

[初六]"鼎颠趾",未悖也。"利出否",以从贵也。

[九二]"鼎有实",慎所之也。"我仇有疾",终无尤也。

[九三]"鼎耳革",失其义也。

[九四]"覆公餗",信如何也。

[六五]"鼎黄耳",中以为实也。

[上九]"玉铉"在手,刚柔节也。

【白话】

[初六]"鼎倾倒,鼎足朝上",说明没有违背事理。"利于倒出秽恶之物",是为了能接受贵重之物。

[九二]"鼎中盛满东西",说明出行时要慎重。"我妻得了病",终将不会有什么过失。

［九三］"鼎耳脱落"，说明失去了本身存在的意义。

［九四］"把王公的美食都倒了出来"，这种德行浅薄而居尊位的人怎么能被信任？

［六五］"鼎有金黄色的鼎耳"，说明六五阴爻居上卦之中位，守中道以使自己富足。

［上九］居上位者使用"装饰着玉的扛鼎器具"，说明刚柔相济，互相调节。

【悟语】

鼎卦上离下巽，离为火，巽为木，木上有火。以木材生火来烹饪食物，有烹煮之象，故谓之"鼎"。我观此卦，感悟出了鼎的象征意义和人事道理：

1. "鼎颠趾"的除旧布新。 初六爻辞是："鼎颠趾，利出否。得妾以其子，无咎。"初六为鼎足，上应九四。足趾朝上，使鼎身倾倒颠覆，所以说"鼎颠趾"。这种行为看起来有悖于常理，实际上是"利出否"，有利于清除陈旧腐败之物，以便接纳新鲜事物，这是除旧布新。就如同娶妾生子，扶为正室，表面上有悖于尊卑之序，实际上是母以子贵，正当合理，并无咎害。此爻告诉人们，除旧布新才能开创事业，要清除陈旧、腐败，必须打破旧的秩序。按照唯物辩证法的否定之否定规律，新的东西是在旧事物的机体里诞生出来的，有些事情从表面上看来似乎违背常理，但实质上却是好事情，去除了旧恶，才有新的、好的东西到来。打破旧的秩序，虽然会遭到一些非议，但它是合乎社会发展规律的，理直气壮地去做，吉祥的事会接踵而来。

2. "鼎折足"的量才录用。 九四爻辞是："鼎折足，覆公𫗧，其形渥，凶。"九四以阳居阴，不中不正，虽上承六五之君，但作为近君大臣，地位尊贵而才能薄弱，下应于初六，依赖于本质柔弱的初六来承担重任，但初六位卑而力小，以致鼎足折断，美食倾覆，沾濡了鼎器，象征着改革成果付诸东流。《系辞传》对九四用人不当造成的失败总结得很深刻："子曰：德薄而位尊，知小而谋大，力小而任重，鲜不及也"。此爻告诉领导者，要知人善任,合理地使用人才。若任人唯亲,让品德和才学疏浅者担当重任,必然力不能支,结果不仅害了他本人,耽误了事业发展,还要连累自己。

3. "**鼎玉铉**"**的刚柔兼备。**上九爻辞是:"鼎玉铉,大吉,无不利。"上九处于鼎卦的终结阶段,呈现一派太平鼎盛的景象。上九以阳居阴,体刚履柔,有温润玉铉之象,符合《周易》阴阳协调、刚柔相济的基本原则,足以担当起重任,就像质刚而德柔的玉铉居于鼎上,把整个鼎器托举起来一样,能够把太平鼎盛的景象继续发扬光大,所以"大吉,无不利"。此爻告诉人们,革新之举在于刚柔兼备,就像坚硬而温润的玉石,刚毅不失温情,这样的改革形势既势不可挡,又让人如沐春风。刚能胜柔,柔也能胜刚。过刚之物,形可淬而不可变,坚而不韧,强而易折。柔软之物,随势变形,柔而耐长久,软而有韧性,但是过柔就太弱。刚柔相济才是一种最为理想的行为模式。刚柔并济也是鬼谷子《捭阖》中的重要谋略。鬼谷子说:"故圣人之在天下也,自古及今,其道一也。变化无穷,各有所归,或阴或阳,或柔或刚,或开或闭,或弛或张。"意思是,圣人在世界上的作用始终是一样的。事物的变化是无穷无尽的,然而都各有自己的归宿,或者属阴,或者归阳;或者柔弱,或者刚强;或者开放,或者封闭;或者松弛,或者紧张。为人处世若能做到刚柔相济,各种关系会至为亨通。因此,行事要刚柔兼备。

震第五十一

【卦辞】

震：亨。震来虩(xí,恐惧的样子)虩,笑言哑(è,欢笑的声音)哑,震惊百里,不丧匕鬯(chuàng,祭酒名)。

【白话】

震卦象征震动：亨通。雷动令人恐惧,人们依旧谈笑自若。雷声惊动百里,主祭者却没有被惊吓而洒落一滴匙中用来祭祀的香酒。

【彖传】

《彖》曰：震,亨。"震来虩虩",恐致福也。"笑言哑哑",后有则也。"震惊百里",惊远而惧迩也。出可以守宗庙社稷,以为祭主也。

【白话】

《彖传》说：震卦卦辞中说"亨通。雷动令人恐惧",说明恐惧能给人带来福泽；"人们依旧谈笑自若",说明恐惧后行为能符合规则；"雷声惊动百里",说明远近都感到惊惧。国君外出,长子可以出来守护宗庙社稷,担任祭祀典礼的主祭人。

【大象传】

《大象》曰：洊(jiàn,又一次)雷,震。君子以恐惧修省。

【白话】

《大象传》说：震卦下震上震,雷接续而至,象征震动。君子因此而心存惶恐惊惧,重视修己省过。

【爻辞】

初九 震来虩虩,后笑言哑哑,吉。

六二 震来厉,亿丧贝,跻于九陵,勿逐,七日得。

六三 震苏苏,震行无眚。

九四 震遂泥。

六五 震往来,厉,亿无丧,有事。

上六 震索索,视矍(jué,双目旁顾不安的样子)矍,征凶。震不于其躬,于其邻,无咎。婚媾有言。

【白话】

初九 雷动令人恐惧,雷声过后人们依旧谈笑自若,吉祥。

六二 雷声震动,十分危险,丢失了财帛,登上高陵,不要去追寻,七天之内会失而复得。

六三 雷声震动,令人恐惧不安,因雷动而前行,没有灾祸。

九四 雷声震动,因恐惧而陷入泥泞之中。

六五 雷声来回不停震动,有危险,但不会影响祭祀活动。

上六 雷声震动,令人恐惧发抖,眼中露出不安的神色,出征会有凶险。震动还没有涉及自己,而只是涉及邻居时,没有灾殃。婚姻之事会发生口角。

【小象传】

[初九]"震来虩虩",恐致福也。"笑言哑哑",后有则也。

[六二]"震来厉",乘刚也。

[六三]"震苏苏",位不当也。

[九四]"震遂泥",未光也。

[六五]"震往来,厉",危行也。其事在中,大无丧也。

[上六]"震索索",中未得也。虽凶无咎,畏邻戒也。

【白话】

[初九]"雷动令人恐惧",说明恐惧能给人带来福泽。"人们谈笑自

若"，说明恐惧后能使其行为符合准则。

［六二］"雷声震动，十分危险"，是因为六二阴爻位居初九阳爻之上，阴柔者凌越阳刚者。

［六三］"雷声震动，令人恐惧不安"是因为六三阴爻居阳位，人所处的位置不适当。

［九四］"雷声震动，因恐惧陷入泥泞之中"，说明阳刚之德未能发扬光大。

［六五］"雷声来回不停震动，有危险"说明谋事在中正之位，不会有太大损失。

［上六］"雷声震动，令人恐惧发抖"，说明上六未能修得行中正之德。虽然有凶险但是"没有灾殃"，是畏惧邻居所遭的灾难而心存戒备之故。

【悟语】

震卦上震下震，震为雷，两震相重，是一雷刚去，一雷又来，两雷相继而来，接连不断，故谓之"震"。我观此卦，对临危处惧有所感悟：

1. "震行无眚"的危而能安。 六三爻辞是："震苏苏，震行无眚。"六三阴居阳位，不中不正，而且处于上下两震卦体之交，惊雷接二连三，令人恐惧不安，所以说"震苏苏"。面对接连而至的惊雷，恐惧不安也是正常反应，但是陷入恐惧而不思对策，就违背了处震之道。六三的恐惧不安是因为其所处的爻位不当，如《小象传》所说"'震苏苏'，位不当也"。如果六三能够质柔而用刚，采取果断的行为，离开这个爻位，避难远祸，就是危而能安的正确选择，谓之"震行无眚"。此爻告诉人们，遭遇接二连三的震动之时，若能因惊慌而作出换位的理智选择，改变自己的处境，远离险地，必然能转危为安。

2. "震往来，厉"的履险不惊。 六五爻辞是："震往来，厉，亿无丧，有事。"六五居于重震之上，面临着双重危险，所以说"震往来，厉"。六五阴居阳位，虽然没有阳刚之质，却有柔中之德，能够以中正之道来调整自己的心态和处理各种事务，因此，面对往来皆厉的危难局面，六五能够沉着镇定，履险不惊，做到了《卦辞》所说的闻惊雷"不丧匕鬯"，在双重危险中并无丧失,可以继续去做应该做的事,谓之"亿无丧,有事"。正因为六五具有"震往来,厉"的履险不惊的优秀素质,才可以出为君主,能够托起国家的重任。此爻告诉人们,遇到危险的事情,要守持中正之道,既不要麻痹大意,也不要惊慌失措,而是要从容镇定,冷静地思考出应对之策,就不会有大的损失。

3."震不于其躬"的知所警戒。 上六爻辞是:"震索索,视矍矍,征凶。震不于其躬,于其邻,无咎。婚媾有言。"上六处于震之上极,遭遇突然的事变,身体哆嗦颤抖,目光闪烁不定,内心六神无主,此时若贸然征进,必有凶险,所以说"征凶"。但是震动之灾还没有雷及自身,只是降临到邻居身上,并无咎害,只是听到亲戚的一些言语责难,谓之"婚媾有言"。如果上六能够从邻居身上汲取教训,知所警戒,就能防止危害在自己身上的发生,所以《小象传》说:"虽凶无咎,畏邻戒也。"此爻告诉人们,意外的变故常常使人震惊,所以我们平时要吸取教训,从苗头上和别人的灾难中知所警戒,就不致受害。

艮第五十二

【卦辞】

艮：艮其背，不获其身，行其庭，不见其人，无咎。

【白话】

艮卦象征抑止：抑止其背部的活动，没有灾殃。

【彖传】

《彖》曰：艮，止也。时止则止，时行则行，动静不失其时，其道光明。"艮其止"，失其所也。上下敌应，不相与也。是以"不获其身，行其庭，不见其人，无咎"也。

【白话】

《彖传》说：艮，是止的意思。应为止的时候为止，应当行的时候就行，动和静都不失时机，前途就会光明。该止则止，是指在该止的地方止息。艮卦的全卦六爻之间属于阴爻与阴爻对应，阳爻与阳爻对应，就像敌对的双方，不能互相帮助。所以说"不得使身体面向所止的地方，就像行走在庭院中两两相背，不曾感觉有人的存在，进入这一境界，没有灾殃"。

【大象传】

《大象》曰：兼山，艮。君子以思不出其位。

【白话】

《大象传》说：艮卦上艮下艮，高山重叠，象征抑止。君子因此而不超越自己的本位去思考问题。

【爻辞】

初六 艮其趾,无咎。利永贞。

六二 艮其腓(féi,腿肚),不拯其随,其心不快。

九三 艮其限,列其夤(yìn,连接上下人体的结合部),厉薰心。

六四 艮其身,无咎。

六五 艮其辅,言有序,悔亡。

上九 敦艮,吉。

【白话】

初六 脚趾止而不动,没有灾殃,利于永久坚守正道。

六二 腿肚子止而不动,无法举步向上承应追随,心中不痛快。

九三 腰部止而不动,造成脊肉撕裂,对危险的担忧像火一样烧灼其心。

六四 上身止而不动,没有灾殃。

六五 控制自己的面颊,说话中肯而条理分明,悔恨消亡。

上九 敦厚而知足知止,吉祥。

【小象传】

[初六]"艮其趾",未失正也。

[六二]"不拯其随",未退听也。

[九三]"艮其限",危薰心也。

[六四]"艮其身",止诸躬也。

[六五]"艮其辅",以中正也。

[上九]"敦艮之吉",以厚终也。

【白话】

[初六]"脚趾止而不动",说明没有背离正道。

[六二]"无法举步向上承应追随",说明没有听从其劝导而退回。

[九三]"腰部止而不动",说明对危险的担忧像火一样熏烤其心。

[六四]"上身止而不动",说明自己能让自己静止下来。

[六五]"控制自己的面颊",说明六五阴爻居上卦之中位,能行中正之道。

[上九]"敦厚而知足知止"的"吉祥",是因为上九为人敦厚,所以能获得善终。

【悟语】

艮卦上下皆山,一山已能镇止,两山重叠,象征止义更大,故谓之"艮"。我观此卦,感悟出了一些艮止之道:

1."艮其趾"的止于至善。初六爻辞是:"艮其趾,无咎。利永贞。"艮卦取象于人,六爻从下往上,初六是脚拇趾,六二是小腿肚,九三是腰部,六四是脊背,六五是面颊,上九是肩膀。初六阴居阳位,处在艮止之时,不可躁动,该止不止,就要生祸端。在咎害没有发生以前,初六首先控制自己的脚拇指,停止前进,所以称"艮其趾"。初六这种当静则静,当止则止的行为模式是《小象传》所说的"未失正也"。没有违反正道,就可以免除咎害。但是,坚守正道不可有始无终,半途而废,必须一以贯之,才能吉祥如意,就是"利永贞"。此爻告诉人们,在错误的行为还没有开始之前就应该停止,然后始终以中正之道行事,就不会发生祸害,就能以充分的把握赢得最后的胜局,这就是"止于至善"的非凡意义。

2."艮其身"的自我控制。六四爻辞是:"艮其身,无咎。"六四以阴居阴位,当位得正。此爻以人体作比喻,"身"在这里是指腰以上的脊背,人的脊背停止了运动,也对身体其他部位的运动起到了控制作用。六四之止是止于自身,是自我控制,是时止则止,止得其所,止于正道,不会有咎害。这一爻告诉人们,要学会控制好自己的心态和行为。自控是一个人理性的重要参数之一,是成大事所不可缺少的素质。善于自控的人,能够把自己的心态和行为纳入理性之中,理智地对待周围发生的事件,有意识地控制自己的思想感情,正确地选择正确的活动动机,排除干扰,抑制那些不必要的活动,这才能使自己的行为不越轨,才能不断进取。一个人经常处于一种极其兴奋的失控状态,受这种心态的驱使,结果只能是一败涂地。难怪此爻提醒人们:"艮其身,无咎。"

3."艮其辅"的言语谨慎。 六五爻辞是："艮其辅,言有序,悔亡。"六五居于至尊的君位,具有发号施令的最高权力,一言可以兴邦,一言也可以丧邦,因此,必须管住自己的舌头,谨慎言语。六五以柔履中,秉持了中正之德,懂得"艮其辅"的道理,能够抑止于口不妄说,使语言合规中矩,说话有条有理,这就使得悔恨消亡了。此爻告诫人们,祸从口出。与人交往一定要把好口风。说话一定不要胡言乱语,一定要多在脑子里转几个弯,而且一定要经过舌头碰牙齿,舌头碰嘴唇的多次碰撞和掂量,并且要说得条理分明,这样才能避免"口出"的灾祸。特别是机密的事情,言语尤其要谨慎,遗憾的是,好多人在这个问题上却有一个很坏的天性:越是大的机密,越想一吐为快。鬼谷子说:"即欲捭之,贵周;即欲阖之,贵密。"意思是,想要开放,最重要的是考虑周详;想要封闭,最重要的是严守机密。不管什么人,都应该谨记:事以密成,语以泄败。

渐第五十三

【卦辞】

渐：女归吉。利贞。

【白话】

渐卦象征渐进：女子出嫁，吉祥。利于坚守正道。

【彖传】

《彖》曰：渐之进也，女归吉也。进得位，往有功也。进以正，可以正邦也。其位刚得中也。止而巽，动不穷也。

【白话】

《彖传》说：渐，是渐进的意思。"女子出嫁，吉祥"，是因为初六阴爻上升至六二阴爻和六四阴爻，六二、六四皆以阴爻居阴位，象征人居位得当，所以前往必可大获成功。遵循正道而渐进，可以端正邦国。九五阳爻居上卦之中位，象征阳刚者守中道。渐卦下艮上巽，守静知止而又谦逊和顺，其行动永远不会陷于困境。

【大象传】

《大象》曰：山上有木，渐。君子以居贤德善俗。

【白话】

《大象传》说：渐卦上艮下巽，山上有树木生长，象征渐进。君子因此而不断地积累自己的贤德并改善落后的风俗。

【爻辞】

初六 鸿渐于干。小子厉，有言，无咎。

六二 鸿渐于磐,饮食衎(kàn,和乐的样子。)衎,吉。

九三 鸿渐于陆。夫征不复,妇孕不育,凶。利御寇。

六四 鸿渐于木,或得其桷(jué,树木枝间的平柯),无咎。

九五 鸿渐于陵,妇三岁不孕,终莫之胜,吉。

上九 鸿渐于陆,其羽可用为仪,吉。

【白话】

初六 大雁渐渐飞落在河边,小孩靠近会有危险,遭人指责,没有灾殃。

六二 大雁渐渐飞落在磐石上,快乐地进食,吉祥。

九三 大雁渐渐飞落在高平之地上,丈夫出征一去不回,妇女失贞怀孕生子而无法养育,有凶险。有利于抵御敌寇。

六四 大雁渐渐飞落在树上,栖息在平直如方形椽子的树枝上,没有灾殃。

九五 大雁渐渐飞落在丘陵上,妻子三年不怀孕,但最终没有什么能胜过她,吉祥。

上九 大雁渐渐飞落在陆地上,它的羽毛可以用作典礼中的装饰,吉祥。

【小象传】

[初六]"小子"之"厉",义无咎也。

[六二]"饮食衎衎",不素饱也。

[九三]"夫征不复",离群丑也。"妇孕不育",失其道也。"利"用"御寇",顺相保也。

[六四]"或得其桷",顺以巽也。

[九五]"终莫之胜吉",得所愿也。

[上九]"其羽可用为仪,吉",不可乱也。

【白话】

[初六]"小孩靠近会有危险",从渐进的道理上看应"没有灾殃"。

[六二]"快乐地进食"说明不光是把肚子吃饱而已,而是有所为的。

[九三]"丈夫出征一去不回",说明他离开了家乡的生活群体。"妇女失贞怀孕生子而无法养育"是因为她的行为违背了妇道。"有利于抵御敌寇",说明大家能够同心协力地保卫家园。

[六四]"有的栖息在平直如方形椽子的树枝上",说明六四阴爻居九五阳爻之下,柔顺谦和。

[九五]"最终没有什么能胜过她,吉祥",说明她能得其心愿。

[上九]"它的羽毛可以用作典礼中的装饰,吉祥",说明没有什么东西可以乱其心志。

【悟语】

渐卦巽上艮下,巽为木,艮为山,有山上有木之象。山上之木为高大之木,高大之木是缓缓成长的,故谓之"渐"。我观此卦,得到的感悟是:

1."鸿渐于干"的循序渐进。初六爻辞是:"鸿渐于干,小子厉,有言,无咎。"鸿雁离开水面,来到水岸,这是危厉之地,步履艰难,不能展翅高飞,但却是不可逾越的必经阶段。初六阴居阳位,不当位,地位卑下,像一个初出茅庐的小子处在危厉之地,虽然受到了一些闲言碎语的讥讽,但是初六把这些危厉看成是历练自己必经的循序渐进过程,量力而进就不会有咎害。这一爻告诉人们,循序渐进是事物发展的规律,凡事不可勉强,更不可冒进。虽然在渐进中也会遇到危险,遇到嘲笑和攻击,但只要坚守正道,便可转危为安。我们做事情虽然有个速度问题,但并非越快越好,天下的任何事情都是在渐进中取得成功的。大目标的实现,最怕的是不屑于小事件的积累和心地浮躁不能走好每一小步。所谓水滴石穿,集腋成裘讲的也正是这个道理。

2."鸿渐于磐"的安稳舒泰。六二爻辞是:"鸿渐于磐,饮食衎衎,吉。"六二当位得正,由初六之"小子"上升为大臣,与九五阳刚之君结成正应,合乎《象传》"进得位"、"进以正"之义,因而安稳舒泰,就如同鸿雁由水岸进入磐石之上,快乐饮食,安稳栖息,吉祥如意。六二以中正之道辅佐君主,对于安邦治国,立下了汗马功劳,可见,六二并不是无功受禄,更不是尸位素餐,所以《小象传》说:"'饮食衎衎',不素饱也。"此爻告诉人们,丰盛的饮食和安稳舒泰的精神快乐是成功带来的,而成功却不会自动地跑到你身边,人们主动展开行动,努力奋斗后才能得到它,坐享其成只能是成功的幻想,充其量享受到一种泡影。

3. "鸿渐于木"的找准位置。 六四爻辞是:"鸿渐于木,或得其桷,无咎。"六四阴居阴位,虽当位得正,但六四本质阴柔,又介于两阳之间,下乘九三,上承九五,处境危厉,但是六四作为近君大臣,保住了自己的位置,谦逊顺承,竭力辅佐,处于险境而没有咎害。这就如同鸿雁,本是水居之鸟,足趾相连,不能握枝,但是它离开陆地飞到树上,找到了一个可以安稳栖息的宽大平直树杈,免除了咎害。此爻用飞鸿做例,说明办事要像鸟儿一样认清自己,努力找到一个最适合自己发展的位置,这也就是离成功最近的位置。在这个世界上,无论你怎样看待这个世界,怎样工作和生活着,总要为自己选择一个位置。不同的人选择了不同的定位,结果也是千差万别的。定位的好坏虽然是一念之差,但却是自我认知水平的集中反映。苏格拉底有句名言:"认识自己。"认识自己,是找准位置的前提。爱因斯坦曾经收到一封来自于以色列的信,信中邀请他去当以色列总统。这对别人来说是天大的好事,但爱因斯坦却拒绝了。他说:"我整个一生都在同客观物质打交道,因而既缺乏天生的才智,也缺乏经验来处理行政事务以及公正地对待别人。"爱因斯坦正确地认识了自己,找准了自己发展的位置,取得了辉煌的科学成就。人生成功的诀窍就在于找准自己的位置,经营自己的长处。古人特别注重人的找准发展位置的问题,如我们耳熟能详的"良禽择木而栖,良臣择主而侍",讲的就是要找准自己的位置,找到能让自己发挥作用的人,这样成功就有了坚实的基础。

归妹第五十四

【卦辞】

归妹：征凶，无攸利。

【白话】

归妹卦象征嫁出少女：出征有凶险，得不到什么利益。

【彖传】

《彖》曰：归妹，天地之大义也。天地不交而万物不兴。归妹，人之终始也。说以动，所归妹也。"征凶"，位不当也。"无攸利"，柔乘刚也。

【白话】

《彖传》说：嫁出女儿，让男女婚配，符合天地间阴阳相结合的法则。天地阴阳不相交，则万物不能生长。婚嫁是人类得以不断繁衍的基础。归妹卦下兑上震，象征心中喜悦而采取行动，从而实行男女婚配。"出征有凶险"，是因为九二阳爻、九四阳爻居阴位，六三阴爻、六五阴爻居阳位，象征人所处的位置不适合。"得不到什么利益"，是因为六三阴爻位于初九、九二阳爻之上，六五阴爻位于九四阳爻之上，阴柔者凌越阳刚之上。

【大象传】

《大象》曰：泽上有雷，归妹，君子以永终知敝。

【白话】

《大象传》说：归妹卦下兑上震，大泽上有雷声震动，象征婚嫁。君子因此而在婚姻生活中追求夫妻和睦，白头偕老，并知道婚姻关系被破坏的弊病。

【爻辞】

初九 归妹以娣(dì,古代陪姊一起同嫁一夫的妹),跛能履,征吉。

九二 眇能视,利幽人之贞。

六三 归妹以须,反归以娣。

九四 归妹愆(qián,错过,拖延)期,迟归有时。

六五 帝乙归妹,其君之袂,不如其娣之袂(mèi,衣袖)良。月几望,吉。

上六 女承筐无实,士刲(kuì,宰杀)羊无血,无攸利。

【白话】

初九 嫁出女子而以妹妹陪嫁做侧室,就像脚跛努力行走,出征可获吉祥。

九二 瞎了一只眼却去视物,有利于妇人坚持妇道。

六三 出嫁女子等待扶为正室,不如反过来成为侧室。

九四 嫁女子超过了婚期,耐心等待还会有更好的机会。

六五 帝乙嫁出女儿,嫁做正夫人的女儿的服饰反而不如陪嫁的妹妹服饰好。月亮接近满月,吉祥。

上六 女子捧着竹筐,筐里没有东西;青年男子杀羊,放不出血来。办事不能顺利。

【小象传】

[初九]"归妹以娣",以恒也。"跛能履吉",相承也。

[九二]"利幽人之贞",未变常也。

[六三]"归妹以须",未当也。

[九四]"愆期"之志,有待而行也。

[六五]"帝乙归妹,其君之袂,不如其娣之袂良"也。其位在中,以贵行也。

[上六]上六"无实","承"虚"筐"也。

【白话】

[初九]"嫁出女子而以妹妹陪嫁做侧室"这是通常的做法。"就像脚跛努力行走""吉祥",是因为得到了别人的帮助。

[九二]"有利于妇人坚持妇道",是因为九二阳爻居阴位,所处的位置虽不适当,但没有改变守正之道。

[六三]"出嫁女子等待扶为正室",说明这种行为不妥当。

[九四]"嫁女子超过了婚期"的目的,是想等待更好的机会再行动。

[六五]"帝乙嫁出女儿","嫁做正夫人的女儿的服饰不如陪嫁的妹妹的服饰好。"但是六五阴爻居上卦之中位,象征嫁做正夫人的女儿地位品德均在正中之位,以尊贵的身份下嫁。

[上六]上六爻辞中说的"筐里没有东西",是因为手中拿的是个空竹筐。

【悟语】

归妹卦震上兑下,震为动,为阳,性动;兑为泽,为阴,性悦。泽上有雷,泽中的水随着震动,象征少女受喜悦之情的驱动急于从男出嫁,故谓之"归妹"。我观此卦的感悟是:

1."归妹以娣"的顺以相承。初九爻辞是:"归妹以娣,跛能履,征吉。"初九在归妹卦的最下爻,阳居阳位,具有贤贞之德,但是不能与在上之九四结为正相应,象征只能以娣的身份出嫁,而不能以正室出嫁。就归妹的整体形势看,是"征凶,无攸利。"可是,初九随姊出嫁,虽然嫁做侧室,但能够坚守正道,安于偏房,并以贤贞之德顺以相承,因而不受归妹总体形势的影响,像脚跛能踩地行走吉利一样,获得了"征吉"的结果。此爻告诉人们,虽然名位不当,但能够守持正道,顺以相承,依然会获得吉祥。"知份心自足,委顺常自安",这一"天地之大义"是一条普遍规律,适用于万事万物。

2."反归以娣"的方向调整。六三爻辞是:"归妹以须,反归以娣。"六三希望等待时机出嫁成为正室元配,可是六三以阴居阳,以柔乘刚,本身的处境和行为方式都违反了正道,又与上六没有正应关系,这就决定了六三所等待的做正室原配的希望只能落空。如《小象传》所说："'归妹以须'，未当也。"如果六三能够从现实出发，放弃满脑子的非分之想，重新为自己作出合理定位，不以正室元配而以娣的身份出嫁，就是"反归以娣"，就可能把希望变成现实。此爻告诉人们，要正视现实，要各安其位，错位了，就要进行方向的调整。谁也不会对出人头地、受到敬仰、得到尊贵有仇，但是没有实力去博取的非分之想，只能自取其咎。

3."不如其娣之袂良"的保持节俭。六五爻辞是："帝乙归妹，其君之袂，不如其娣之袂良，月几望，吉。"六五阴居阳位，又居中位，具有柔中的美德和高贵的气质。六四是指帝乙的妹妹，下嫁时穿戴的服饰很简朴，反而比不上随从陪嫁之娣的衣着，说明身居正位，十分尊贵，却能保持节俭的美德和谦虚而不过分追求盈满的美德。所以，有"月几望，吉"之象。此爻告诫人们，奢侈是败家亡国的祸首；勤俭是治生之道，是发家致富的根本。古人对此早就有了深刻的认知："历览前贤家与国，成由勤俭败由奢。"一个人要注重内在的修为，而不是看重虚华的外表，内在的美德气质远比外在的服饰更绚丽。

丰第五十五

【卦辞】

　　丰:亨,王假之。勿忧,宜日中。

【白话】

　　丰卦象征丰大:亨通,君王亲自前来,不用担忧,活动宜在正午举行。

【彖传】

　　《彖》曰:丰,大也。明以动,故丰。"王假之",尚大也。"勿忧,宜日中",宜照天下也。日中则昃(zè),月盈则食,天地盈虚,与时消息,而况于人乎,况于鬼神乎?

【白话】

　　《彖传》说:丰,是盛大的意思。丰卦下离上震,象征明智地采取行动,所以盛大。"君王亲自前来",这是对大的活动表示重视。"不用担忧,活动宜在正午举行",因为正午阳光普照天下,恰如君主的德行惠及天下。太阳过了中天,就会向西偏斜;月亮圆满了,就会亏缺。天地间的盈满和亏虚,都是随着时间而发生变化,更何况人呢,何况鬼神呢?

【大象传】

　　《大象》曰:雷电皆至,丰。君子以折狱致刑。

【白话】

　　《大象传》说:丰卦下离上震,象征雷电相加,这就是丰卦的卦象。君子观此卦象,从而明察一切,雷厉风行地判决案件,实施刑罚。

【爻辞】

初九 遇其配主,虽旬无咎,往有尚。

六二 丰其蔀(bù,掩盖,蒙蔽),日中见斗。往得疑疾,有孚发若,吉。

九三 丰其沛,日中见沫,折其右肱(gōng,臂),无咎。

九四 丰其蔀,日中见斗,遇其夷主,吉。

六五 来章,有庆誉,吉。

上六 丰其屋,蔀其家,窥其户,阒(qù,寂静)其无人,三岁不觌(dí,相见),凶。

【白话】

初九 遇到与自己相匹配的人,虽然力量均等,但没有灾殃,前往会得到奖赏。

六二 云层丰积厚重遮住了太阳,以致正午时出现了北斗星,此时前往则会被猜忌和妒恨,表明自己诚信,则吉祥。

九三 丰大幡幔,遮住了太阳,以致正午出现了小星星,折断了自己的右臂,没有灾殃。

九四 丰大席状的遮蔽物,遮住了太阳的光辉,以致正午时出现了北斗星,遇到性格平和的明智主人,吉祥。

六五 招纳天下贤才,有福庆和美誉,吉祥。

上六 丰大完善自己的房屋,遮蔽居室,通过门窗窥视,里面静悄悄的,一个人也没有,三年不出来见人,有凶险。

【小象传】

[初九]"虽旬无咎",过旬灾也。

[六二]"有孚发若",信以发志也。

[九三]"丰其沛",不可大事也。"折其右肱",终不可用也。

[九四]"丰其蔀",位不当也。"日中见斗",幽不明也。"遇其夷主",吉行也。

[六五]六五之吉,有庆也。

[上六]"丰其屋",天际翔也。"窥其户,阒其无人",自藏也。

【白话】

[初九]"虽然力量均等,但没有灾殃",说明如若打破均势,便会有灾殃。

[六二]"表明自己的诚信",说明用诚信来开拓丰大光明的志向。

[九三]"丰大幡幔"说明不可采取大的行动。"折断自己的右臂",说明终究不可以施展才用。

[九四]"丰大席状的遮蔽物",说明九四阳爻居阴位,所处的位置不适当。"正午时出现了北斗星",是因为天色幽暗不明。"遇到性格平和的明智主人",说明往前进发可以获得吉祥。

[六五]六五爻辞中说的"吉祥",是指修养丰德,因此有值得庆贺之事。

[上六]"丰大完善自己的房屋",说明此人身居极位,如在天空中飞翔一样。"通过门窗窥视,发现里面静悄悄的,一个人也没有",说明此人为躲祸而自蔽深藏。

【悟语】

丰卦震上离下,震为雷,为动;离为电,为明。雷电皆至,闪电的光明和雷声的震动互相助势,有丰大之象,故谓之"丰"。我观此卦,对进退得失,与人互动资助有所感悟:

1."丰其沛,日中见沫"的明哲保身。 九三爻辞是:"丰其沛,日中见沫。折其右肱,无咎。"九三阳刚得正,居于下卦离体之上,具有离明之德,但与之相应的上六居于震体之上,已经没有了震动的功能,而且九三资质柔弱,不思振作,无法结成明动相资的关系,体现不出《象传》"明以动,故丰"的形势需要,只能"日中见沫"。所以,九三向上应于上六是以明趋暗,不仅成不了大事,还会给自己带来"折其右肱"的伤害。因此,作为明德见废之臣的九三,只得明哲保身,以免于过咎。此爻告诉人们,处于光明被昏暗遮蔽的时候,轻举妄动,不可避免地会受到伤害,但若能内心里秉持正道而行为上明哲保身,虽才能未得以发挥,但最终免于灾祸,这是最基本的生存智慧。

2.“来章,有庆誉”的礼贤下士。六五爻辞是:“来章,有庆誉,吉。”六五阴居阳爻,处震动之中,有动而无明,六二阴居阴位,当位得中,处离体之中,有明而无动。六五与六二都是阴爻结不成正应,但是六二和六五都是居中之爻,中道可以成为他们的结合点。六二起初误认为六五是昏君,犯了过分猜疑的错误,违背了中道。六五居至尊的君位,为了寻求互补以创造一种盛大丰满的政治局面,不仅不计较六二的误解,而且把六二看做是章美之臣,礼贤下士,主动“来章”,共治天下,获得了吉庆美誉。此爻告诉人们,为了营造和保持盛大的政治局面,领导者要具备宽大的胸怀和雅量,礼贤下士,诚心寻求有才德的章美之臣来辅佐自己,这样就能保持吉祥,获得美誉。

3.“窥其户,阒其无人”的自绝于人。上六爻辞是:“丰其屋,蔀其家,窥其户,阒其无人,三岁不觌,凶。”上六处于震体之上极,前进无路,《小象》说:“天际翔也”。上六以阴居阴,远离下卦的离体,既无震动之性,又无离明之德,昏暗之极。上六之凶在于把自己封锁在一所不见阳光的黑暗屋子里,自绝于人,谓之“窥其户,阒其无人”。而且这种自闭孤立长年累月,三年之久仍不见人,定有凶险,所以说“三岁不觌,凶。”此爻告诉人们,人是社会的一个成员,人不能脱离社会,脱离特定的社会历史时期而存在。尤其是今天多元化的社会,是一个张扬的社会,展示个性的社会,更是一个团体的社会,任何人都没有理由闭目塞听,与世隔绝,如果“丰其屋,蔀其家,窥其户,阒其无人”,最后就没有落脚处,没有依靠,孤立无援,什么事情也干不成。人能够主动走向社会,扩大社交范围,丰富群体生活经验,在孟子所说的“人和”状态上,充分利用社会资源,如是,成功也就在眼前。

旅第五十六

【卦辞】

　　旅：小亨。旅贞吉。

【白话】

　　旅卦象征行旅：小有亨通，出门旅行能坚守正道，吉祥。

【彖传】

　　《彖》曰："旅小亨"，柔得中乎外，而顺乎刚，止而丽乎明，是以"小亨旅贞吉"也。旅之时义大矣哉！

【白话】

　　《彖传》说：旅，"小有亨通"，六五阴爻居外卦之中位，又位于上九阳爻之下，象征谦柔者守持中道，顺从刚强者；旅卦下艮上离，象征着安静的依附于明德之人，所以说"小有亨通，出门旅行能坚守正道，吉祥。"选择适宜的时机出门旅行意义是多么重大啊！

【大象传】

　　《大象》曰：山上有火，旅。君子以明慎用刑而不留狱。

【白话】

　　《大象传》说：旅卦下艮上离，山上有火在燃烧，象征旅行。君子因此而在施用刑罚时明察慎重，而不积留狱案。

【爻辞】

　　初六　旅琐琐，斯其所取灾。

六二 旅即次,怀其资,得童仆,贞。

九三 旅焚其次,丧其童仆,贞厉。

九四 旅于处,得其资斧,我心不快。

六五 射雉,一矢亡,终以誉命。

上九 鸟焚其巢,旅人先笑后号咷。丧牛于易,凶。

【白话】

初六 旅行之初事务繁琐导致言行猥琐卑贱,这是自取灾祸。

六二 旅途中住进客栈,身上带着钱财,找到童仆,这是正确的。

九三 旅途中所住的客栈被烧毁,失去了童仆,坚守正道以防危险。

九四 旅途中找到住所住下,得到了钱财,但心中仍然不甚痛快。

六五 用箭射野鸡,丢失了一支箭,最终仍然得到荣誉和爵命。

上九 鸟巢被烧毁,出门旅行的人开始欣喜欢笑,后来号啕大哭,牛被狄人抢走,有凶险。

【小象传】

[初六]"旅琐琐",志穷灾也。

[六二]"得童仆贞",终无尤也。

[九三]"旅焚其次",亦以伤矣。以旅与下,其义丧也。

[九四]"旅于处",未得位也。"得其资斧",心未快也。

[六五]"终以誉命",上逮也。

[上九]以旅在上,其义焚也。"丧牛于易",终莫之闻也。

【白话】

[初六]"旅行之初事务繁琐导致言行猥琐卑贱",说明旅行者是没有志气,所以会招来灾祸。

[六二]"找到童仆,这是正确的",说明六二最终不会有什么过失。

[九三]"旅途中所住的客栈被烧毁",这也是令人悲伤的事。与童仆一起旅行而失去童仆,这是用傲慢的态度对待下人的必然结果。

[九四]"旅途中找到住所住下",说明九四阳爻居阴位,所处的位置

不适当,说明没能真正地安身立命。"得到了钱财",但心中还是感到不畅快。

[六五]"最终仍然得到荣誉和爵命",说明得到了上层的赏识。

[上九]鸟巢被烧毁,作为出门旅行的人却高高在上、目中无人,当然导致被焚烧的灾殃。"牛被狄人抢走",说明上九旅途遭灾最终也没有人来过问此事。

【悟语】

旅卦离上艮下,离是火,艮是山,山上有火。火在山上燃烧,随着草木而移动,草木一烧尽,火即他迁,有旅象,故谓之"旅"。我观此卦,悟出的旅居之时的正反处世之道是:

1."旅琐琐"是自暴自弃。初六爻辞是:"旅琐琐,斯其所取灾。"初六阴居阳位,失正不当位,本来与九四是正相应的关系,有助于摆脱羁旅之世的艰难,但是初六质弱志穷,面对挫折委委琐琐庸俗鄙陋,只会关心一些蝇营狗苟的细小之事和斤斤计较眼前利益,这种"志穷"是不正当的处旅之道,必然给自己带来灾祸,并且这种灾祸是咎由自取,所以说"斯其所取灾",外人爱莫能助。此爻告诉人们,人生之旅困难重重,但越是在艰难的情况下,越不要自暴自弃和斤斤计较眼前利益,越要从大处着想,识大体,顾大局,振作精神,于屈中求伸,才能保证旅途顺利亨通。

2."得童仆贞"是患难真情。六二爻辞是:"旅即次,怀其资,得童仆,贞。"六二阴居阴位,居中得正,有柔顺中正之德,柔而履中就不过柔,柔而得正则处不失当。因此,六二会获得亲和力。在旅途的险境中,找一个住处,身上带点路费钱,都是容易办到的事情,难的是能够得到童仆的忠诚照顾,这就是所谓的"患难见真情",这种人间可遇不可求的真情,才是消灾解祸的最重要因素。此爻告诉人们,行旅在外,举目无亲,要时时处处保持柔顺中正的品德,这比钱物都重要,以此待人接物,才能与环境亲和,与人亲和,旅途中处处都会顺利。

3."旅焚其次"是危中求机。九三爻辞是:"旅焚其次,丧其童仆,贞厉。"九三以阳居阳，刚而不中，以高傲的态度对人，颐指气使，把本来相亲相辅的关系变成了统治与服从的关系，造成了离心离德，从根本上违反了处旅之道。这一爻用旅居的客栈失火焚烧，随从的童仆逃亡离走的情景来说明这样做的危险后果。此爻告诉人们，在旅途中处在不安定的环境时，一定不能刚直任性，更不能倨傲待人，应该以谦虚的态度，争取周围人的帮助和支持，这才能够在危机四伏的情况下生存和发展。

巽第五十七

【卦辞】

巽：小亨。利有攸往。利见大人。

【白话】

巽卦象征逊顺：小有亨通，利于有所前往，利于去见德高望重的人。

【彖传】

《彖》曰：重巽以申命。刚巽乎中正而志行。柔皆顺乎刚，是以"小亨，利有攸往，利见大人"。

【白话】

《彖传》说：巽卦下巽上巽，两巽相叠，象征上下顺从，从而可以顺利地发布命令。九五阳爻居上卦之中位，象征阳刚者服从中正之道，从而得以遂行其志向。初六阴爻和六四阴爻之上皆为阳爻，象征阴柔者都顺从阳刚者，所以"小有亨通，利于有所前往，利于去见德高望重的人"。

【大象传】

《大象》曰：随风，巽。君子以申命行事。

【白话】

《大象传》说：巽卦下巽上巽，风与风相随而动，象征逊顺。君子因此而申述命令，果断地推行政事。

【爻辞】

初六 进退，利武人之贞。

九二 巽在床下，用史巫纷若，吉，无咎。

九三 频巽，吝。

六四　悔亡,田获三品。

九五　贞吉,悔亡,无不利,无初有终。先庚三日,后庚三日,吉。

上九　巽在床下,丧其资斧,贞凶。

【白话】

初六　进退两可,利于勇武之人坚守正道。

九二　谦逊地伏卧在床下,史巫们纷纷前来祷祝,吉祥没有灾祸。

九三　频频表示顺从,将有遗憾。

六四　悔恨消亡,打猎时获得祭祀、饮宴和家用的三种禽兽。

九五　坚守正道吉祥,悔恨消亡,没有任何不利,起初不顺利,但有好的结局。在象征变更的庚日前三天即丁日发布命令和庚日后三天即癸日实行,吉祥。

上九　伏卧在床下,就像失去了钱财,坚守正道可以获得吉祥。

【小象传】

[初六]"进退",志疑也。"利武人之贞",志治也。

[九二]"纷若之吉",得中也。

[九三]"频巽之吝",志穷也。

[六四]"田获三品",有功也。

[九五]九五之吉,位中正也。

[上九]"巽在床下",上穷也。"丧其资斧",正乎凶也。

【白话】

[初六]"进退两可",说明心中疑惑。"利于勇武之人坚守正道",说明要修治武人般的意志。

[九二]"谦逊地伏卧在床下,史巫们纷纷前来祷祝",而"吉祥没有灾祸",是因为九二阳爻居下卦之中位,德行居中不偏。

[九三]"频频表示顺从,将有遗憾",是因为失去了自己的坚定志向。

[六四]"打猎时获得祭祀、饮宴和家用的三种禽兽",说明自己立下卓著的功绩。

[九五]九五爻辞中的"吉祥",是因为九五阳爻居中位,能持中守正。

[上九]"伏卧在床下",说明居上位者已经陷于极端困境。"就像失

去了钱财"，当然会带来"凶险"。

【悟语】

巽卦巽上巽下，巽为风，为顺，性入。风之入物，无所不入，无所不顺。两风相随，更为顺从，故谓之"巽"。我观此卦，感悟了三个"不"：

1.**"进退"的不可为**。初六的爻辞是："进退，利武人之贞。""进退"就是进退维谷、优柔寡断的样子。初六以阴爻居重巽之始，地位卑下，性格柔弱，多疑善惧，不能适应形势的要求，转化为刚毅果决的行动。有志于干一番大事业的人，必须知道"进退"的不可为，犹豫不决、患得患失的人是永远成不了气候的。初六爻辞不仅指出了"进退"的不可为，难能可贵的是还指出了破解不可为的可为妙策，即求助于"武人之贞"来矫治自己的志气，弥补刚性的不足，如此就能摆脱困境，化险为夷，成就事业。

2.**"频巽"的不可取**。九三的爻辞是："频巽，吝。""频巽"是指皱着眉头表示顺从。九三是阳居阳位，当位得正，那么为什么还要"频巽"呢？关键在于它正而不中。《周易》认为，中道比正道更重要。中道是与至诚之心相联系的。九三之"频巽"是迫于形势的顺从，骨子里却不情愿去以刚顺柔，所以，既非至诚，也不合乎中道，这种作伪的道德问题，必然会发生与客观形势的矛盾和冲突，动则生咎害。我们所以强调"频巽"的不可取，道理也就在于此。

3.**"巽在床下"的不可学**。上九的爻辞是："巽在床下，丧其资斧，贞凶。"上九以阳居阴，谦卑恭顺得太过了，竟然屈于床下，上九又处于上位穷极之地，不能以中道自我调整，所以有了"丧其资斧"，即丧失谋生的资本和刚硬的本性的凶险。所以，"巽在床下"这种谦卑，缺失了做人的骨气和做事的精神，是畏首畏尾，是软弱无能。1883 年中法战争爆发后，中国军队节节胜利，软弱无能的清政府此时不是鼓舞将士奋勇杀敌，而是"巽在床下"，选择了以胜求和，与法国签订了《中法新约》。法国不胜而胜，中国不败而败。从这个惨痛的历史教训中，我们再一次感悟到了"巽在床下"不可学的真谛，因此一定要挺起脊梁做人做事。

兑第五十八

【卦辞】

　　兑:亨,利贞。

【白话】

　　兑卦象征和悦:亨通,利于坚守正道。

【彖传】

　　《彖》曰:兑,说也。刚中而柔外,说以利贞,是以顺乎天而应乎人。说以先民,民忘其劳。说以犯难,民忘其死。说之大,民劝矣哉!

【白话】

　　《彖传》说:兑,是喜悦的意思。九二阳爻、九五阳爻居下、上卦之中位,六三阴爻、上六阴爻居下、上卦之外位,象征人内刚外柔,以利人济物、坚守正道为喜悦,所以喜悦必须上顺天理,下应民心。以引导民众为喜悦,民众会忘掉自己所受的劳苦;以为国赴难为喜悦,民众就会舍生忘死。喜悦的意义是多么伟大,它能劝勉民众奋发有为。

【大象传】

　　《大象》曰:丽泽,兑。君子以朋友讲习。

【白话】

　　《大象传》说:兑卦下兑上兑,泽与泽相连,象征喜悦。君子因此而汇聚朋友,并相互切磋学习。

【爻辞】

　　初九 和兑,吉。

九二 孚兑,吉,悔亡。

六三 来兑,凶。

九四 商兑未宁,介疾有喜。

九五 孚于剥,有厉。

上六 引兑。

【白话】

初九 温和喜悦待人,吉祥。

九二 诚实喜悦待人,吉祥,悔恨消亡。

六三 以讨好人的方式谋求喜悦,有凶险。

九四 商谈彼此如何达成和睦友好,事情还未谈定,不能安宁,邪疾得以痊愈,必有喜庆。

九五 信任那些失信的人,有危险。

上六 沉溺于引诱而取悦于人。

【小象传】

［初九］"和兑之吉",行未疑也。

［九二］"孚兑之吉",信志也。

［六三］"来兑之凶",位不当也。

［九四］"九四之喜",有庆也。

［九五］"孚于剥",位正当也。

［上六］上六"引兑",未光也。

【白话】

［初九］"温和喜悦待人"而获"吉祥",是因为行动时光明正大,不被人心中猜忌。

［九二］"诚实喜悦待人"而获"吉祥",说明其志向得到了别人的信任。

［六三］"以讨好人的方式谋求喜悦"而"有凶险",是因为六三阴爻居阳位,所处的位置不妥当。

　　〔九四〕九四爻辞中说的"喜"，是因为有值得庆贺之事。

　　〔九五〕"信任那些失信的人"，是因为九五阳爻居阳位，所处的位置正当君位。

　　〔上六〕上六爻辞中说的"沉溺于引诱而取悦于人"，说明它的喜悦之道还未能发扬光大。

【悟语】

　　兑卦上兑下兑，兑为泽，为悦。水泽能滋润万物，两泽相附丽，相互浸润，使万物欣欣向荣，可以使人欣悦，故谓之"兑"。我观此卦的感悟是：

　　1."和兑"是和而不流。初九爻辞是："和兑，吉。"初九阳居阳位，具有刚质，又下居兑卦的初位，地位卑下，上又与九四敌应，与九二不相亲比，没有很好的外援关系支撑。但是初九能够始终恪守一种平和的心态，待人接物，既不卑躬屈膝，谄媚逢迎，同流合污；也不暴力粗浮，清高自傲，不入世俗；而是"刚中而柔外"，坚持中立而不倚的人格，不卑不亢，合而不流，由此而产生的喜悦，谓之"和兑"，所以是吉祥的。此爻告诉人们，应与周围的人和谐相处，融融乐乐。但是，不能为了保持和谐的关系而与别人同流合污。和谐待人是堂堂正正，而非奉承谄媚。

　　2."来兑"是摧眉折腰。六三爻辞是："来兑，凶。"六三阴爻居阳位，不中不正，有柔外之态而无刚中之德，处两兑卦之间，四刚之际，为了取悦于人，左右逢源，四面讨好。这种心术不正、缺乏诚信的"来兑"，一方面受人鄙弃，不能引起人们的喜悦；另一方面，由于没有人格尊严，自己内心也常常不安，患得患失，也没有喜悦可言，所以"来兑"而致"凶"。此爻告诉人们，人若别有用心，摧眉折腰地讨别人的欢悦，不仅别人高兴不起来，自己也得不到欢乐，有害无益，是不足取的。不卑不亢，坦然人世又何尝不是一种福分、一种境界呢？反过来说，遇到摧眉折腰来谋求你喜悦的人，你也要倍加警惕，不要轻易被别人的花言巧语迷惑。古语讲得好："敌卑而益备者，进也；……无约而请和者，谋也。"意思是，敌人对你卑躬屈膝，一定是暗中在加紧备战，也可能是向你发起进攻所制造的假象……没有具体条约文字而来媾和的，一定是另有阴谋。所以，一定要当心别人对你无故的卑躬屈膝和花言巧语，谨防其中隐藏的杀机。

3."商兑"是理性选择。 九四爻辞是："商兑未宁，介疾有喜。"九四刚而居柔，上承九五刚中之君，下比六三奸佞小人，究竟是往上与九五相悦，还是往下与六三相悦，必须分析考量，再三斟酌，这就是"未宁"阶段。当九四作出理性的选择，准备顺承和辅佐九五，受到了六三感情的缠绕时，这就是"介疾"阶段。最后九四用理性战胜了情感，断然拒绝了六三的干扰，顺承了九五，有了喜庆的结局。此爻告诉人们，物以类聚，人以群分，协商和悦之道，必须排除掉小人的阻挠，当发现悦非其人时，应断然分离，另觅同道人相悦，这才会有喜庆的事情发生。

涣第五十九

【卦辞】

涣：亨。王假有庙。利涉大川，利贞。

【白话】

涣卦象征涣散：亨通，君王前去宗庙祭祀。利于涉越大河，利于坚守正道。

【彖传】

《彖》曰："涣，亨"，刚来而不穷，柔得位乎外而上同。"王假有庙"，王乃在中也。"利涉大川"，乘木有功也。

【白话】

《彖传》说：涣，"亨通"，涣卦的九二阳爻、九五阳爻分别居下、上卦之中位，象征阳刚者前来行使权力而不会陷于困境；六四阴爻居阴位，又在外卦的最下位，处于九五阳爻之下，象征阴柔者安守本分而与阳刚者同德同心。"君王前去宗庙祭祀"，是因为九五阳爻居上卦之中位，象征君王居守中位。"利于涉越大河"，是因为涣卦下坎上巽，风行水上，象征乘船而得风助，涉越大河必能成功。

【大象传】

《大象》曰：风行水上，涣。先王以享于帝，立庙。

【白话】

《大象传》说：涣卦下坎上巽，风在水面上吹拂，象征涣散。先王观此卦象，从而祭祀天帝，建立宗庙，以归系人心。

【爻辞】

初六 用拯马壮,吉。

九二 涣奔其机,悔亡。

六三 涣其躬,无悔。

六四 涣其群,元吉。涣有丘,匪夷所思。

九五 涣汗其大号,涣王居,无咎。

上九 涣其血,去逖(tì,远)出,无咎。

【白话】

初六 用来拯济危难的兵马很强壮,吉祥。

九二 涣散之时直奔安全之地,悔恨消亡。

六三 涣散之时宁愿自身受损,悔恨消亡。

六四 涣散朋党,至为吉祥。涣散小团体而结成山丘般的大团体,这是常人所不能想象的。

九五 像发汗一样发布君王的命令,散发君王积聚的财富,没有灾殃。

上九 散流体内的淤血,提高警惕以防危险,没有灾殃。

【小象传】

[初六] 初六之吉顺也。

[九二] "涣奔其机",得愿也。

[六三] "涣其躬",志在外也。

[六四] "涣其群,元吉",光大也。

[九五] "王居无咎",正位也。

[上九] "涣其血",远害也。

【白话】

[初六] 初六爻辞中说的"吉祥",是初六阴爻位于九二阳爻之下,阴柔者顺从阳刚者的缘故。

[九二] "涣散之时直奔安全之地",说明阴阳聚合的愿望得到了实现。

［六三］"涣散之时宁愿自身受损"，说明其志向是向外发展。

［六四］"涣散朋党，至为吉祥"，说明君主推行的德治之道得到了发扬光大。

［九五］"散发君王积聚的财富，没有灾殃"，是因为九五阳爻居上卦之中位，所处的君王位置正当而坚固。

［上九］"散流体内的淤血"，是说应当考虑如何彻底远离灾害。

【悟语】

涣卦上巽下坎，巽为风，坎为水。风吹拂于水面上，水波离散，故谓之"涣"。我观此卦，对挽救涣散之势的感悟是：

1."涣其躬"的清除私欲。 六三爻辞是："涣其躬，无悔。"六三本质阴柔，不中不正，而又居于坎体之上，处于涣散不利的环境，本当有悔，但六三涣散时能够独善其身，不附和于涣散，清除私欲如同洗掉自己身上的污垢一样，又与上九刚柔相应，主动追求，就能够得到上九的援助，使险难涣然冰释。此爻提示人们，领导者要拯救涣散的局面，必须剔除自己的私欲，从自我做起，就是人们常说的"救人先救己"，中正而行，就能达到聚合人心、扭转局面的目的。如果领导者私欲很重，拥戴和援助的人就少，不但涣散的局面得不到整治，而且私欲像海水，喝得越多，口越渴，让人一生都会在迷失中疲于奔命。

2."涣汗其大号"的治政权威。 九五爻辞是："涣汗其大号，涣王居，无咎。"九五阳刚，处尊履正，能够发布号令，行使权力，来涤荡险恶，使涣散复归于凝聚。九五之所以能够承担起扭转局势的重任，就是因为九五居于至尊的正位，其所发布的命令具有最高的权威性，令人信服。所以《小象传》说："'王居无咎'，正位也"。

3."涣其血，去逖出"的避祸自保。 上九爻辞是："涣其血，去逖出，无咎。"上九阳居阴位，处于涣卦卦体的上极，涣散发展到这个阶段将要终结，与在下之坎险相距甚远，上九与六三又是正相应的关系，故有"涣其血，去逖出"之象，能够"远害"就无咎，所以《小象传》说："'涣其血'，远害也。"社会充满竞争,潜流暗涌,任何人在面对艰难和凶险时都有一个行为策略的选择。此爻告诉了人们一个避祸之道,在艰难处境中,中国古语所说的"三十六计走为上"和俗话"好汉不吃眼前亏"、"惹不起还躲不起",都是讲面对灾害不要愚顽蛮干,不和敌人正面碰撞,远离有可能伤害自己的地方。

节第六十

【卦辞】

节:亨。苦节,不可贞。

【白话】

节卦象征节制:亨通。以过度地节制为苦,应当坚守正道。

【彖传】

《彖》曰:"节亨"。刚柔分而刚得中。"苦节不可贞",其道穷也。说以行险,当位以节,中正以通。天地节而四时成。节以制度,不伤财,不害民。

【白话】

《彖传》说:节,"亨通"。节卦下兑上坎,坎为阳卦,兑为阴卦,象征刚柔上下相分;九二阳爻、九五阳爻居下、上卦之中位,象征人守中道。"以过度地节制为苦,应当坚守正道",是因为过度地节制将会面临困境。节卦下兑上坎,象征心情愉快地去冒险;六四阴爻居阴位,九五阳爻居阳位,上六阴爻居阴位,象征人所处的位置适当,并具有节制的美德;九五阳爻居上卦之中位,居中守正,畅通无阻。天地有节度而形成一年四季。订立制度来实行节制,就不会浪费财物,就不会损害民众利益。

【大象传】

《大象》曰:泽上有水,节。君子以制数度,议德行。

【白话】

《大象传》说:节卦下兑上坎,泽中有水,象征节制。君子因此而订立制度,确定道德行为的标准。

【爻辞】

初九 不出户庭,无咎。

九二 不出门庭,凶。

六三 不节若,则嗟若,无咎。

六四 安节,亨。

九五 甘节,吉,往有尚。

上六 苦节,贞凶,悔亡。

【白话】

初九 足不出户,没有灾殃。

九二 始终不出大院门庭,有凶险。

六三 不知自我节制,必然会带来悔恨叹息,没有灾殃。

六四 安于现状自我节制,亨通。

九五 甘美欢愉地节制,吉祥,前往可获嘉奖。

上六 过度地节制是痛苦的,要坚守正道以防凶险,没有悔恨。

【小象传】

[初九] "不出户庭",知通塞也。

[九二] "不出门庭",失时极也。

[六三] "不节之嗟",又谁咎也。

[六四] "安节之亨",承上道也。

[九五] "甘节之吉",居位中也。

[上六] "苦节贞凶",其道穷也。

【白话】

[初九] "足不出户",是因为明白何时外出畅通,何时外出会受阻塞之理。

[九二] "始终不出大院门庭,有凶险",说明错失了极好的时机。

[六三] "不知自我节制"而带来"悔恨叹息",又能责怪谁呢?

[六四] "安于现状自我节制"而"亨通",是因为六四阴爻处于九五阳

爻之下,阴柔者顺从居于上位者。

　　[九五]"甘美欢愉地节制"而"吉祥",是因为九五阳爻居上卦之中位,所处的位置适中,能居中守正。

　　[上六]"过度地节制是痛苦的,要坚守正道以防凶险",是因为这种节制之道必然会面临穷困。

【悟语】

　　节卦上坎下兑,坎为水,兑为泽,水在泽上。泽的容水量要适度,太少会有干涸的危险,太过又会满溢泛滥。唯有加以节制,泽中的水才能充沛而不满溢,所以节卦象征节制。我观此卦,感悟到了节制"贵于得中"的道理:

　　1."安节"的通达顺利。六四爻辞是:"安节,亨。"六四柔顺得正,上承九五,合乎"当位以节"之义。六四能够谨守柔顺尊上之道,以一种安然的心态自我节制,正是这种"安节",才让六四通达顺利。这一爻告诫人们,节制是人的美德,放纵是人之大恶。这个世界令人心动的诱惑实在是太多,洪应明在《菜根谭》中说:"势利繁华,不近者为洁,近之而不染者为尤洁"。贪欲膨胀就很容易导致心智迷乱,如果费尽心机去谋取,不仅自己内心痛苦,而且会招来不测之祸。因此,人生要不轻浮流俗,不自轻自贱,就必须节制,而且是自觉自愿,顺其自然地自我节制,这就是"安节"。"安节"是一种修养,一种安身立命的品格,有了这种品格,就会摆脱烦恼和痛苦的缠绕,在社会生存中通达顺利。

　　2."甘节"的守持正固。九五爻辞是:"甘节,吉,往有尚。"九五当位居中,掌握最高的权力又具备正中的品德。"节"本身就是一种合理的约束,使事物发展不至于"过"或"不及"。所以"节贵适中"。九五以"求中节"为目标,一方面自我修身,自节而顺于义,就可以避免过错;另一方面进行"节以制度"的建设,适中的制度"不伤财,不害民",达到了"甘节之吉"。这一爻告诉人们,节制要守持中道,要不偏不倚,人生该节制而不节制,就会走向灾难,而节制太过也会带来凶险。守持正固,以中正的德行来节制自己,就会获得甘美愉快的享受。

3.**"苦节"的末路穷途。**上六爻辞是："苦节，贞凶，悔亡。"上六是节卦的上极，发展到上六阶段，已经过了节之中，超出了合理的限度，节制过度，就会感到苦涩，称为"苦节"。如果把这种"苦节"的制度强加于人，是人们所不能忍受的，而且这种免为其难的做法还会发生凶险，就是"贞凶"。如果能对过分节制感到懊悔，这种凶险就会消失，谓之"悔亡"。此爻告诉人们，做人做事都要保持在"中节"的"度"上，否则"过则苦"，就会变成"贞凶"而无法坚持下去，最终必然导致穷途末路，所以《小象传》说："其道穷也"。

中孚第六十一

【卦辞】

中孚:豚鱼,吉。利涉大川,利贞。

【白话】

中孚卦象征内心诚信:用小猪和鱼为祭品进行祭祀,吉祥。利于涉越大河,利于坚守正道。

【彖传】

《彖》曰:"中孚",柔在内而刚得中,说而巽,孚乃化邦也。"豚鱼吉",信及豚鱼也。"利涉大川",乘木舟虚也。中孚以利贞,乃应乎天也。

【白话】

《彖传》说:中孚卦的六三阴爻和六四阴爻居中,其上下均为阳爻,九二阳爻和九五阳爻分别居下、上卦之中位,象征阴柔者居内而阳刚者恪守中道。中孚卦下兑上巽,象征和悦而谦逊,在此前提下实施诚信,就可以使一个国家的风尚向好的方面转化。"用小猪和鱼为祭品进行祭祀,吉祥",说明通过小猪和鱼把诚信表达出来。"利于涉越大河",是因为中孚卦下兑上巽,就像乘坐空的木船一样,畅行无阻。诚信而利于坚守正道,这才能符合上天之道。

【大象传】

《大象》曰:泽上有风,中孚。君子以议狱缓死。

【白话】

《大象传》说:中孚卦下兑上巽,大泽上有风吹拂,象征内心诚信。君子因此而以诚信之心慎重地审判案件,宽缓对死刑的判决或执行,以查

明真相。

【爻辞】

初九 虞吉,有它不燕。

九二 鸣鹤在阴,其子和之。我有好爵,吾与尔靡之。

六三 得敌,或鼓或罢,或泣或歌。

六四 月几望,马匹亡,无咎。

九五 有孚挛如,无咎。

上九 翰音登于天,贞凶。

【白话】

初九 安定,吉祥,别有他求则不安定。

九二 鹤在树阴下鸣叫,小鹤在一旁声声应和着。我的酒杯中装着美酒,愿与你一起分享。

六三 遭遇敌人,或继续击鼓进攻,或罢兵不战,或者哭泣声悲,或者高歌欢唱。

六四 月亮接近满月时,丢失了马匹,没有灾殃。

九五 心存诚信并以此牵系天下,没有灾殃。

上九 鸡鸣叫之声飞到天空中,坚守正道以防凶险。

【小象传】

[初九] 初九"虞吉",志未变也。

[九二] "其子和之",中心愿也。

[六三] "或鼓或罢",位不当也。

[六四] "马匹亡",绝类上也。

[九五] "有孚挛如",位正当也。

[上九] "翰音登于天",何可长也?

【白话】

[初九] 初九爻辞中说的"安定,吉祥",说明其诚信的志向没有改变。

〔九二〕"小鹤在一旁声声应和着",说明它是发自内心地愿意。

〔六三〕"或继续击鼓进攻,或罢兵不战",是因为六三阴爻居阳位,所处的位置不适当。

〔六四〕"丢失了马匹",说明要防止再发生类似的事情。

〔九五〕"心存诚信并以此牵系天下",是因为九五阳爻居阳位,所处的位置中正适当。

〔上九〕"鸡鸣叫之声飞到天空中",这种状况怎么能维持长久呢?

【悟语】

中孚卦兑下巽上,风行泽上,无所不至,上下交孚,有诚信之德。观其卦象,卦内三四爻为阴,为谦逊也;二五两爻则为阳得中,乃中实也;初上两爻亦为阳,所以整个卦看起来就像一条"豚鱼"。因为鱼之所以能在水中自由而行,正是因为它腹中有鱼鳔,而鱼鳔的一"虚"一"实"控制着鱼在江海中畅行的平安。这也象征着人的内心只有存在着谦虚之"虚"和诚实之"实",才能在人生的道路上"利涉大川"。我观此卦,得到的感悟是:

1."虞吉"是要诚信而不轻信。 初九爻辞是:"虞吉,有它不燕。"初九以刚爻居阳位,当位而得正,近比九二,远应六四,由此结成的关系,是经过一番理性的思考和戒备所产生的相互信赖的诚信关系,可以获得吉祥,所以说"虞吉"。当然,中孚卦倡导的是诚信,但是社会复杂,"林子大了,什么鸟都有了",这就迫使人也跟着复杂起来,所以要讲究诚信又不能轻信,不然就要被人骗,受到伤害。"虞"就是琢磨一下,但是这一琢磨,本来是很简单的诚信,这下也变得复杂了。所以说这个"虞"一定要在诚信和轻信之间掌握住分寸。为了防止上当受骗,虽然"虞"让自己复杂了起来,但也是可以的,故也算"虞吉"。但是如果想用"虞"来欺骗别人,用自己的复杂来对待别人的简单,用自己的谎言来对付别人的真诚,那么这就是"虞"过了,就丧失了诚信,也就"有它不燕"了。关于诚信,我国古代圣人和先贤都有精彩的论述,孔子说:"人而无信,不知其可。"老子说:"轻诺必寡信,多易必多难。"贾谊说:"治天下,以信之也。"清代顾炎武也有这样的诗句："生来一诺比黄金,那肯风尘负此心。"诚信,不仅是圣人和先贤的处世态度和内在品格,也是普通人立足于人世间的根本,若无它,人将难以有颜面立足于天地间。

2. "得敌"不要心神不宁。六三爻辞是:"得敌,或鼓或罢,或泣或歌。"六三居位不当不正,本质阴柔,而好逞刚强。六三与六四本来不是敌对关系,可是六三硬是把六四看成是横亘在自己与上九正应关系中的障碍,击鼓迎敌。六四当位得正,又是近君大臣,力量强大,六三不敌六四,只能停止后退,在"或鼓或罢"的折腾中,自己内心十分混乱,时而欢歌,时而悲泣,所以说"或歌或泣"。中孚卦的三、四爻都是阴爻,为敌体,故"得敌"。因为二至四互震,而三至五亘艮,同时三爻又在下卦兑之口处,与上卦巽之风相敌,所以《小象传》说:"'或鼓或罢',位不当也"。这说明"得敌"所造成的这些烦恼都是因为自己以阴居阳位的"位不当"引起的。这提醒人们,不要管别人是怎么敌对你,因为那是别人的事,你控制不了,自己能做的就是凭君子之心,以诚待人,诚则简,简则静,静则万事宁,那些所谓的"敌"不也就随风而去了吗?鬼谷子对此讲得很深刻:"心欲宁静……心安静则神明荣。"就是说,人心都是要求宁静的,心如果保持宁静,精神就会振奋。所以,我们要始终保持一颗宁静致远的心。

3. "翰音登于天"是自欺欺人。上九爻辞是:"翰音登于天,贞凶。"上九在中孚卦之上极,不中不正,是一个无笃实之心、欺世盗名的小人,表面上"翰音"震天,但却不会使人相信,只能是孤高绝响,引不起共鸣,最后走向衰竭,导致凶险的后果,所以说"贞凶"。此爻告诉人们,诚信是纯朴的,是简单的。《周易》中"简易"的真谛就在于一个"诚"字。试想,如果人们都能以诚相见,复杂的事情就会简单化了。相反,人人都藏心眼,虚伪甚至以假象欺世盗名,简单的事情也就复杂化了。对人以诚相待乃是做人的基本准则,应该是发自内心的。如果做人之所以要诚信是为了哗众取宠,那么这反倒与诚信背道而驰了,这不但是在欺骗别人,也是在欺骗自己。如果连自己都开始骗人,那还能在人生的道路上走多远呢?所以说,诚信不仅是对社会和他人的尊重,更是对自己的负责。古来成大事者,都是重诚信、有法度的大智大仁者。

小过第六十二

【卦辞】

小过：亨。利贞。可小事，不可大事。飞鸟遗之音，不宜上，宜下，大吉。

【白话】

小过卦象征小有过越：亨通，利于坚守正道。适合做小事，不适合做大事。就像鸟飞过后留下的悲鸣叫声，不应强向上飞，而应向下安栖，大为吉祥。

【彖传】

《彖》曰：小过，小者过而亨也。过以利贞，与时偕行也。柔得中，是以小事吉也。刚失位而不中，是以不可大事也。有飞鸟之象焉，"飞鸟遗之音，不宜上，宜下，大吉"，上逆而下顺也。

【白话】

《彖传》说：小过，意味在小事情上有过失，所以仍然亨通。有过越必须利于守正，就是顺应合适的时机采取行动。六二阴爻、六五阴爻分别居下、上卦之中位，象征阴柔者能行中道，所以做小事吉祥。九四阳爻居阴位，且九三阳爻、九四阳爻都没有居下、上卦之中位，象征阳刚者所处的位置不适当而且不能守中道，所以说"不适合做大事"。小过卦下艮上震，象征鸟从山上飞过，"悲鸣叫声，不应强向上飞，而应向下安栖，大为吉祥"，说明向上是逆理而行会碰到阻碍，而向下是顺势而行则会顺利。

【大象传】

《大象》曰：山上有雷，小过。君子以行过乎恭，丧过乎哀，用过乎俭。

【白话】

《大象传》说：小过卦下艮上震，山上有雷震动，象征小有过越。君子因此而行为比一般人略过于恭敬，居丧时比一般人略过于哀痛，消费比一般人略过于节俭。

【爻辞】

初六 飞鸟以凶。

六二 过其祖，遇其妣（bǐ，这里指祖母）。不及其君，遇其臣。无咎。

九三 弗过防之，从或戕（qiāng，杀害）之，凶。

九四 无咎。弗过遇之，往厉必戒，勿用永贞。

六五 密云不雨，自我西郊。公弋取彼在穴。

上六 弗遇过之，飞鸟离之，凶，是谓灾眚。

【白话】

初六 鸟逆势向高空中飞，预示有危险。

六二 指出祖父的过失，遇到了祖母；没有达及君王那里，遇到了臣子。没有灾殃。

九三 虽然没有过失，也要防患于未然，放纵就会被人加害，有凶险。

九四 没有灾殃，没有过失，不过分刚强便能够遇到阴柔，前往有危险，一定要警惕自戒。不能感情用事，永远坚持中正之道。

六五 天空中浓云密布，但是没有下雨，云来自西郊。王公用系着绳的箭去射禽，从洞穴中获得了猎物。

上六 没有相遇阳刚且超过很远，就像飞鸟上天遭到射杀，有凶险，这就叫自找灾祸。

【小象传】

[初六]"飞鸟以凶"，不可如何也。

[六二]"不及其君"，臣不可过也。

[九三]"从或戕之"，凶如何也。

[九四]"弗过遇之",位不当也。"往厉必戒",终不可长也。

[六五]"密云不雨",已上也。

[上六]"弗遇过之",已亢也。

【白话】

[初六]"鸟逆势向高空中飞,预示有危险",说明其自寻凶险,别人无可奈何。

[六二]"没有达及君王那里",说明不可超过臣子而直达君王那里。

[九三]"放纵就会被人加害",说明凶险无法避免。

[九四]"不过分刚强便能够遇到阴柔",是因为九四阳爻居阴位,所处的位置不适当。"前往有危险,一定要警惕自戒",说明过分的行为终究不会长久。

[六五]"天空中浓云密布,但是没有下雨",说明所处过高。

[上六]"没有相遇阳刚且超过很远,就像飞鸟上天遭到射杀",说明升得过高已经到了亢极之处。

【悟语】

小过卦艮下震上,山顶上响着震雷,其声有过越,谓之小过。观其卦象,两阳在中,象征鸟的身体,四阴在外,象征鸟翼,因此小过卦也就象征着飞鸟。所以小过卦意味着鸟儿在天空飞翔的时候遇到震雷,这时就应量力而行,不可贸然上升,而应下降到山林中低空飞行以避雷,这就是卦辞所谓的"不宜上,宜下,大吉"。我观此卦,得到的感悟是:

1. "飞鸟以凶"的不可逞强。初六以鸟取象,鸟以翼而飞,初爻与上爻以象取两翼,故称"飞鸟"。初六爻居艮之初始,而艮为止,但是初六以阴居阳,资质柔弱而好用刚强,一心想高飞上行,往应于九四。飞鸟以初爻之单翼而要推动身上的大山,振翅高飞,必然是困难险阻重重,所以称"飞鸟以凶"。这一爻告诉我们,为人处世首先要清楚自己的能力,如果自己现在的能力还不是很强,翅膀还不是很硬,只能像麻雀一样离地不过数仞,那么这时最好不要逞强高飞,因为在天空中等待你的不一定都是蓝天,还有鹰鹞之类的猛禽。如果飞到了自己所不能控制的高度,等

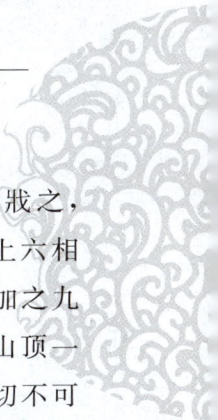

待自己的命运不是被人猎杀就是自己力竭而亡。

2."弗过防之"的不合时宜。九三爻辞是："弗过防之，从或戕之，凶。"九三以阳居阳，虽得位而不中，一直以上行的逆动行为去与上六相应。小过之时总的形势是"阴盛阳衰"，这种行为是不合时宜的。加之九三处下卦艮山之顶，迎上卦震雷之初，就像一个人在打雷时站在山顶一样，这是十分危险的，此时就要识天象，知己力，防范自己的行为，切不可再冒进，所以说"弗过防之"。其实有些时候人们已经飞到了自己能力所限的最高空，但是看到自己上边还有人在飞，就淡漠了防备意识，忽视了自身情况，于是就跟着往上飞了，这种盲从只会是"从或戕之，凶"。此爻告诉人们，人都是要进取的，能往上飞的主观意识也是好的，但是如果忽视了是否具备高飞的时机，自身是否具备高飞的能力，同时又忘记了分析别人之所以高飞的原因，仅仅因为看到别人这么做，自己就跟着这么做，对即将到来的危险没有针对性的防备，就会造成痛苦的失败。世间一切失败的根源几乎都可以归结为四个字：不合时宜。

3."弗遇过之"的不可贪高。上六爻辞是："弗遇过之，飞鸟离之，凶，是谓灾眚。"上六居全卦之顶，高而不能下，好比鸟飞得太高了，以至于都见不到一个同伴了。小过卦的思想就是"不宜上，宜下"，但这只鸟阴极已亢，正如《小象传》说："'弗遇过之'，已亢也"。亢龙尚且知道有悔，何况这只"亢鸟"呢？所以这只鸟面临的将是多么大的"灾眚"啊！"灾"是天灾，"眚"指人祸。逆天而上，岂能不遭天灾；肆意妄为，焉能不触人祸。此爻告诫人们，人心即像这鸟儿，而人世间也就像这天空一样，也是有层次之分的，并不是所有的层次都适合自己，因此人要以此"亢鸟"为戒，找准适合自己的天空层次，不可贪高，不然的话"飞鸟离之"，凶多吉少。

既济第六十三

【卦辞】

既济:亨小,利贞。初吉终乱。

【白话】

既济卦象征事已成:柔小者亦亨通,利于坚持正道。开始时吉利,最终会有祸乱。

【彖传】

《彖》曰:"既济,亨",小者亨也。"利贞"。刚柔正而位当也。"初吉",柔得中也。"终止则乱",其道穷也。

【白话】

《彖传》说:既济,"亨通",是指小事情亨通。"利于坚持正道",是因为既济卦下离上坎,象征刚上柔下,阳刚者和阴柔者能守正道;既济卦的初九、九三、九五三阳爻居阳位,六二、六四、上六三阴爻居阴位,象征人所处的位置极为适当。"开始时吉利",是因为六二阴爻居下卦之中位,象征阴柔者能守持中道。"最终会有祸乱",是因为其所行之道陷入绝境。

【大象传】

《大象》曰:水在火上,既济。君子以思患而预防之。

【白话】

《大象传》说:既济卦下离上坎,火上面有水,象征事业成功。君子因此而考虑有可能出现祸患,事先就加以预防。

【爻辞】

初九 曳其轮,濡其尾,无咎。

六二 妇丧其茀(fú,车幔),勿逐,七日得。

九三 高宗伐鬼方,三年克之,小人勿用。

六四 繻(rú,彩色的丝帛)有衣袽(rú,败絮),终日戒。

九五 东邻杀牛,不如西邻之禴祭,实受其福。

上六 濡其首,厉。

【白话】

初九 渡水时往后牵拉车轮,车尾虽被河水沾湿了,没有灾殃。

六二 妇人丢失了车辆的遮帘,用不着寻找,七天后将会复得。

九三 殷高宗征讨鬼方,用了三年时间的苦战才获得胜利,不要任用小人。

六四 华美的衣服变成破烂的衣服,整天都要处于警惕戒备的状态。

九五 东边邻国杀牛举行祭祀,不如西边邻国举行简朴的薄祭更诚敬,更能实实在在地享受上天降下的福泽。

上六 渡河被水淹没了头部,有危险。

【小象传】

[初九]"曳其轮",义无咎也。

[六二]"七日得",以中道也。

[九三]"三年克之",惫也。

[六四]"终日戒",有所疑也。

[九五]"东邻杀牛",不如西邻之时也。"实受其福",吉大来也。

[上六]"濡其首厉",何可久也?

【白话】

[初九]"渡水时往后牵拉车轮",从道理上讲应该"没有灾殃"。

[六二]"七天后将会复得",是六二阴爻居下卦之中位,守中不偏的缘故。

[九三]"用了三年时间的苦战才获得胜利",是因为大家都疲惫不堪。

[六四]"整天都要处于警惕戒备的状态",说明心中有所疑惧。

[九五]"东边邻国杀牛举行祭祀,不如西边邻国举行简朴的薄祭更诚敬,更能实实在在地享受上天降下的福泽",说明吉祥将会连续降临。

[上六]"渡河被水淹没了头部,有危险",这样怎么能长久呢?

【悟语】

既济卦的卦象,是异卦相叠,下离上坎,坎为水,离为火,水火相交,水在火上,似煮成食物,谓之"既济"。既济象征事已成功,但是,最美满的事物中,也潜藏着最大的危机,守成不易,如果为一时的盛大所迷失,就会走向危乱。我观此卦,得到的感悟是:

1."初吉终乱"的居安思危。既济卦的卦辞是:"亨小,利贞。初吉终乱。"既济就是阳刚和阴柔两股势力在动态的过程中发展到了稳定中和之美,所有的事情都已成功,所以《杂卦传》说:"既济,定也。"但是,事物的稳定是相对的,不稳定是绝对的,事物发展到极点,必定会向相反的方向转化。既济卦之所以取坎、离来象征,正是因为水火乃天地之大道,人生之大用也。水得火而不寒,火得水而不燥,如果水火相互间的状态保持恰好,则二者相生,资生之利普,烹饪之功成。但水火相生的状态并非永恒不变,随着时间的流逝,二者会逐渐失去平衡,走向水绝火灭或火炎水涸的相克状态,"初吉"也就走到了"终乱"。坎在外乃险之象,需防患,而离在内谓明之象,应预思,因此《大象传》说:"君子以思患而预防之",即君子要有忧患意识,居安思危,能在"既济"之时视其"未济"。因此,通观本卦全部爻辞,会发现无不是告诫之辞:初爻"曳轮"不冒进;二爻"丧茀"不可追;三爻"小人"不可用;四爻"终日戒";五爻有"东邻"之戒;六爻"濡其首",可见此卦的用心之良苦!魏征在贞观十一年的上疏中指出:隋朝乱亡之源"在于安不思危,治不念乱,存不虑亡之所致也"。李世民则深嘉而纳之,居安而思危,奠定了唐朝近三百年的基业。欧阳修也曾说:"人情处危则虑深,居安则意殆,而患常生于忽忽也。是以君子'既济'，则思患而预防之也。"此论深切啊！

2. "小人勿用"的开国承家。九三爻辞是："高宗伐鬼方，三年克之。小人勿用。"在人性丛林中，小人最可憎。"小人勿用"是《易经》中的戒条，在整部书中经常遇见。此卦九三虽以阳居阳位，但刚而不中，故"高宗伐鬼方"，甚是艰难，"三年克之"。由此可见，天下之事，无不以艰难得之，因此也只有那些能为理想而长时间奋斗的君子，才能承担起实现"既济"的重担，而"小人"则永远会因为自己的利益得失而不堪此重任，这也正应合了师卦上六所说的"开国承家，小人勿用"的思想。在向"既济"努力过程中要"小人勿用"，同时"既济"之后也不意味着一切都结束，有些"小人"也可能因其才能在"既济"过程中顺势立功，所以可以重赏他们，但却不能重用他们，因为"小人"只可应急，不可倚重，尤其是开国承家这种重任，绝不能托付给"小人"，这是一条重要的领导原则。从卦爻结构上看，九三与上六遥应，上六乃外坎之极险之地，如果远君子而近小人，造成的后果只会是上六爻辞所云的"濡其首"般的危险。诸葛亮曾经一针见血地指出："亲贤臣，远小人，此先汉所以兴隆也；亲小人，远贤臣，此后汉所以倾颓也。"

3. "东邻杀牛，不如西邻之禴祭"的实受其福。九五爻辞是："东邻杀牛，不如西邻之禴祭，实受其福。"在"既济"之时，六二处于创业阶段，敬业精神和进取意识强，禴祭形式虽然简朴，心却是虔诚的，所以能"实受其福"。但是，"既济"发展到九五阶段，即到了功成业就阶段，九五又处于至尊之位，志得意满，自我陶醉，看不到自己处于"既济"的转折点，看不到潜伏的危机，盲目乐观，杀牛盛祭神灵，只注重形式而没有虔诚之心，自然就不如六二那样有实实在在的福泽，所以爻辞说："东邻杀牛，不如西邻之禴祭"。此爻告诉人们，成功之后不可自我陶醉，不能像"东邻杀牛"那样过分追求外表形式，而应保持诚挚之心，像"西邻之禴祭"一样注重内容和本质，这样才能得到不断降临的福分。

未济第六十四

【卦辞】

未济:亨。小狐汔(qì,接近,几乎)济,濡其尾,无攸利。

【白话】

未济卦象征未完成:亨通。小狐快要游到对岸时,尾巴被水打湿,得不到什么利益。

【彖传】

《彖》曰:"未济,亨",柔得中也。"小狐汔济",未出中也。"濡其尾,无攸利",不续终也。虽不当位,刚柔应也。

【白话】

《彖传》说:事未完成,"亨通",是因为六五阴爻居上卦之中位,象征阴柔者能守中道。"小狐快要游到对岸",说明身子还在水中,尚未脱离危险。"尾巴被水打湿,得不到什么利益",是因为不能继续努力以达到终点。未济卦虽然卦中的三个阴爻和三个阳爻都没有居其正位,但阴阳爻之间却能相互呼应。

【大象传】

《大象》曰:火在水上,未济。君子以慎辨物居方。

【白话】

《大象传》说:未济卦下坎上离,水面上有火,象征事未成功。君子因此而审慎地辨别事物,并确定其所处的适当方位。

【爻辞】

初六 濡其尾,吝。

九二 曳其轮,贞吉。

六三 未济,征凶。利涉大川。

九四 贞吉,悔亡,震用伐鬼方,三年,有赏于大国。

六五 贞吉,无悔。君子之光,有孚吉。

上九 有孚于饮酒,无咎。濡其首,有孚失是。

【白话】

初六 小狐过河时尾巴被水打湿,有遗憾。

九二 及时往后牵拉车轮,这样做正确可获吉祥。

六三 事情未做好准备,贸然出征会有危险。利于涉越大河。

九四 坚守正道吉祥,悔恨消亡。就像振奋威武之势出兵征讨鬼方,经过三年艰苦卓绝的战斗后取得胜利,得到殷国的赏赐。

六五 坚守正道吉祥,悔恨消亡。这是君子的光辉,其心怀诚信,吉祥。

上九 在饮酒取乐之事上守信用,没有灾殃。饮酒过量后头部沾湿了,虽然心怀诚信,仍有失正道。

【小象传】

[初六]"濡其尾",亦不知极也。

[九二]九二贞吉,中以行正也。

[六三]"未济征凶",位不当也。

[九四]"贞吉悔亡",志行也。

[六五]"君子之光",其辉吉也。

[上九]"饮酒濡首",亦不知节也。

【白话】

[初六]"小狐过河时尾巴被水打湿",说明它太不知道具体的准则。

[九二]九二爻辞中说的"这样做正确可获吉祥",是因为九二阳爻居

下卦之中位，阳刚者得位并行正道。

[六三]"事情未做好准备，贸然出征会有危险"，是因为六三阴爻居阳位，所处的位置不适当。

[九四]"坚守正道吉祥，悔恨消亡"，说明其志向得到了实行。

[六五]"君子的光辉"，说明君子的德行光芒能带来"吉祥"。

[上九]"饮酒过量后头部沾湿了"，说明沉湎过度，太不知道节制了。

【悟语】

未济是《易经》中的最后一卦，也是我认为最值得品悟的一卦。从卦象上看，它与既济卦相反，坎下离上，阴阳爻全部不到位，火在水上，火与水向背不交，难以济物，说明一切秩序都已经混乱了，需要重整乾坤，万象更新。未济不代表不济，只是"未"而已。事物是对立的，又是统一的，既济可转为未济，未济也可转为既济。未济卦中下三爻皆在坎险之中，均为欲济而犹未济；但上三爻处离明之中，是可以"济"的，只要注意慎诚，就可"既济"。世间万事就在这否定与否定之否定的对立统一中发展，永无止境。悟未济卦，我得到了三个重要的基本思想：

1. "小狐汔济"的量力而行。 未济卦辞是："亨。小狐汔济，濡其尾，无攸利。""汔济"，就是几乎成功，拼尽了最后一点力气，"小狐"的前爪已经抓地，后爪也落到实处了，可是由于实在没有力气了，举不起沉重的大尾巴而掉进河里。不是"小狐"不努力，而是自身实力不足。未济卦面临的是一条新河，就像人生一样，所以在过河时要先掂量一下自己的实力，量力而行。此爻告诫人们，为了夺取成功，应当谨慎持中，不可超越自己的能力急于求成。否则，就会像"小狐"渡河，狐尾浸湿，继续前进没有什么利益。这一爻还有一层告诫的意思，即成功需要积累。鬼谷子说："为强者，积于弱。"强大是由弱小积聚而成的。大凡在事业上有所建树的人，都是善于从弱小积累，才聚集起了改变自身命运的力量。

2. "曳其轮"的知道节制。 九二爻辞是："曳其轮，贞吉。"九二居坎，坎为轮，故曰轮。与初六的无济之具相比，九二虽然有了济之具，但此济之具尚无法让"小狐"成功渡岸，因为机缘不成熟，时机不到，条件也不具备，所以"小狐"这时所做的不是跟着别人走，更不能仗着手里有了点可以用的"轮"就妄动。九二以刚居柔，其位不正，而又深临坎险，在这种情况下，如果躁动不安，急于前进，就难以取得成功。九二审时度势，认清情况，先把这个"轮"拴住，结果没有被"濡尾"，更没有被"濡首"。九二的"曳其轮"是一种自觉的行为选择，故意减缓前进的速度，谨慎持中，静以待时，不超越自己的本分而贸然行动，因此亨通顺达，故曰"贞吉"。此爻告诉人们，在前进的过程中，要谨慎分辨事物，知道节制，不可盲目冒进，否则，就可能前功尽弃。

3. "震用伐鬼方"的奋震之威。九四爻辞是："贞吉，悔亡，震用伐鬼方，三年有赏于大国。"九四以阳居阴，其位不当，本来是失正而有悔，但是，九四作为近君大臣，承担着匡时济难的责任，面对外敌鬼方的侵犯，以大局为重，毅然决然，以雷震之势出兵征伐。既济之时，因为已经"过河"了，所以不可轻易动武；但未济之时，万事如麻，因此不用武不能理出头绪，此所谓一怒而安天下之民。"未济"则有悔，"济"则"悔亡"了。九四在未济之时力求可济的志向，合乎以中求正的可济之理。经过三年艰苦的努力，克敌制胜，维护了正常秩序，建立了大功，受到了封赏。此爻告诉人们，在危亡时刻，在无论如何都无法脱离困难的情况下，完全可以采取非常之举，"震"一下，断然冒险也许就能脱离坎险之态，找到出路。乔治·艾略特说过："等到事情有了确定的结果才肯做事的人，永远都不可能成就大事。"

系辞上传

第一章

【原文】

天尊地卑,乾坤定矣。卑高以陈,贵贱位矣。动静有常,刚柔断矣。方以类聚,物以群分,吉凶生矣。在天成象,在地成形,变化见矣。是故刚柔相摩,八卦相荡,鼓之以雷霆,润之以风雨;日月运行,一寒一暑。乾道成男,坤道成女。乾知大始,坤作成物。乾以易知,坤以简能;易则易知,简则易从;易知则有亲,易从则有功;有亲则可久,有功则可大;可久则贤人之德,可大则贤人之业。易简而天下之理得矣。天下之理得,而成位乎其中矣。

【白话】

天在上尊贵,地在下卑微,乾天坤地的位置就是据此确定的。万物以卑微和高大杂然并陈,贵和贱不同的地位就确立了。天地万物的动和静有规律性,阳刚和阴柔的区别也就断然分明了。世间万物以各自的种类相聚合,以各自的族群相区分,彼此间利害得失的调和冲突,就产生了吉与凶的现象。在天上,形成日月星辰、黑夜白天、四时八节等天象;在地上,形成山川河流、动物植物等各种形体,事物变化的道理也就由此而显现出来。所以阳刚和阴柔互相交错摩擦,八卦所象征的天、地、风、雷、电、山、泽等自然现象之间互相鼓动激荡。雷霆震动,风雨滋润,日月在天空中循环往来,寒和暑不断更替。具有乾的特性成为男,具有坤的特性成为女。乾的作用在于创造万物,坤的作用在于继承乾的创造而生成万物。乾通过昭然易知来体现其中蕴含的智慧,坤通过简约来显示自己所具有的功能。昭然易知则容易为人所知晓变易之理,简约则容易为人所遵从。容易被人知晓就会有人来亲附,容易被人遵从就会建功立业。有人来亲附就能长久处世,建功立业就能发展壮大。长久处世是贤人的品德;发展壮大是贤人的功业。能够做到易知简约,也就是领悟了天下一切事物的道理。领悟了天下一切事物的道理,人在天地之间所处的地位也就确定了。

第二章

【原文】

圣人设卦观象,系辞焉而明吉凶,刚柔相推而生变化。是故吉凶者,失得之象也;悔吝者,忧虞之象也;变化者,进退之象也;刚柔者,昼夜之象也。六爻之动,三极之道也。是故君子所居而安者,《易》之序也;所乐而玩者,爻之辞也。是故君子居则观其象而玩其辞,动则观其变而玩其占,是以自天祐之,吉无不利。

【白话】

伏羲、周文王观察宇宙间万事万物而创设八卦和六十四卦,周文王又在每卦和每爻的下面配上文辞,以使人明白其中蕴含的吉凶征兆。卦中的阳刚和阴柔互相推动而产生无穷的变化。所以卦爻辞中的"吉凶",是成败得失的象征;卦爻辞中的"悔吝",是忧愁和顾虑的象征;卦爻反映的变化,是进取和退守的象征;阳刚和阴柔,是白昼和黑夜交替的象征。六爻的变动,体现了天、地、人三才的变化之道。因此,君子平时居家时细心观察《易经》的卦象,玩味卦辞和爻辞,行动时观察卦爻的变化并品味占筮时所显示的吉凶,所以就能够"得到来自上天的保佑,吉祥而没有什么不利"。

第三章

【原文】

彖者,言乎象者也;爻者,言乎变者也。吉凶者,言乎其失得也;悔吝者,言乎其小疵也。无咎者,善补过者也。是故列贵贱者存乎位,齐小大者存乎卦,辩吉凶者存乎辞,忧悔吝者存乎介,震无咎者存乎悔。是故卦有小大,辞有险易;辞也者,各指其所之。

【白话】

象辞,是用来总说全卦的象征意义的;爻辞,是用来说明每一爻变化的断言;"吉凶",是用来说明成败得失的;"悔吝",是说明人们的行为存在小的偏私;"无咎",说明善于补救过失。所以排列地位贵贱是通过六爻的爻位,排列大小要根据它是阳卦还是阴卦,辨别"吉凶"要根据卦爻辞的文字来判定,担忧有"悔吝"之事就要注意预防纤介小事,因"无咎"而心有触动是因为知道及时悔悟而改过。所以卦体有阴阳大小之别,卦爻辞有艰难和平易之分。每一则卦爻辞,都指出了"吉凶"的变化趋向。

第四章

【原文】

《易》与天地准,故能弥纶天地之道。仰以观于天文,俯以察于地理,是故知幽明之故;原始反终,故知死生之说;精气为物,游魂为变,是故知鬼神之情状。与天地相似,故不违;知周乎万物,而道济天下,故不过;旁行而不流,乐天知命,故不忧;安土敦乎仁,故能爱。范围天地之化而不过,曲成万物而不遗,通乎昼夜之道而知,故神无方而《易》无体。

【白话】

《易经》总以天地之间的大道作为标准,所以能包容天地间的一切道理。抬头可以观察天上的日月星辰等天象,低头可以察看大地的地貌和结构,因此可以知晓光明与黑暗的事理。考察事物的开始,推求事物的终结,从而明白万物有死有生的规律。精气可凝聚而成有灵之物,游魂散而变为虚无,从中就可以明白"鬼神"的变化情形。《易经》所包含的道理与天地的真实情况相吻合,所以行为便不会违背天地之道,也就不会有什么过失。能周知万物的情态,而其道德又足以匡济天下,因此没有什么过错。采取变通的手段处理问题而不会陷于放纵,预知命运的安排并能泰然处之,所以没有什么忧愁。安于所居住的环境而敦厚仁德,所以能博爱天下。《易经》包括天地万物的一切变化而又不过分,多方设法以成全万物而没有遗漏,能通阴阳、昼夜变化之道而尽知其中的智慧,所以说神奇奥妙之道没有固定的形体,而《易经》之道没有固定僵化的形式。

第五章

【原文】

　　一阴一阳之谓道,继之者善也,成之者性也。仁者见之谓之仁,知者见之谓之知,百姓日用而不知,故君子之道鲜矣。显诸仁,藏诸用,鼓万物而不与圣人同忧,盛德大业至矣哉!富有之谓大业,日新之谓盛德。生生之谓易,成象之谓乾,效法之谓坤,极数知来之谓占,通变之谓事,阴阳不测之谓神。

【白话】

　　一阴和一阳既互相对立,又互相依存和转化,这称为"道"。承继这种道的是善德,使这种道得以充分实现的是"性"。仁者发现这种道包含仁德,就称之为"仁";智者发现这种道蕴含智慧,就称之为"智";寻常百姓们每天都在应用这种"道",却意识不到它的原理和重要,所以能像君子那样全面认识这种道的全部意义的人是很少的。这种道通过仁爱显现出来,隐藏在日用之中而不被察觉,鼓动化育万物使之生长而不像圣人那样怀有忧患之心。它的盛大之德和宏大功业真是达到了至美至善了!拥有巨大的物质财富,这称为宏大的功业;精神风貌日日更新和不断增善,这称为盛大之德。天地阴阳生生不息地生长变化,这称为变易;画卦仿效日月星辰等天象叫做"乾";画卦仿效地的特性叫做"坤"。穷尽数术的推演以预知未来的变化这叫做"占筮",通晓事物变化的道理叫做"事功";阴阳变化不可把握和捉摸的叫"神"。

第六章

【原文】

　　夫《易》广矣大矣,以言乎远则不御,以言乎迩则静而正,以言乎天地之间则备矣。夫乾,其静也专,其动也直,是以大生焉。夫坤,其静也翕

（xī，收敛），其动也辟，是以广生焉。广大配天地，变通配四时，阴阳之义配日月，易简之善配至德。

【白话】

《易经》之道是极其广大的，从远的方面来说，它没有止境；从近的方面来说，它具有文静而正确的特性，从天地之间这么广泛的范围来看，它蕴含的道理是极为完备的。乾，静止时十分专一合养，运动时刚直不曲，从而具有大的特点；坤，静止时闭合收敛伏藏，运动时展开显露，从而具有广的特点。广和大的特性可与天地相配，变化通达可与四季的更替相配，阴和阳的交替之意可与日月的情态相配，平易简单的善德可与天地最高的德行相配。

第七章

【原文】

子曰："《易》，其至矣乎！夫《易》，圣人所以崇德而广业也。知崇礼卑，崇效天，卑法地。天地设位，而《易》行乎其中矣。成性存存，道义之门。"

【白话】

孔子说："《易经》的道理真是达到了极致！《易经》本来是圣人用来提高自己的德行并扩大自己事业的。提高德行必须增进智慧，扩大事业贵在从谦卑的礼仪入手，崇高的智慧仿效天，尊卑的礼仪效法地。天地上下的位置确立了，《易经》的道理就可以在其中运行了。成就崇高广大的美德天性，并蕴存涵养，这是通向道义的门户。

第八章

【原文】

圣人有以见天下之赜（zé，奥秘），而拟诸其形容，象其物宜，是故谓之象。圣人有以见天下之动，而观其会通，以行其典礼，系辞焉以断其吉凶，是故谓之爻。言天下之至赜而不可恶也，言天下之至动而不可乱也。

拟之而后言，议之而后动，拟议以成其变化。"鸣鹤在阴，其子和之。我有好爵，吾与尔靡之。"子曰："君子居其室，出其言善，则千里之外应之，况其迩者乎？居其室，出其言不善，则千里之外违之，况其迩者乎？言出乎身，加乎民；行发乎迩，见乎远。言行，君子之枢机。枢机之发，荣辱之主也。言行，君子之所以动天地也，可不慎乎！""《同人》：先号啕而后笑。"子曰："君子之道，或出或处，或默或语。二人同心，其利断金。同心之言，其臭（xiù，气味）如兰。"

【白话】

圣人因为看到天下万物所蕴藏的深奥，从而以《易经》的卦来模仿它们的形状以象征万物的象，所以称之为"卦象"；圣人看到天下万物变动不止，从而观察其中会合变通的道理，以推行治理社会的典法礼仪，并在卦爻之后配上文辞来推断吉凶，所以称之为爻。易象谈论天下最深奥的道理平易道来而不令人厌烦，爻谈论天下最复杂的变动内含规律而不混乱。用卦象比拟事物再说道理，对事物进行讨论后再采取行动，通过这般比拟和谈论来确定事物后就形成了其变化哲学。中孚卦九二爻辞中说："白鹤在树阴下鸣叫，小鹤在一旁声声应和。我有美酒，愿与你共享。"对此，孔子说："君子在家居住，口出善言，那么远在千里之外的人都会闻声响应他，何况那些近在身边的人呢；小人在家中居住，口出不善之言，那么远在千里之外的人都会反对他，更何况那些近在身边的人呢。言论是在自己的口里发出的，能影响到广大民众；做出的行动，能影响到远处的人。言论和行为对君子来说如同门户开关的机要。门户机要的发动就像是君子获得荣辱的主宰。言论和行动，是君子可用来影响天地万物的，怎么能不慎重呢？"同人卦九五爻辞中说："与他人一起共处，先号啕大哭，后欢笑欣喜。"对此，孔子说："君子的处世之道，是根据客观的情况，有时入世而服务天下，有时在家安居而修善自身；有时沉默寡言，有时广发议论。两个人心意相同，其作用就像利刃能砍断金属。心意相同的话语，就像兰花发出的气味一样芳香袭人。"

【原文】

　　"初六，藉用白茅，无咎。"子曰："苟错诸地而可矣，藉之用茅，何咎之有？慎之至也。夫茅之为物薄，而用可重也。慎斯术也以往，其无所失矣。""劳谦，君子有终，吉。"子曰："劳而不伐，有功而不德，厚之至也。语以其功下人者也。德言盛，礼言恭；谦也者，致恭以存其位者也。""亢龙有悔。"子曰："贵而无位，高而无民，贤人在下位而无辅，是以动而有悔也。""不出户庭，无咎。"子曰："乱之所生也，则言语以为阶。君不密则失臣，臣不密则失身，几事不密则害成。是以君子慎密而不出也。"子曰："作《易》者，其知盗乎？《易》曰'负且乘，致寇至。'负也者，小人之事也。乘也者，君子之器也。小人而乘君子之器，盗思夺之矣。上慢下暴，盗思伐之矣。慢藏诲盗，冶容诲淫。《易》曰：'负且乘，致寇至。'盗之招也。"

【白话】

　　大过卦初六爻辞中说："用洁白的茅草来衬垫祭品，没有灾殃。"对此，孔子说："如果直接把祭品放在地上也是可以的，现在再用洁白的茅草来衬垫，会有什么灾殃呢。这是慎重之极的行为。茅草是一种很微薄、不贵重的东西，却可以发挥重大的作用。慎重地按照这种方式去行事，必会没有什么过失了吧。"谦卦九三爻辞中说："有功劳而又保持谦虚，君子有好的结局，吉祥。"对此，孔子说："有功劳而不自我夸耀，建立了功业而不自居其德，这是敦厚之极的行为。说的是虽有功劳却仍能谦下于人。德行讲究隆盛，礼节讲究恭敬。谦虚，就是要求人们致力于恭敬以保存其既有的地位。"乾卦上九爻辞中说："龙腾飞过高，超过极限，将会发生令人悔恨的灾祸。"对此，孔子说："处于尊贵的地位而没有权力，高高在上而没有拥戴他的民众，贤明的人在下位而无法辅佐他，所以一有行动就会出现令人悔恨的事。"节卦初九爻辞说："足不出户，没有灾殃。"对此，孔子说："祸乱的产生，往往是由言论引起的。君子说话不缜密就有可能失去臣子的忠心，臣子说的话不缜密就有可能因此而丢掉性命，机密大事不缜密处理就会造成危害，所以君子谨守机密而不泄露言语。"孔子说："写作《易经》的人，大概对盗贼是很了解的吧？《易经》的解卦六三爻辞中说'背负重物乘车，将引来强盗'，背负重东西，这是小人干的事；乘坐的车辆，这是君子的器具。作为小人坐着本该由君子坐的车辆，盗贼就会思谋着要来夺取了；居于上位的人轻慢懈怠，处于下位的人横暴无礼，盗贼当然会谋算着要来攻打了。收藏财物不隐秘就是引人为盗贼，女人把容貌打扮得过于妖冶就是引人淫乱。《易经》所说的'背负重物乘车，将引来强盗'，原来盗贼正是自己招引来的。

第九章

【原文】

　　大衍之数五十，其用四十有九。分而为二以象两，挂一以象三，揲之以四以象四时，归奇于扐以象闰；五岁再闰，故再扐而后挂。天数五，地数五。五位相得而各有合，天数二十有五，地数三十，凡天地之数五十有五，此所以成变化而行鬼神也。《乾》之策二百一十有六，《坤》之策百四十有四，凡三百六十，当期之日。二篇之策，万有一千五百二十，当万物之数也。是故四营而成《易》，十有八变而成卦，八卦而小成。引而伸之，触类而长之，天下之能事毕矣。显道神德行，是故可与酬酢，可与祐神矣。

【白话】

　　占筮时用五十根蓍草，演算时取出一根放到一边，派上用场的是四十九根。把这四十九根蓍草任意分为两堆，以象征天地或阴阳两仪；从两堆中任意抽取一根，夹在左手小指之间，以象征天、地、人三才；以四根为单位点数两堆蓍草中的蓍草，每堆分别余数或为一、或为二、或为三、或为四，而不超过四，以象征春夏秋冬四季；将第三营二堆分别所余的蓍草数放在别处，以象征历法中将每年的余数归聚而闰。五年成一闰，因此将两堆余数合起来再分为两堆，并从中任意抽取一根放在两堆之间。象征天的数字有一、三、五、七、九这五个，象征地的数字有二、四、六、八、十这五个，五个天数和五个地数分别相加各有其和数。天数的和数是二十五，地数的和数是三十，天数和地数的总和为五十五，正是依靠这些数字，《易经》之道才有无穷的变化并具鬼神不测之妙。乾卦六个阳爻包括二百一十六根蓍草,坤卦六个阴爻包括一百四十四根蓍草,两者相加为三百六十,相当于一年的日数。《易经》上下经六十四卦包括的蓍草,共为一万一千五百二十根,以此来代表万物的数字。所以经过四营(分二、挂一、揲四、归奇)四个步骤,就可以得出《易经》的一卦。积十八次变数即筮成一卦,乾、坤、震、巽、坎、离、艮、兑八经卦可以在小范围内象征各种事物,以八卦为基础加以引申,顺类推求出六十四重卦,天下所能够取法阐明的事物之理就全部包罗在其中了。《易经》能彰显幽深的道理,使德行趋于神妙之境,所以掌握了《易经》之道,就可以从容地应对世间的任何需求,并可以助神灵一臂之功了。

第十章

【原文】

子曰:"知变化之道者,其知神之所为乎。"《易》有圣人之道四焉:以言者尚其辞,以动者尚其变,以制器者尚其象,以卜筮者尚其占。是以君子将有为也,将有行也,问焉而以言,其受命也如响。无有远近幽深,遂知来物。非天下之至精,其孰能与于此。参伍以变,错综其数。通其变,遂成天下之文;极其数,遂定天下之象。非天下之至变,其孰能与于此。《易》无思也,无为也,寂然不动,感而遂通天下之故。非天下之至神,其孰能与于此。夫《易》,圣人之所以极深而研几也。唯深也,故能通天下之志;唯几也,故能成天下之务;唯神也,故不疾而速,不行而至。子曰:"《易》有圣人之道四焉"者,此之谓也。

【白话】

孔子感慨地说:"了解了《易经》变化道理的人,岂不就是知道了神灵的所作所为吗!?《易经》中包含了四个方面的圣人之道:用《易经》来指导言论的崇尚它的卦爻辞,用《易经》来指导行动的崇尚其中蕴含的变化,用《易经》来指导制造器皿的崇尚它的卦象,用《易经》来卜筮时崇尚它的占卦"。所以当君子将有所作为,采取某种行动时,就会用《易经》进行占问并据以行事,《易经》受人命以报告吉凶,就如回音应声一样,不管远近、隐微、深沉,都能推知将要发生什么事情。若不是天下最精微的道理,又怎能如此呢!其卦象错综复杂,其爻数交错综合,弄通了卦变的规律,就可以确定天地万物变化的文辞;穷尽了爻数的数量,就可以判定天地变化的物象。若不是天下最具变化性的哲学,又怎么能达到如此程度呢!《易经》本身没有思虑、自然无为,寂静不动,但是根据阴阳交感相动的原理就能发生感应,并能贯通天下一切。若不是天下最神妙的道理,又怎么能达到如此之程度呢!《易经》是圣人用来穷极深奥的事理,研判事机的微妙。只有穷极深奥的事理,才能贯通天下的心志,只有研判微妙的事机,才能成就天下的事务。只有神奇地贯通易道,所以用不着急疾而万事速成,不用行走而能到达目的。孔子赞叹说"《易经》包含了辞、变、象、占四种圣人应用的方法",说的就是这个道理。

第十一章

【原文】

天一,地二;天三,地四;天五,地六;天七,地八;天九,地十。子曰:"夫易何为者也?夫易开物成务,冒天下之道,如斯而已者也。"是故,圣人以通天下之志,以定天下之业,以断天下之疑。是故,蓍之德,圆而神;卦之德,方以知;六爻之义,易以贡。圣人以此洗心,退藏于密,吉凶与民同患。神以知来,知以藏往,其孰能与此哉!古之聪明睿知神武而不杀者夫?是以,明於天之道,而察于民之故,是与神物以前民用。圣人以此齐戒,以神明其德夫!是故,阖户谓之坤辟户谓之乾,一阖一辟谓之变,往来不穷谓之通,见乃谓之象,形乃谓之器,制而用之谓之法,利用出入,民咸用之,谓之神。

【白话】

一为天数,二为地数;三为天数,四为地数;五为天数,六为地数;七为天数,八为地数;九为天数,十为地数。孔子说:"《易经》是用来作什么的呢?《易经》的作用就是揭示事物的内在联系,成就事业,包藏天下一切的道理,不过如此而已。"因此圣人通过《易经》来沟通天下人的心志,成就天下的事业，决断天下的疑难之事。所以蓍草圆通而具有神奇，卦体方正而充满智慧，六爻的意义充满变易并告人以吉凶。圣人通过《易经》来洗涤修炼其心，把卜问的结果退而藏于秘密之处，与民众一起忧患吉凶之事。具有预知未来的神通，充满智慧地把以往之事记录下来并加以保存，一般人谁能做到这样呢？只有古代的充满聪明智慧、神勇英武而又不残忍杀戮的人。所以圣人明了天道变化的规律，察知百姓的事务，从而创设用蓍草来占问的方法，在民众做事情时即能预知事物的结局，以趋吉避凶。圣人以此斋戒身心，以使其德行得到神妙的彰显。所以关上门户幽静阴暗称为坤，打开门户通畅光明称为乾，一开一关称为变化，事物间来来往往没有穷尽称为亨通。事物变化的结果显现出来称为象，变化成为有形体的称为"器"，根据有形之器物制作出供人们使用的抽象道理称为"法"，反复利用这些器物并不断加以改进，老百姓们在日常生活中都使用它而又全然不知，这称为"神"。

【原文】

　　是故，易有太极，是生两仪，两仪生四象，四象生八卦，八卦定吉凶，吉凶生大业。是故，法象莫乎天地；变通莫大乎四时；悬象著明莫大乎日月；崇高莫大乎富贵；备物致用，立成器以为天下利，莫大乎圣人；探赜索隐，钩深致远，以定天下之吉凶，成天下之亹（wěi，勤勉不倦，或指美。）亹者，莫大乎蓍龟。是故，天生神物，圣人口之。天地变化，圣人效之。天垂象，见吉凶，圣人象之。河出图，洛出书，圣人则之。易有四象，所以示也。系辞焉，所以告也。定之以吉凶，所以断也。

【白话】

　　所以《易经》之道先包孕着太极，太极变化而产生天地阴阳，即两仪，两仪变化而生出老阴、老阳、少阴、少阳，即四象，四象变化生出天地水火风雷山泽的八卦，通过八卦变化的推衍可以判定事物的吉凶，趋吉避凶就可以建立伟大的事业。所以能够取法的对象没有比天地更大的；显示变化通达的没有比四季更伟大的了；能够高悬物象显示光明的没有比日月更伟大的了；人类最崇高的事业没有比富贵更伟大的了；创造各种物品,让它们发挥不同的作用,制成各种器具,以利于天下之人,没有比圣人更伟大的;探索隐藏难见之理,钩沉深邃之事,推致遥远事物的情状,以确定天下的吉凶,并成就天下之人为之勤勉的事业的,没有能超过卜筮之蓍草和龟甲更伟大的了。所以天创造了蓍龟这样的神异之物,圣人仿效它们来建立卜筮的法则,建立《易经》变化哲学。天上显示日月星辰风霜雨雪等表象,圣人取法其象定出吉凶悔吝之辞;黄河出现龙图,洛水出现龟书,圣人效法创制了八卦,制定了九畴。《易经》有四象,是用来显示事物的变动征兆的;在卦爻后面加上卦爻辞,是用来告诉人们卦爻的意义;在卦爻辞中确定出何为吉何为凶,是告知行事的成败得失。

第十二章

【原文】

《易》曰:"自天祐之,吉,无不利。"子曰:"祐者,助也,天之所助者,顺也。人之所助者,信也。履信思乎顺,又以尚贤也。是以自天祐之,吉无不利也。"

子曰:"书不尽言,言不尽意"。然则圣人之意其不可见乎? 子曰:"圣人立象以尽意,设卦以尽情伪,系辞焉以尽其言,变而通之以尽利,鼓之舞之以尽神。"《乾》《坤》,其《易》之缊(yùn,形容烟或云气盛大)邪? 乾坤成列,而《易》立乎其中矣。《乾》《坤》毁,则无以见《易》。《易》不可见,则《乾》《坤》或几乎息矣。是故形而上者谓之道,形而下者谓之器。化而裁之谓之变,推而行之谓之通,举而措之天下之民谓之事业。是故夫象,圣人有以见天下之赜,而拟诸其形容,象其物宜,是故谓之象。圣人有以见天下之动,而观其会通,以行其典礼,系辞焉以断其吉凶,是故谓之爻。极天下之赜者存乎卦,鼓天下之动者存乎辞,化而裁之存乎变,推而行之存乎通,神而明之存乎其人,默而成之,不言而信,存乎德行。

【白话】

《易经》中有:"有上天保佑,吉祥,无所不利"的说法。这是大有卦上九的爻辞。孔子说:"保佑,就是帮助的意思。上天帮助顺从正道的人;

人帮助有信义之人。履行诚信并处处顺从正道,又礼遇贤人,所以就能
'有上天保佑,吉祥,无所不利'。"

　　孔子说:"文字写的书不能彻底表达人要说的话,语言也不能完全表
达人心中所想的意思。"那么,圣人的思想就真的无法让人了解了吗?孔
子说:"圣人设立卦象,以象征的方式来充分表达无法传达的深意,设置
六十四卦以竭尽自然万物的情态,在卦爻后面加上文辞来充分表述自己
想说的话,又使其变化、贯通以充分获得其中的利益,反复摆着蓍草以充
分挖掘其中的神奇灵验。"《乾》《坤》两卦中应当蕴藏着全部的《易经》之
道吧?《乾》《坤》两卦的上下位置一确立,《易经》之道就包含在其中了;
没有《乾》《卦》两卦,《易经》阴阳变化之道就无从体现;《易经》之道得不
到体现,《乾》《坤》两卦也就名存实亡了。所以超越具体形象的抽象的东
西就称为"道",有形象的具体的东西就称为"器",根据道改变或裁制器
物以致用称为"变",推广实行这种变化称为"通",把它实施于天下民众
的生活和生产之中,就称为事业。因此所谓爻和象,是因为圣人看到天
下万物所蕴藏的道理极为深奥,从而模仿它们的形状,来象征与特定事
物的适当合意,所以称为"象";圣人看到天下万物变动不居,从而观察其
中的会和贯通之处,以推行治理社会的典章礼仪,并配上文辞来判断吉
凶,所以称之为爻。圣人将鼓舞天下的行动信息保存于卦辞中,把根据
改变或裁制器物体现在卦爻象的变化之中,把推行之道体现在卦爻的会
通之中,通过掌握《易经》之理的人来彰显《易经》之道的神奇。它默默地
成就各项事业,不用多言而诚信忠实,保存了美好的德行。

系辞下传

第一章

【原文】

八卦成列,象在其中矣;因而重之,爻在其中矣;刚柔相推,变在其中矣;系辞焉而命之,动在其中矣。吉凶悔吝者,生乎动者也;刚柔者,立本者也;变通者,趣时者也。吉凶者,贞胜者也;天地之道,贞观者也;日月之道,贞明者也;天下之动,贞夫一者也。夫乾,确然,示人易矣;夫坤隤(tuí,指柔顺倾倒状)然,示人简矣。爻也者,效此者也;象也者,像此者也。爻象动乎内,吉凶见乎外。功业见乎变,圣人之情见乎辞。天地之大德曰生,圣人之大宝曰位。何以守位曰仁。何以聚人曰财。理财正辞、禁民为非曰义。

【白话】

八卦创立并排成阵列,天地间的各种物象便尽在其中了;把八卦重叠成六十四卦,三百八十四爻就包括在其中了;刚爻和柔爻递相推移,变化之理也尽其中了;在卦爻后面加上文辞并告诉吉凶,人的适时行动的道理也就包含在其中了。吉、凶、悔、吝,这些都是人的行动变化产生的结果。阳刚、阴柔,是确立《易经》各卦的根本;阴阳的变化和会通,是为了因应具体行动的时宜。人事的吉凶规律说明守持正道就能取得胜利;天地自然的规律表明守正就能受人仰观;日月运行的规律说明守正方能光明普照;天下万物的变动说明了一切归于端正专一之道。乾道示人以刚健、平易;坤道示人以柔顺、简约。爻,效法的是乾坤易简之道;卦象是模仿天地的情态而设置的。爻和象在卦内变动,吉和凶就在卦外的事物中体现出来。建功立业的关键在于能否顺应卦爻象的变化,圣人的思想感情体现在卦爻辞上。天地最大的德行是使万物生生不息;圣人最大的宝物在于享有崇高的地位；让圣人能守住权位的是博爱的"仁德"；能把人聚集起来的是"财物"。管理好财物，端正言辞法令，禁止民众为非作歹，这称为"道义"。

第二章

【原文】

古者包牺氏之王天下也，仰则观象于天，俯则观法于地，观鸟兽之文与地之宜，近取诸身，远取诸物，于是始作八卦，以通神明之德，以类万物之情。作结绳而为网罟（gǔ，渔网），以佃以渔，盖取诸《离》。包牺氏没，神农氏作，斫（zhuó，砍，削）木为耜（sì，古代的农具，似锹或铧），揉木为耒，耒耨之利，以教天下，盖取诸《益》。日中为市，致天下之民，聚天下之货，交易而退，各得其所，盖取诸《噬嗑》。神农氏没，黄帝、尧、舜氏作，通其变，使民不倦，神而化之，使民宜之。《易》穷则变，变则通，通则久。是以"自天祐之，吉无不利"。黄帝、尧、舜垂衣裳而天下治，盖取诸《乾》、《坤》。刳（kū，刳开，挖空）木为舟，剡（yǎn，削尖，使尖锐或扁平）木为楫，舟楫之利，以济不通，致远以利天下，盖取诸《涣》。服牛乘马，引重致远，以利天下，盖取诸《随》。重门击柝（tuò，打更用的梆子），以待暴客，盖取诸《豫》。断木为杵，掘地为臼，杵臼之利，万民以济，盖取诸《小过》。弦木为弧，剡木为矢，弧矢之利，以威天下，盖取诸《睽》。上古穴居而野处，后世圣人易之以宫室，上栋下宇，以待风雨，盖取诸《大壮》。古之葬者，厚衣之以薪，葬之中野，不封不树，丧期无数。后世圣人易之以棺椁，盖取诸《大过》。上古结绳而治，后世圣人易之以书契，百官以治，万民以察，盖取诸《夬》。

【白话】

太古时期伏羲氏统治天下，他仰观天上的日月星辰等天象，下察地形地貌，再看鸟兽身上的斑纹以及适宜在大地上生长的各种植物，近取人体形象，远取万物之貌，从而用这些素材创作出了八卦，用来会通神妙明智的造化德行,以比类万物的情状。伏羲氏搓绳把它纺织成捕捉鸟兽和鱼的网,这大概是取法离卦的卦象吧。伏羲氏去世后,神农氏继起,他把树木砍削成耕地用的犁头,弯曲木头制成犁柄,并把这种耕地除草的便利方法教给天下的民众,这大概是取法益卦的卦象吧。他规定正午的时候为集市交易时间,招致天下的民众,聚集天下的货物互相交换,完成交易后散去,各自都得到所需要的物品,这大概是取法噬嗑卦的卦象吧。神农氏去世后,黄帝、尧、舜相继而起,会通变化前人的发明,使百姓使用起来不会厌倦疲乏,对它们做神奇的改造,使其更适合百姓使用。《易经》之道反映了事物发展到尽头就会发生变化,变化就能通达,通达就能够保持长久。所以遵循这一变通原理,就会"有上天的保佑,吉祥,无所不利"。黄帝、尧、舜区分等级尊卑而轻轻松松地使天下大治,这大概是取法乾卦、坤卦两卦的卦象吧。把木头从中间挖空后制成舟船,削木制成船桨,舟船和船桨的便利是可以帮人渡过无法徒涉的江河,到达远方,使天下人得到利益,这大概是取法涣卦的卦象吧。驾着牛马拉的车,驮载着重物到很远的地方以便利天下的人们,这大概是取法随卦的卦象吧。设置多重的门并派人巡夜打更,以防盗贼侵入,这大概是取法豫卦的卦象吧。断木制成舂米用的杵,在地上挖掘洞穴作为舂米的臼,杵臼给万民的生活带来了便利,这大概是取法小过卦的卦象吧。将弦绳装在弯曲的木条上制成弓,把木棍削成箭,弓箭可以用来威慑天下,这大概是取法睽卦的卦象吧。远古时期的人居住在洞穴中和野外,后世的圣人则教人们盖房屋住,房屋的上面是栋梁,下面是墙壁,以防御风雨,这大概是取法大壮卦的卦象吧。古代丧葬时,是把尸体用柴草厚厚地包裹起来,埋在荒野里,既不在上面堆土为坟墓,也不种植树木作为标记,守丧也没有确定的期限,后世圣人则改成用棺椁成殓和埋葬死者,这大概是取法大过卦的卦象吧。远古时期,人们结绳记事来处理事务,后世圣人则发明文书契据而改变了过去的结绳记事方式,百官用它处理事务,万民用它得以查考琐事,这大概是取法夬卦的卦象吧。

第三章

【原文】

是故《易》者，象也；象也者，像也。彖者，材也；爻也者，效天下之动者也。是故吉凶生而悔吝著也。

【白话】

所以《易经》的实质就是象征；所谓象征，是模拟宇宙的形象以喻义。彖，是说明全卦义和结构的；爻是效法，六爻变化以效仿天下事物错综复杂的微妙变动。变动必有得失，于是就会产生吉、凶，也能使悔恨、羞吝显现出来。

第四章

【原文】

阳卦多阴，阴卦多阳，其故何也？阳卦奇，阴卦耦。其德行何也？阳一君而二民，君子之道也。阴二君而一民，小人之道也。

【白话】

阳卦中阴爻多，阴卦中阳爻多，这是为什么呢？因为阳卦中的阳爻是奇数，阴卦中的阴爻是偶数。阳卦和阴卦各代表什么样的德行呢？阳卦由一阳爻两阴爻组成，代表一君王统治二个百姓，统治者少而民众多，这是君子选择之道；阴卦由两个阳爻和一个阴爻组成，代表二个君王统治一个百姓，统治者多而民众少，这是小人所走的道路。

第五章

【原文】

《易》曰："憧憧往来，朋从尔思。"子曰："天下何思何虑？天下同归而殊途，一致而百虑。天下何思何虑？日往则月来，月往则日来，日月相推而明生焉。寒往则暑来，暑往则寒来，寒暑相推而岁成焉。往者屈也，来者信也，屈信相感而利生焉。尺蠖（huò，行动时如用拇指与中指量距离的一种虫子）之屈，以求信也；龙蛇之蛰，以存身也。精义入神，以致用也;利用安身,以崇德也。过此以往,未之或知也;穷神知化,德之盛也。"

《易》曰:"困于石,据于蒺藜,入于其宫,不见其妻,凶。"子曰:"非所困而困焉,名必辱。非所据而据焉,身必危。既辱且危,死期将至,妻其可得见耶?"

【白话】

《易经》的咸卦九四爻辞说:"相互之间往来不定,朋友会顺从你的心愿。"对此,孔子说:"天下之人何必多费思虑呢?天下之人所走的路各不相同,但最后都同归一个目标;谋虑千万种,最后都趋于一致,天下之人又何必多费思虑呢!太阳落山则月亮升起,月亮西沉则太阳升起,太阳和月亮互相更替天地间就产生了光明;寒冬过去则暑夏到来,暑夏过去则寒冬到来,寒冬和暑夏交替推移,就形成了年岁。往只是暂时的屈服,来即是一时的伸展,屈服和伸展交互感应而产生利益。尺蠖弯曲自己的身体,目的是为了伸展身体前进,龙蛇冬眠,是为了保全自己的生命。精研事物的义理,达到神而化之的境界,是为了实用;利用所学这些道理来安身立命,是为了提高自己的道德修养。超过这种境界再往前发展,就不知道还有什么了。穷究事物的神妙之处和通晓变化之道,这是美德隆盛。"

《易经》的困卦六三爻辞说:"被石头绊倒,手按在蒺藜上被刺伤,回到家中,见不到自己的妻子,有凶险。"对此,孔子说:"在不应该被困的地方被困,必会使名誉受到损害;轻率进入不应该进入的地方,自身必然会遭遇危险。陷入这种名誉受到损害,自身面临危险的状况,这就意味着死期即将来临,怎么还会见到自己的妻子呢?"

【原文】

《易》曰:"公用射隼于高墉之上,获之,无不利。"子曰:"隼者,禽也;弓矢者,器也;射之者,人也。君子藏器于身,待时而动,何不利之有?动而不括,是以出而有获,语成器而动者也。"

子曰:"小人不耻不仁,不畏不义,不见利不劝,不威不惩。小惩而大诫,此小人之福也。《易》曰:'履校灭趾,无咎。'此之谓也。""善不积不足以成名,恶不积不足以灭身。小人以小善为无益而弗为也,以小恶为无伤而弗去也,故恶积而不可掩,罪大而不可解。《易》曰:'何校灭耳,凶。'"

子曰:"危者,安其位者也;亡者,保其存者也;乱者,有其治者也。是故君子安而不忘危,存而不忘亡,治而不忘乱,是以身安而国家可保也。《易》曰:'其亡其亡,系于苞桑。'"

【白话】

《易经》的解卦上六爻辞说:"王公射杀高城上的恶隼,射中后把它捕获,没有什么不利。"对此,孔子说:"恶隼是禽鸟,弓矢是器械,用弓矢射恶隼的是人。君子把利器藏在身上,等待有利时机而行动,这会有什么不利呢?果断行动毫不迟疑,所以一出手就有收获,这说的是要有完备的武器才可以采取行动。"

孔子说:"小人不知羞耻,不明仁德,不畏正理,不行道义,见不到利益的事,他不会去努力,不采取刑罚措施,就起不到惩戒的作用,小的过失给予惩罚就能起到大的劝诫作用,这是小人的一种福分。《易经》的噬嗑卦初九爻辞中说'脚上套上了刑具,盖住了脚趾,没有别的灾殃',说的就是这个道理。善行不积累就无法成就美名,恶行不积累就不会自灭其身。小人认为小的善行不会带来什么好处而不屑于施行,认为小的恶行无伤大体而不加以排除,以致最后恶行积累满盈而无法掩饰,罪行大到难以解救。所以《易经》的噬嗑卦上九爻辞说:'肩扛刑具,遮灭了耳朵,有凶险。'"

孔子说:"危险,是因为安享其位而不知防范;灭亡,是因为已有的一切可以不用付出而长久保持;祸乱,是因为在局面稳定时不知道保持警惕。所以君子居安而不忘危险,生存而不忘灭亡,局面整治时不忘祸乱,这样自身才能安全,国家才能保全。因此《易经》的否卦九五爻辞中说:'时时提醒自己:将要灭亡,将要灭亡,就会像系在长得很茂盛的桑树丛上一样牢固。'"

【原文】

子曰："德薄而位尊,知小而谋大,力少而任重,鲜不及矣。《易》曰:'鼎折足,覆公餗,其形渥,凶。'言不胜其任也。"

子曰："知几其神乎! 君子上交不谄,下交不渎,其知几乎? 几者,动之微,吉之先见者也。君子见几而作,不俟终日。《易》曰:'介于石,不终日,贞吉。'介如石焉,宁用终日? 断可识矣。君子知微知彰,知柔知刚,万夫之望。"

子曰："颜氏之子,其殆庶几乎? 有不善未尝不知,知之未尝复行也。《易》曰:'不远复,无祗悔,元吉。'""天地氤氲(yīn,yūn,云烟貌),万物化醇。男女构精,万物化生。《易》曰:'三人行则损一人,一人行则得其友。'言致一也。"

子曰："君子安其身而后动,易其心而后语,定其交而后求。君子修此三者,故全也。危以动,则民不与也;惧以语,则民不应也;无交而求,则民不与也;莫之与,则伤之者至矣。《易》曰:'莫益之,或击之,立心勿恒,凶。'"

【白话】

孔子说:"德行浅薄却高居尊位,智能低下却去图谋大事,力量微薄却去担负重任,很少有不遭受祸患的。《易经》的鼎卦九四爻辞中说:'鼎的足折断,把王公的美食都倒了出来,鼎身上油腻龌龊,有凶险。'说的就是其才智不能胜任的情况。"

孔子说:"能够知道事机的微妙征兆,这应该算是达到了神奇的境界了吧? 君子对上不谄媚,对下不轻慢,这可以说是知道事物的细微征兆了吧。'几'是变动极其微小时的状态,是吉凶结局的预先显现和早期征兆。君子看到事物的细微征兆就能果断行动,连一天都不迟疑等待。《易经》的豫卦六二爻辞中说:'耿介如石,这种状况不到一天就改变了,坚守正道可获得吉祥。'既然有耿介如石的品德,这种状况岂能维持一天,当时就可以知道其结局。君子看到细微的征兆就能知道彰显时的状况,看到阴柔就能推知阳刚,是万民敬仰依赖的人物。"

孔子说:"颜回这个人已经接近完美了,他对自己言行中稍有过失很快就能知道,一经察觉就不会再犯。《易经》的《复卦》初九爻辞中说:'走得不远就返回正道,没有大的悔恨,大吉。'"这是说君子言行应当一致。"天地间阴阳二气之交感,万物感应化育醇厚完美;男女阴阳交合,万物化育生长。《易经》的《损卦》六三爻辞中说'三个人同行,则将会减损一个人;一个人独行,则会得到朋友'",这是说天下的道理就是要达到一致。

孔子说:"君子必须先使自身安全后再采取行动,先使自己心平气和后再说话,先建立感情后再向人求助,君子能做到这三个方面,待人处事才会完美而无偏差。本身危险的情况下还要采取行动,民众不会来随从你;在内心恐惧的情况下说话,民众不会响应你;没有交情向人求助,民众不会答应支持。得不到支持,那么伤害你的人就会到来。这正如《易经》的《益卦》上九爻辞中所说:'没有人增益他,有人攻击他,做事没有恒心,有凶险。'"

第六章

【原文】

子曰:"《乾》《坤》,其《易》之门耶?"乾,阳物也;坤,阴物也。阴阳合德,而刚柔有体。以体天地之撰,以通神明之德。其称名也,杂而不越。于稽其类,其衰世之意邪? 夫《易》,彰往而察来,而微显阐幽,开而当名,辨物正言断辞,则备矣。其称名也小,其取类也大。其旨远,其辞文,其言曲而中,其事肆而隐。因贰以济民行,以明失得之报。

【白话】

孔子说:"乾、坤两卦,不正是把握《易经》的门户吗?"乾,代表阳性的事物;坤,代表阴性的事物。阴和阳之间互相配合,从而有了各卦刚和柔交错的形体,以此来体察天地生化万物之功,来会通神奇而光明的德行。《易经》涉及的概念名称很多,但是一点也不散乱。考察卦爻辞中所记载的事情,反映的大概是殷末衰世的状况吧?《易经》能够彰显已经过去的事情,查知将会发生的事情,显露事物的细微迹象,阐释幽深难明的道理。《易经》所用的概念名称具体而微,但所涉及的范围却很大。《易经》各卦的旨意深远,《卦辞》文辞优美,《爻辞》语言委婉而符合事理,陈述事情直截了当却隐藏着深意。用预言吉凶来指导民众的行为,并使人们明了积善行恶的得失道理。

第七章

【原文】

《易》之兴也,其于中古乎？作《易》者,其有忧患乎？是故《履》,德之基也,《谦》,德之柄也,《复》,德之本也,《恒》,德之固也,《损》,德之修也,《益》,德之裕也,《困》,德之辨也,《井》,德之地也,《巽》,德之制也。《履》,和而至,《谦》,尊而光,《复》,小而辨于物,《恒》,杂而不厌,《损》,先难而后易,《益》,长裕而不设,《困》,穷而通,《井》,居其所而迁,《巽》,称而隐。《履》以和行,《谦》以制礼,《复》以自知,《恒》以一德,《损》以远害,《益》以兴利,《困》以寡怨,《井》以辨义,《巽》以行权。

【白话】

《易经》的成书,大概在中古时期吧？创作《易经》的人,也许是经历过忧虑患难的人吧？所以,履卦讲的是道德修养的基础;谦卦讲的是道德修养的关键;复卦讲的是道德修养的根本;恒卦讲的是如何巩固道德修养的前提;损卦讲的是修养道德的途径;益卦讲的是如何提高道德修养;困卦讲的是如何辨别检验道德修养;井卦讲的是德行蓄积的场所;巽卦讲的是道德修养需要自我克制。履卦通过和悦的方式达到极致;谦卦通过自我贬抑从而使德业增光;复卦是教人要从细小之处辨明善恶的道理;恒卦教人面对纷繁复杂的环境,要恒守正固,不要有厌烦之心;损卦教人凡事先难后易的道理;益卦教人增长德行而不虚假造作;困卦教人在困境中磨炼身心求得通达;井卦教人要安居其所而广播其德行;巽卦教人要巽顺入理,根据实事而隐遁;履卦教人和悦行事的道理;谦卦教人自我克制,以礼待人的道理;复卦教人自我反省,复归本性的道理;恒卦教人如何贯彻始终如一的美德;损卦教人克制减损欲望,远离祸害;益卦教人益人益己；困卦教人艰苦奋斗，不要怨天尤人；井卦教人辨明义理的来源；巽卦让人用变通的方法处理问题。

第八章

【原文】

《易》之为书也不可远，为道也屡迁，变动不居，周流六虚，上下无常，刚柔相易，不可为典要，唯变所适。其出入以度外内，使知惧。又明于忧患与故。无有师保，如临父母。初率其辞而揆其方，既有典常。苟非其人，道不虚行。

【白话】

《易经》这本书中包含与人类密切相关的深奥道理，而其中的道理又处于经常变迁之中。这种变动不拘的形式，在卦中的六个爻位之间流动无常，使阳刚和阴柔互相变易，或上或下，没有恒定的模式，不可把它看作固定的典常纲要，而是要跟随其变化以适用。六爻按照某种规则出入变化，使人们知道有所惊惧，又能使人明察忧患的事实和原因，虽然没有师长保姆，但犹如父母在面前教诲一样。开始时遵循卦爻辞推断《易经》的道理，慢慢地就会掌握事物发展变化的典要法则。但是，如果不是合适的人，《易经》之道就不会因他而虚行一场。

第九章

【原文】

《易》之为书也，原始要终，以为质也。六爻相杂，唯其时物也。其初难知，其上易知，本末也。初辞拟之，卒成之终。若夫杂物撰德，辩是与非，则非其中爻不备。噫亦要存亡吉凶，则居可知矣。知者观其彖辞，则思过半矣。

二与四同功而异位，其善不同；二多誉，四多惧，近也。柔之为道，不利远者；其要无咎。其用柔中也。三与五同功而异位，三多凶，五多功，贵贱之等也。其柔危，其刚胜耶。

【白话】

《易经》这本书,是以追溯原始归结未来,探求事物的终结的本质为主体。六爻错综交杂,只不过是某一事物在某一时间的象征而已。根据初爻难以知道事物的全貌,根据上爻则容易知道事物的全貌,因为初爻和上爻象征着事物的本末,只有本末齐备,才是事物的全貌。初爻爻辞模拟事物的开始,上爻爻辞则代表一卦的终结。至于要错综事物,说明其性能,辨明是非,必须把二、三、四、五这四个中爻加在一起综合判断,才能理解整体的意思。利用《易经》之道来探求存亡吉凶,只要安居家中由六爻去推求就可以做到。有智慧的人只要细细分析各卦的《彖》辞,多半就能领悟一卦的整体含义了。

二爻和四爻功能相同,但因为居于不同的爻位,它们所代表的善德行为也就有区别,二爻多赞誉,四爻多惊惧,是四爻逼近卦主九五和六五的缘故。阴柔之道,不利于远离阳刚者的,所以阴柔想要没有灾殃,就应当柔和守中。三爻和五爻功能相同,但因为所居的爻位不同而有区别,三爻多凶险,五爻多事功,这是因为它们代表的贵贱等级不同而决定的。这说明阴爻居三和五位有危险,而阳爻居三和五位则可胜出吧。

第十章

【原文】

《易》之为书也,广大悉备。有天道焉,有人道焉,有地道焉。兼三才而两之,故六。六者非它也,三材之道也。道有变动,故曰爻;爻有等,故曰物;物相杂,故曰文;文不当,故吉凶生焉。

【白话】

《易经》这本书包括的内容广博宏大,无所不备。其中有天道规律,有人道准则,也有地道法则。每卦中有天、地、人三才并两卦重叠,所以才有六爻。这六爻不是别的,仍是代表天、地、人三才的规律。三才的规律在不断地变化,所以把象征这种变化的称为爻;爻有位置、功能等方面的差别,所以爻也叫物象;物象之间互相错综,所以叫做易德文理;易德文理的位置恰当与否,就产生了吉和凶。

第十一章

【原文】

《易》之兴也，其当殷之末世，周之盛德耶，当文王与纣之事耶，是故其辞危。危者使平，易者使倾。其道甚大，百物不废。惧以终始，其要无咎，此之谓《易》之道也。

【白话】

《易经》的兴起，大概在商朝末年，周的德业开始兴盛的时候吧，反映的是周文王和商纣王所发生的事端，所以它的卦爻辞中隐含着危惧。常怀危惧心理才能转危为安，自以为平安的反而要倾覆。《易经》的道理非常宏大，所有的事物都不能违背它。自始至终抱着惊惧谨慎的态度，才能没有灾殃，这就是所谓的《易经》的道理。

第十二章

【原文】

夫乾，天下之至健也，德行恒易以知险。夫坤，天下之至顺也，德行恒简以知阻。能说诸心，能研诸侯之虑，定天下之吉凶，成天下之亹亹者。是故变化云为，吉事有祥。象事知器，占事知来。天地设位，圣人成能。人谋鬼谋，百姓与能。八卦以象告，爻象以情言，刚柔杂居，而吉凶可见矣。变动以利言，吉凶以情迁。是故爱恶相攻而吉凶生，远近相取而悔吝生，情伪相感而利害生。凡《易》之情，近而不相得则凶，或害之，悔且吝。将叛者其辞惭，中心疑者其辞枝，吉人之辞寡，躁人之辞多，诬善之人其辞游，失其守者其辞屈。

【白话】

乾是天下最为刚健的象征，其德行恒久却平易，知道险难之所在；坤是天下最为柔顺的象征，其德行恒久而简约，知道阻隔之所在。《易经》的道理能使人内心愉悦，能研判思虑，从而断定天下的吉凶得失，成就天下勤勉奋发的人。所以天地万物的变化作为，吉利之事有祥和的征兆，通过观察万事万物的现象而知道如何制作器物，通过占问眼前的事情就能预知未来的结果。天地高下的位置设立后，圣人就能在其中施展自己的才能；圣人不仅与人谋划，还通过卜筮与鬼神谋划，连寻常百姓也参与其事。八卦通过告诉人们卦象来喻示哲理，爻辞、象辞是拟取事物的具体情态陈述卦义，阴爻和阳爻相互交错，就可以反映出吉凶征兆。刚柔的变动得当与否以是否有利来论定，是吉是凶则依据事物的情态而变化，所以爱和恶相互冲击就产生了吉凶，爻位之间的感应不得其道就产生了悔吝，真实和虚伪互相感应而产生出利和害。《易经》拟取的事物情态是：凡两相接近却又不能相处融洽，便会有凶险，或遭受外来的伤害，从而产生悔和吝。通常来说，将要背叛的人说话时神色一定有愧色；心中有疑虑的人说的话支离散乱；良善厚道的人说话真善简括；浮躁的人说话多而繁杂；诬陷善良的人说话虚浮游移；失去操守的人说话屈服卑下。

说卦传

第一章

【原文】

昔者圣人之作《易》也,幽赞于神明而生蓍,参天两地而倚数,观变于阴阳而立卦,发挥于刚柔而生爻,和顺于道德而理于义,穷理尽性以至于命。

昔者圣人之作《易》也,将以顺性命之理。是以立天之道曰阴与阳,立地之道曰柔与刚,立人之道曰仁与义。兼三才而两之,故《易》六画而成卦。分阴分阳,迭用柔刚,故《易》六位而成章。

【白话】

过去圣人创作《周易》的时候,暗中受到神妙的启示而发明了用蓍草来进行占筮的方法。此法是通过考察天地的奇偶之数而确立天地的总数,观察天地之间阴阳的变化而设立卦象,通过对事物刚柔特性的发挥而创造出阴阳爻。这个过程和谐地顺从了天道人德,也适合事物的道理。穷究事物的内在之理和固有特性,所以体现了天地、万物和人发展变化的根本规律。

过去圣人创作《易经》,是为了顺应人性和天命的规律。所以确立天道为阴和阳,确立地道为柔和刚,确立人道为仁和义。把兼备了天、地、人三才的三画卦相重叠,就产生了六画的卦形,所以《易经》以六爻组成一卦。六爻又分为阴爻和阳爻,它们分处于柔位和刚位并交替地变动,所以《易经》的六爻组成了自己的章法。

第二章

【原文】

天地定位,山泽通气,雷风相薄,水火不相射。八卦相错。数往者顺,知来者逆,是故《易》逆数也。

雷以动之,风以散之,雨以润之,日以烜(xuǎn,晒干)之,艮以止之,兑以说之,乾以君之,坤以藏之。

【白话】

天和地的位置是确定的,山和泽的气息是互相融通的,雷和风互相搏击震荡,水和火互相依存。八卦之间就是这样交错关联的。计算往事总是顺着时间的顺序由远而近的;预见未来则是逆着时间的顺序由近而远的。《易经》是用来预测未来的,卦中的六爻由下而上逆向确定顺序。

雷可以震动万物,风可以吹散万物,雨可以滋润万物,太阳可以晒干万物,艮可以阻止万物,兑可以愉悦万物,乾可以统治万物,坤可以包藏万物。

第三章

【原文】

帝出乎震,齐乎巽,相见乎离,致役乎坤,说言乎兑,战乎乾,劳乎坎,成言乎艮。

万物出乎震,震东方也。齐乎巽,巽东南也;齐也者,言万物之絜齐也。离也者,明也,万物皆相见,南方之卦也;圣人南面而听天下,向明而治,盖取诸此也。坤也者,地也,万物皆致养焉,故曰:致役乎坤。兑,正秋也,万物之所说也,故曰:说言乎兑。战乎乾,乾西北之卦也,言阴阳相薄也。坎者水也,正北方之卦也,劳卦也,万物之所归也,故曰:劳乎坎。艮,东北之卦也。万物之所成终而成始也,故曰:成言乎艮。

神也者,妙万物而为言者也。动万物者莫疾乎雷,桡(náo,吹拂)万物者莫疾乎风,燥万物者莫暵(hàn,烘干)乎火,说万物者莫说乎泽,润万物者莫润乎水,终万物始万物者莫盛乎艮。故水火相逮,雷风不相悖,山泽通气,然后能变化,既成万物也。

【白话】

造物者使万物产生于震位，整齐地生长于巽位，呈现于离位，获得帮助于坤位，和悦于兑位，生死相战于乾位，疲劳于坎位，完成于艮位。

万物产生于震位，是由于震卦象征东方。整齐地生长于巽位，是由于巽卦象征东南方；所谓"齐"，指的是万物整齐地生长。所谓"离"就是光明，光明使万物都得以呈现，"离"在方位上是指南方的卦。圣人面向南而听天下的政务，迎着光明而治理天下，大概就取法于这一卦。所谓"坤"，就是地，万物都得到它的养育，所以说获得帮助于坤位。兑卦象征秋天，因万物都在此时成熟而喜悦，所以说和悦于兑位。所谓"生死相战于乾位"，乾是象征西北方的卦，表明阴气、阳气在此相互搏斗。坎卦象征水，在方位上是正北方的卦，有疲劳的意义，万物在此时都归藏休息了，所以说疲劳于坎位。艮是象征东北方位的卦，万物在这里终结，又在这里重新开始，所以说完成于艮位。

所谓神，是指万物神妙地化育而说的。使万物鼓动，没有比雷更猛烈的；使万物摇动，没有比风更迅疾的；使万物变干燥，没有比火更热的；使万物和悦，没有超过泽的力量的；使万物受到滋润，没有比水更湿润的；使万物终了又重新开始，没有比艮的作用更盛大的。所以水和火相济，雷和风不悖逆，山和泽气息相通，然后就能发生变化并生成万物。

第四章

【原文】

乾，健也；坤，顺也；震，动也；巽，入也；坎，陷也；离，丽也；艮，止也；兑，说也。

乾为马，坤为牛，震为龙，巽为鸡，坎为豕，离为雉，艮为狗，兑为羊。

乾为首，坤为腹，震为足，巽为股，坎为耳，离为目，艮为手，兑为口。

乾，天也，故称乎父。坤，地也，故称乎母。震一索而得男，故谓之长男。巽一索而得女，故谓之长女。坎再索而得男，故谓之中男。离再索而得女，故谓之中女。艮三索而得男，故谓之少男。兑三索而得女，故谓之少女。

【白话】

乾表示生生不息的刚健,坤表示服从天道的柔顺,震表示鼓动,巽表示进入,坎表示陷入,离表示附丽,艮表示停止,兑表示喜悦。

八卦的特性与某些动物存在相似之处,如乾象征健行的马,坤象征服从的牛,震象征飞腾的龙,巽象征司晨的鸡,坎象征泥潭的猪,离象征有美丽羽毛的野鸡,艮象征守门的狗,兑象征温顺的羊。

八卦的特性也可以与人身上的某些部位相比附,如乾象征头部,坤象征腹部,震象征脚,巽象征大腿,坎象征耳朵,离象征眼睛,艮象征手,兑象征口。

乾象征天,所以称其为父;坤象征地,所以称其为母。震卦是"坤"母首次向"乾"父求得的一个阳爻,放在"初"位上,所以称其为长男;巽卦是"乾"父首次向"坤"母求得的一个阴爻,放在"初"位上,所以称其为长女。坎卦是"坤"母第二次向"乾"父求得的一个阳爻,放在"二"位上,所以称其为中男;离卦是"乾"父第二次向"坤"母求得的一个阴爻,放在"二"位上,所以称其为中女。艮卦是"坤"母第三次向"乾"父求得的一个阳爻,放在"三"位上,所以称其为少男;兑卦是"乾"父第三次向"坤"母求得的一个阴爻,放在"三"位上,所以称其为少女。

第五章

【原文】

乾为天,为圆,为君,为父,为玉,为金,为寒,为冰,为大赤,为良马,为老马,为瘠马,为驳马,为木果。

坤为地,为母,为布,为釜,为吝啬,为均,为子母牛,为大舆,为文,为众,为柄,其于地也为黑。

震为雷,为龙,为玄黄,为旉(fū,布,施),为大途,为长子,为决躁,为苍筤(láng,青色)竹,为萑(huán,幼小的芦苇)苇。其于马也,为善鸣,为馵(zhū,左足白色的马)足,为作足,为的颡。其于稼也,为反生。其究为健,为蕃鲜。

巽为木,为风,为长女,为绳直,为工,为白,为长,为高,为进退,为不果,为臭。其于人也,为寡发,为广颡,为多白眼,为近利市三倍,其究为躁卦。

坎为水,为沟渎,为隐伏,为矫輮,为弓轮。其于人也,为加忧,为心病,为耳痛,为血卦,为赤。其于马也,为美脊,为亟心,为下首,为薄蹄,为曳。其于舆也,为多眚,为通,为月,为盗。其于木也,为坚多心。

离为火,为日,为电,为中女,为甲胄,为戈兵。其于人也,为大腹。为乾卦,为鳖,为蟹,为蠃(luǒ,一种极生风。),为蚌,为龟。其于木也,为科上槁。

艮为山,为径路,为小石,为门阙,为果蓏(luǒ,瓜类植物的果实),为阍(hūn,看门者)寺,为指,为狗,为鼠,为黔喙之属。其于木也,为坚多节。

兑为泽,为少女,为巫,为口舌,为毁折,为附决。其于地也,为刚卤。为妾,为羊。

【白话】

乾卦是天、圆形、君主、父亲、玉、金、寒冷、冰、大红色彩、良马、老马、瘦马、杂毛的驳马、树上果实的象征。

坤卦是地、母亲、布、锅、吝啬、平均、母牛、大车、文采、如万物一样多的大众、操纵万物的权柄的象征。它作为地的象征又代表黑色。

震卦是雷,象征的事物有:龙、天地之色相交而成的玄黄色、布、大道、长子、行动迅捷、青色的幼竹、芦苇;象征擅长鸣叫、左足白色、爱举起前蹄、额头为白色的马;象征果实长在地下的倒生庄稼。总之,它是具有刚健、茂盛而鲜明性质的卦。

巽卦是风,象征的事物有:树木、长女、取直的准绳、工匠、白色、长、高、进退、不果断、气味;对于人来说,则象征头发稀少、宽额头、眼白多;又象征在市场交易中可获近三倍之利。总之,它是具有浮躁性质的卦。

坎卦是水,象征的事物有:小河沟、隐伏、屈伸、弓和轮子;对于人来说,则象征增加忧愁、有心病、耳痛、血、红色;对于马来说,则象征脊背美丽、性子急躁、爱低头、薄蹄、牵引重物的马；对于车来说，则象征多灾难；又象征通畅、月亮、盗贼；对于树木来说，则是坚硬而多分枝的象征。

离卦是火，象征的事物有：太阳、电、中女、盔甲、戈矛兵器；对于人来说，则象征腹部大；又象征干燥、鳖、蟹、螺、蚌、龟；对树木来说，则象征树木空心和树梢枯槁。

艮卦是山，象征的事物有：山、小路、小石头、门楼、瓜果、守门人、手指、狗、鼠、嘴部为黑色的兽；对于树木来说，则是坚硬而多节的象征。

兑卦是泽，象征的事物有：泽、少女、巫师、口舌、毁坏摧折、附和决断；对于地来说，则是硬结的盐碱地的象征；又象征妾、羊。

序卦传

第一章

【原文】

　　有天地，然后万物生焉。盈天地之间者，唯万物，故受之以《屯》，屯者盈也，屯者物之始生也。物生必蒙，故受之以《蒙》，蒙者蒙也，物之穉也。物穉不可不养也，故受之以《需》，需者饮食之道也。饮食必有讼，故受之以《讼》。讼必有众起，故受之以《师》，师者众也。众必有所比，故受之以《比》，比者比也。比必有所畜也，故受之以《小畜》。物畜然后有礼，故受之以《履》。履而泰，然后安，故受之以《泰》，泰者通也。物不可以终通，故受之以《否》。物不可以终否，故受之以《同人》。与人同者，物必归焉，故受之以《大有》。有大者不可以盈，故受之以《谦》。有大而能谦必豫，故受之以《豫》。豫必有随，故受之以《随》。以喜随人者必有事，故受之以《蛊》，蛊者事也。有事而后可大，故受之以《临》，临者大也。物大然后可观，故受之以《观》。可观而后有所合，故受之以《噬嗑》，嗑者合也。物不可以苟合而已，故受之以《贲》，贲者饰也。致饰然后亨，则尽矣，故受之以《剥》，剥者剥也。物不可以终尽，剥穷上反下，故受之以《复》。复则不妄矣，故受之以《无妄》。有无妄然后可畜，故受之以《大畜》。物畜然后可养，故受之以《颐》，颐者养也。不养则不可动，故受之以《大过》。物不可以终过，故受之以《坎》，坎者陷也。陷必有所丽，故受之以《离》，离者丽也。

【白话】

　　有了天地（即乾、坤两卦），然后万物就产生了。充盈于天地之间的只有万物，所以继乾、坤两卦之后的是屯卦，屯象征着充盈，又指万物开始生长。事物初生时必定是蒙昧未开，所以继之以蒙卦，蒙是蒙昧，指事物还处于幼稚的状态。幼稚的事物必须养育，所以继之以需卦，需反映的是饮食的道理。抢夺饮食必然有争讼,所以继之以讼卦。争讼必然有众多的人起来参与,所以继之以师卦,师就是众多的意思。众多的人之间必然会有亲附,所以继之以比卦,比是比较亲密的意思。人们的互助亲附必然会带来财物的积聚,所以继之以小畜卦。财物积聚后便会讲究礼、义,所以继之以履卦。所谓履就是礼、义的意思。人们践行礼、义,社会就安泰,所以继之以泰卦,泰就是通泰的意思。事物不可能始终通泰,所以继之以否卦。事物也不可能总是闭塞,所以继之以同人卦。与别人同心同德,物质财富必然会随之而来,所以继之以大有卦。有了大量财富但是不应该自满,所以继之以谦卦。有了大量财富又能谦虚而不盈满,必然能得到快乐,所以继之以豫卦。快乐必定有人来分享,所以继之以随卦。以喜悦的心情随从别人总要发生某种事端,所以继之以蛊卦,蛊就是沉迷于安乐而滋生败德之事,所以需要整治。经过整治后,事业就能发展壮大,所以继之以临卦,临就是大的意思。事物盛大后就会受到人们的仰观,所以继之以观卦。事物受到人们的仰观就能和人们的心意吻合共鸣,所以继之以噬嗑卦,嗑就是相合的意思。事物之间不能随便相合,所以继之以贲卦,贲就是文饰的意思。文饰可以亨通,但文饰太过分则亨通也就到了尽头,所以继之以剥卦,剥就是剥落的意思。事物不可能永远剥落下去,剥落到了极点就会从上向下回返,所以继之以复卦。能够回复到正道就不会妄乱行动,所以继之以无妄卦。行动不虚妄就会积累财富和力量,所以继之以大畜卦。财物积聚多了就可用于养育,所以继之以颐卦,颐就是颐养的意思。不经过颐养就不可采取行动,但也不应养育过了头,所以继之以大过卦。事情不能矫枉过正,所以继之以坎卦,坎就是陷落的意思。陷落一定要找到可资依附的地方,所以继之以离卦,离就是攀附的意思。

第二章

【原文】

有天地然后有万物,有万物然后有男女,有男女然后有夫妇,有夫妇然后有父子,有父子然后有君臣,有君臣然后有上下,有上下然后礼仪有所错。夫妇之道不可以不久也,故受之以《恒》,恒者久也。物不可以久居其所,故受之以《遯》,遯者退也。物不可终遯,故受之以《大壮》。物不可以终壮,故受之以《晋》,晋者进也。进必有所伤,故受之以《明夷》,夷者伤也。伤于外者必反其家,故受之以《家人》。家道穷必乖,故受之以《睽》,睽者乖也。乖必有难,故受之以《蹇》,蹇者难也。物不可终难,故受之以《解》,解者缓也。缓必有所失,故受之以《损》。损而不已,必益,故受之以《益》。益而不已必决,故受之以《夬》,夬者决也。决必有所遇,故受之以《姤》,姤者遇也。物相遇而后聚,故受之以《萃》,萃者聚也。聚而上者,谓之升,故受之以《升》。升而不已必困。故受之以《困》。困乎上者必反下,故受之以《井》。井道不可不革,故受之以《革》。革物者莫若鼎,故受之以《鼎》。主器者莫若长子,故受之以《震》,震者动也。物不可以终动,止之,故受之以《艮》,艮者止也。物不可以终止,故受之以《渐》,渐者进也。进必有所归,故受之以《归妹》。得其所归者必大,故受之以《丰》,丰者大也。穷大者必失其居,故受之以《旅》。旅而无所容,故受之以《巽》,巽者入也。入而后说之,故受之以《兑》,兑者说也。说而后散之,故受之以《涣》,涣者离也。物不可以终离,故受之以《节》。节而信之,故受之以《中孚》。有其信者必行之,故受之以《小过》。有过物者必济,故受之《既济》。物不可穷也,故受之以《未济》终焉。

【白话】

有了天地以后才有万物,有了万物以后才有男女,有了男女以后才有夫妻,有了夫妻产生后代以后才有了父子,有了父子以后才有了君臣关系,有了君臣关系以后才有地位的上下等级之分,有了地位的上下等级之分以后才能施行礼义。夫妻关系不可以不长久保持,所以在象征夫妻感应的咸卦后继之以恒卦,恒是长久的意思。事物又不能久居一个地方不动,所以继之以遁卦,遁就是退避的意思。事物不能永远退避,所以继之以大壮卦。事物不能始终强健壮大,所以继之以晋卦,晋是前进的意思。前进之中难免有挫伤,所以继之以明夷卦,夷就是损伤的意思。在外面受到损伤必然会返回家里,所以继之以家人卦。家道衰落贫穷了就会出现背离之事,所以继之以睽卦,睽就是背离的意思。发生背离之事必然有艰难,所以继之以蹇卦,蹇就是行动艰难的意思。事情不可能总是处于艰难之中,所以继之以解卦,解就是松缓的意思。过于松缓必然会有损失,所以继之以损卦。不断地减损自己会因此带来好处,所以继之以益卦。增益不止会带来溃决,所以继之以夬卦,夬就是溃决的意思。溃决之后必然会有某种遇合,所以继之以姤卦,姤就是遇合的意思。事物相遇后就能聚合,所以继之以萃卦,萃就是聚合的意思。不断地聚集就能升高,所以继之以升卦。上升不止就会导致困穷,所以继之以困卦。在上面遇到困难就必然会返回下面,最下面的就是水井,所以继之以井卦。水井的特点是要不时地加以掏清,这就是革新,所以继之以革卦。改变事物最有效的是鼎,所以继之以鼎卦。鼎也是祭器,主持祭祀最合适的是长子,所以继之以震卦,震就是震动的意思。事物不能始终震动不止,需要让它停下来,所以继之以艮卦,艮就是停止的意思。事物不能始终停止不动,所以继之以渐卦,渐就是渐进的意思。前进一定会有归宿,所以继之以归妹卦。得到好的归宿,事业就会发展壮大,所以继之以丰卦,丰就是盛大的意思。过于盛大就会不安于原有的居所,所以继之以旅卦。外出旅行而找不到容身之地,就要寻找一个地方进去住,所以继之以巽卦,巽是进入的意思。进入到可以居住的地方之后就会感到喜悦,所以继之以兑卦,兑就是喜悦的意思。喜悦总会散去,所以继之以涣卦,涣就是离散的意思。事物不可能始终保持离散的状态,所以继之以节卦。因节制其言行就会受到信任,所以继之以中孚卦。有诚信的人一定会履行承诺,履行承诺的过程中难免有失误,所以继之以小过卦。因超越常规而小有过失者必能获得成功,所以继之以既济卦。事物的发展运动是不可能穷尽的,所以继之以未济卦并作为六十四卦的终结,同时又意味着重新开始。

杂卦传

【文言】

　　《乾》刚《坤》柔。《比》乐《师》忧。《临》、《观》之义，或与或求。《屯》见而不失其居，《蒙》杂而著。《震》起也，《艮》止也。《损》、《益》，盛衰之始也。《大畜》时也，《无妄》灾也。《萃》聚而升不来也。《谦》轻，而《豫》怠也。《噬嗑》食也，《贲》无色也。《兑》见而《巽》伏也。《随》无故也，《蛊》则饬也。《剥》烂也，《复》反也。《晋》昼也，《明夷》诛也。《井》通，而《困》相遇也。《咸》速也，《恒》久也。《涣》离也，《节》止也。《解》缓也，《蹇》难也。《睽》外也，《家人》内也。《否》、《泰》反其类也。《大壮》则止，《遯》则退也。《大有》众也，《同人》亲也。《革》去故也，《鼎》取新也。《小过》过也，《中孚》信也。《丰》多故也，亲寡《旅》也。《离》上而《坎》下也。《小畜》寡也。《履》不处也。《需》不进也。《讼》不亲也。《大过》颠也。《姤》遇也，柔遇刚也。《渐》女归待男行也。《颐》养正也，《既济》定也。《归妹》女之终也，《未济》男之穷也。《夬》决也，刚决柔也，君子道长，小人道忧也。

【白话】

　　乾卦表示阳刚，坤卦表示阴柔。比卦表示亲近欢乐，师卦表示心头忧愁。临卦和观卦的意义，或者表示施予，或者表示请求。屯卦表示万物开始呈现而不失其本来居所，蒙卦表示万物错杂生长并且形态显著。震卦表示万物起动，艮卦表示停止。损卦和益卦分别表示万物盛衰的开始。大畜卦讲的是积蓄待时，无妄卦讲的是防止灾变。萃卦讲的是聚合，升卦讲的是上升而不回返。谦卦讲的是轻己尊人，豫卦讲的是安逸怠惰。噬嗑卦讲的是借咀嚼食物而喻事，贲卦讲的是不要过多润色。兑卦喜悦露现而巽卦内敛隐伏。随卦表示无故追随，蛊卦则表示起而治事。剥卦表示烂熟而剥落，复卦表示反复回归。晋卦表示光明如昼，明夷卦则表示光明泯灭。井卦表示通畅,困卦表示阻遏。咸卦表示感应迅速,恒卦表示长久保持。涣卦表示离散,节卦表示适度制止。解卦表示慢慢缓解,蹇卦表示步步险难。睽卦表示因背离而被排除在外,家人卦表示内部和睦。否卦和泰卦的意义正好相反,一个否定一个肯定。大壮卦表示事物盛极则止,遁卦表示退避。大有卦表示收获众多,同人卦表示与人亲和。革卦表示除去旧弊,鼎卦表示采取新法。小过卦指小有过失,中孚卦表示心怀诚信。丰卦表示多故旧朋友,旅卦表示远离亲人而寡居。离卦表示火焰上炎,坎卦则表示水流向下。小畜卦表示积累得较少。履卦表示谨慎不处。需卦表示不冒进。讼卦表示争讼而不亲近。大过卦下巽上兑,是颠倒正反。姤卦表示相遇,即阴柔者相遇阳刚者。渐卦表示女子出嫁时等待男子迎亲而同行。颐卦表示颐养正气,既济卦表示已经成功。归妹卦表示女子得到了好的归宿,未济卦表示男子面临困穷莫展的局面。夬卦表示决断,即阳刚者与阴柔者的决裂。因此大易之德表明:君子之道增长,小人之道消退。

附录 1 　蓍草法

　　蓍草相传能活百年，一枝能生百茎，所以有通神显灵的作用。古时候卜问占断时大多以蓍草为工具。用蓍草法进行预测的具体步骤是：

　　第一步：准备 50 根蓍草（或可用竹签、筷子等来代替）代表天地之数，拿走其中一根放在一旁不用，以象征太极。（此即《系辞》所说的"大衍之数五十，其用四十有九"）。

　　第二步：把余下的 49 根蓍草任意分为左右两堆，左边的一堆象征天，右边的一堆象征地（此即《系辞》所说的"分而为二以象两"，就是象征两仪）。

　　第三步：从右边一堆蓍草中任意取出一根，夹在左手的小指与无名指之间，以象征人（此即《系辞》所说的"挂一以象三"）。

　　第四步：以 4 根蓍草为一组，先用右手数左边一堆蓍草，一直数到剩下 4 根蓍草或少于 4 根蓍草为止，把此剩下的蓍草夹于左手无名指和中指之间，以象征闰月；再用左手以同样的方法数右边一堆蓍草，把剩下的蓍草夹于左手中指与食指之间（此即《系辞》所说的"揲之以四以象四时，归奇于扐以象闰"）。

　　上述的"分二"、"挂一"、"揲之以四"、"归奇"四个动作在《系辞》中称为"四营"即四次经营，一个四营则称为"一变"。

　　第五步：把夹于左手手指间的蓍草从手上取下，合在一起，置于一旁。

　　第六步：把除第一步和第五步中取出放在一旁外的所有蓍草合在一起，再重复第二步至第五步的动作。

　　第七步：把除第一步、第五步、第六步中取出放在一旁外的所有蓍草合在一起，再重复第二步至第五步的动作。

　　第八步：清点第五步、第六步、第七步中得到的蓍草数，把它们加起来，用 49 减去这个和数，得出一个差数，再用此差数除以 4，得出的数必为 6、7、8、9 四个数中的一个,其中 6 称为老阴,用"×"表示,;7 称为少阳,用"—"表示;8 称为少阴,用"— —"表示;9 称为老阳,用"□"表示。这样,经过上述八个步骤,便得到了《周易》六画卦中的第一个爻,即初爻。(此即《系辞》所说的"四营而成《易》")。

再把上述第二步至第八步的动作重复五次,便可依次得到二爻、三爻、四爻、五爻、上爻。这样,经过十八变而定六爻,一个完整的卦形就出现了。(此即《系辞》所说的"十有八变而成卦")

那么,得到一个完整的卦形以后,要利用它来占断吉凶就必须首先弄清变爻和不变爻的概念。变爻就是上述的老阴和老阳,因为它们已发展到阴和阳的极点,老阳须变少阴,老阴须变少阳,即将发生向阳或阴的对立转化;不变爻就是上述的少阴和少阳,因为它们的阴气或阳气尚未充盈,暂时不会发生向阳或阴的对立转化。这就是"老变少不变"。占筮的原则是占变爻,不占不变爻,也就是根据一卦中变爻的爻辞来判断吉凶。举例来说,假如筮得这样一个卦形:䷊,说明它是泰卦,但是六五阴爻属于变爻,就用泰卦六五爻辞来判断:"帝乙归妹,以祉,元吉。"即"帝乙嫁女,因而得福,大吉",占得此爻预示大吉。不过,既然六五爻为变爻,其卦形也就会变成䷄,六五阴爻变为九五阳爻,从而成为需卦。这样,就要同时参阅需卦九五爻的爻辞:"需于酒食,贞吉。"即"在有酒和食品的地方停留等待,守持正固可获得吉兆"。在这里,泰卦称为本卦,需卦称为之卦,形式上就表示为"泰之需"。

上面是一卦中有一个变爻的情况,如果同时出现两个、三个甚至六个变爻的情况,又该怎样来判断吉凶呢? 根据朱熹和蔡元定合撰的《易学启蒙》,可按照下图所示来进行断易:

4. 本卦当中有四爻变，以变卦
二不变爻的在下位不变爻为主

1. 本卦当中有一爻变，以本卦
变爻的爻辞为主

断易

5. 本卦当中有五爻变，以变卦
的不变爻为主

2. 本卦当中有二爻变，以本
卦二变爻的在上位变爻为主

6. 本卦的六爻全变，乾坤卦以
用九、用六为主，其他各卦以变
卦的卦象辞为主

3. 本卦当中有三爻变，以本卦
的卦象辞为主，而以变卦的卦象
辞为可能产生的趋势

7. 六爻皆不变，用本卦的卦辞判断吉凶

断易的时间判断，通常采用以下方法：

以本卦为现在，变卦为未来

以本卦为过去，以变卦为现在

以本卦为未来，变卦为未来的未来

把本卦和变卦都当作过去

把本卦和变卦都当作现在

把本卦和变卦都当作未来

当然，解卦的主要任务，并不在断定吉凶，而只是在提供如何趋吉避
凶的途径。

附录 2　古代铜钱法

　　古代铜钱测卦法一般用中空的龟壳、竹筒或圆柱形木筒做装钱工具。龟是长寿动物，古代"四灵"之一，用中空的龟壳装铜钱，古人认为可以增加灵气。铜钱是古代的货币，有正反两面，可以用来表示阴阳，古代有尊重字纸的传统，因此，一般将有字的一面作为阳，另一面作为阴。具体测算步骤如下：

　　第一步：选三枚相同的铜钱，把它们放入乌龟壳里，然后双手捂住出口，一边摇晃龟壳，一边诚心默想欲问之事。待摇晃十余次后，再顺势把铜钱一起倒在桌案前。

　　第二步：待铜钱停稳后，根据有字为阳，无字为阴的原则，三枚铜钱会出现以下四种情况之一：

　　(1)两阴一阳，记录为阳，即为阳爻。

　　(2)两阳一阴，记录为阴，即为阴爻。

　　(3)三面为阳，记录为老阳，即为阳爻(可变为阴的阳爻)。

　　(4)三面为阴，记录为老阴，即为阴爻(可变为阳的阴爻)。

　　把第一次得到结果记录下来作为测得的第一爻，即初爻。

　　第三步：用同样的方法连续做五次，再与第一次的结果合起来，将所得的六爻从下而上，依次排列就得出了本卦，再查对《周易》书，如测得的结果是"阴阳阴阳阴阳"，则为未济卦。

　　第四步：以爻变实现变卦。本卦记好后，如卦中有老阳或老阴这类的变爻，可将老阳变为阴，老阴变为阳，然后可得一新卦，这就是变卦，其变出的新卦叫之卦。如未济卦中的第二爻原来是老阳的话，将它由阳爻变成阴爻，则未济卦就变成了"阴阴阴阳阴阳"的晋卦了。

　　第五步：以之卦求动爻，然后解卦。出现变卦的情况就要将本卦与之卦对比，注意变卦之变爻，它相当于之前所说的动爻，再参照有关占断法，就可以研究该卦的卦辞与爻辞，参考《彖传》和《象传》，结合卦象的提示,明白全卦的意义了。

这一占卜法使用时,特有的复杂的动爻占断法,就是附录1蓍草法图中介绍过的本卦与之卦的占断法。

现代人为了方便起见,用三枚硬币取代铜钱,用双手合握形成中空代替龟壳,把三枚硬币放在手掌心里反复摇动数次,并把心中想求之事,通过意念的方式传递到硬币上,然后让硬币自由落地,观察硬币的阴阳面,再按照古代铜钱法的方法依次进行记录和附录1蓍草法图中介绍过的本卦与之卦的占断法,占断即可。

附录3　数字占卜法

数字起卦,可分为单位数和多位数两种起卦法,单位数起卦要加时辰作内卦。多位数一般分两段各除以八,并分别取余数作上、下卦。逢奇位数时位数少的一组作为外卦,位数多的一组作为内卦,以应对天清地浊、天轻地重、阳少阴多的自然法则。

具体方法如下:

(1)单位数:单位数为外卦也就是上卦,加当时的时辰为内卦,也就是下卦,两数相加除以六求动爻。

(2)两位数:十位数为上卦,个位数为下卦,十位数与个位数之和除以六求动爻。

(3)三位数:百位数为上卦,十位数为下卦,个位数除以六求动爻。

(4)多位数:位数为奇数时,少一位的前段各数之和求上卦,多一位的后段各数之和求下卦,总数之和除以六求动爻。位数为偶数时,前后段均分,前段各数之和求上卦,后段各数之和求下卦,总数之和求动爻。

(5)特殊数的处理:如910,把910变成9+10,用9求上卦,用10求下卦,用9+10=19求动爻;如103,用10得上卦和下卦(为上下重卦),用3求动爻。

我们在日常生活中的扑克牌、电话号码、车牌号、书页号码等都可以用来起卦,其起卦方法类似于数字起卦法,如扑克牌,可任意先取一张牌为上卦,以其数除以八,除不尽者取本数,有余数者按余数起卦;然后取一张牌为下卦,方法同前;两数相加除以六的余数为动爻。再如电话号码:84748216,八位数,取前四位相加为上卦,取后四位相加为下卦,上卦为23,除以8余7,为艮卦;下卦为17,除以8余1,为乾卦,即得山天大畜卦。起卦时,凡得单数以上少下多,凡得双数为均分,均除以八取余数为卦;两数相加除以6的余数即为动爻。

附录4 六十四卦简表

上象爻卦 ▶ 下象爻卦 ▼	乾☰天	坎☵水	艮☶山	震☳雷	巽☴风	离☲火	坤☷地	兑☱泽
乾☰天	1 乾为天	5 水天需	26 山天大畜	34 雷天大壮	9 风天小畜	14 火天大有	11 地天泰	43 泽天夬
坎☵水	6 天水讼	29 坎为水	4 山水蒙	40 雷水解	59 风水涣	64 火水未济	7 地水师	47 泽水困
艮☶山	33 天山遁	39 水山蹇	52 艮为山	62 雷山小过	53 风山渐	56 火山旅	15 地山谦	31 泽山咸
震☳雷	25 天雷无妄	3 水雷屯	27 山雷颐	51 震为雷	42 风雷益	21 火雷噬嗑	24 地雷复	17 泽雷随
巽☴风	44 天风姤	48 水风井	18 山风蛊	32 雷风恒	57 巽为风	50 火风鼎	46 地风升	28 泽风大过
离☲火	13 天火同人	63 水火既济	22 山火贲	55 雷火丰	37 风火家人	30 离为火	36 地火明夷	49 泽火革
坤☷地	12 天地否	8 水地比	23 山地剥	16 雷地豫	20 风地观	35 火地晋	2 坤为地	45 泽地萃
兑☱泽	10 天泽履	60 水泽节	41 山泽损	54 雷泽归妹	61 风泽中孚	38 火泽睽	19 地泽临	58 兑为泽